# 高校学生职业发展管理与就业指导

邢维维　吴　丹　闫龙江◎著

文化发展出版社
Cultural Development Press
·北京·

## 图书在版编目（CIP）数据

高校学生职业发展管理与就业指导 / 邢维维，吴丹，闫龙江著．— 北京 ：文化发展出版社，2023.12
ISBN 978-7-5142-4206-5

Ⅰ．①高… Ⅱ．①邢… ②吴… ③闫… Ⅲ．①大学生－职业选择－研究 Ⅳ．① G647.38

中国国家版本馆 CIP 数据核字 (2024) 第 016728 号

# 高校学生职业发展管理与就业指导

邢维维　吴　丹　闫龙江　著

---

出 版 人：宋　娜
责任编辑：侯　娜　　　　　责任校对：岳智勇
责任印制：邓辉明　　　　　封面设计：守正文化
出版发行：文化发展出版社（北京市翠微路 2 号 邮编：100036）
网　　址：www.wenhuafazhan.com
经　　销：全国新华书店
印　　刷：天津和萱印刷有限公司

---

开　　本：710mm × 1000mm　1/16
字　　数：270 千字
印　　张：15.5
版　　次：2024 年 3 月第 1 版
印　　次：2024 年 3 月第 1 次印刷

---

定　　价：72.00 元
I S B N：978-7-5142-4206-5

---

◆ 如有印装质量问题，请电话联系：010-58484999

# 前　言

大学生职业发展管理对大学生来说是非常必要的，对大学生树立职业理想、了解自我及职业发展等方面具有重要意义。学生就业指导应是以职业发展管理为中心的全方位就业指导，需要与学生的个性相结合，与社会的发展需求相结合。

此书以大学生发展管理的理论为主线，结合我国大学生的心理特征和需求，联系职业生涯教育的实际进行了创新；采用多种活动和个案，力求使学生全面理解职业发展管理的科学理念，提高他们的自主就业信心和主动性。近年来，大学生就业难的现象受到越来越多的关注。面对大学毕业生就业难和企业招聘难的矛盾，除了加强政策引导，还需针对大学毕业生就业难的根本原因进行解决。

大学生就业难，难的不是没有工作，而是大学生缺乏明确的职业生涯规划，就业观和择业观没有新的转变；难在毕业生自己的就业能力的不足。就业并不是毕业时或离开学校时才需要考虑的问题，一份完整的职业规划，至少应该包括大学期间的生涯规划（职业准备规划）和毕业后的职业规划，甚至可以延伸到填报志愿时的专业选择上。进行专业选择，合理安排自己大学期间的生活和学习生涯，为未来的就业做足准备，毕业后尽快完成从学生到职业人的转变，这些行为对大学生就业来说，是非常重要的。

本书旨在帮助大学生明确自己的人生目标，明确毕业去向，树立新的就业观，提升就业能力，让学生度过一个充实而丰富的大学生活，学习使用科学的决策方法，确立职业生涯目标；让学生了解职场与职位、掌握简历写作方法、学习面试成功经验、提升学生的就业能力，为未来就业夯实基础。这样，学生可以更坦然地走向社会，投身于祖国的建设大潮，实现人生目标与人生价值。

本书以高校学生职业发展管理的理论为基础，对大学生职业发展管理与就业指导展开论述，第一章是高校学生专业发展与职业管理，主要介绍了适应大学生活、理解和认知专业、学习规划和职业发展管理。第二章为高校学生职业认知与自我认知，论述了职业认知、自我认知。第三章为高校学生就业前的准备，主要讲述了简历准备、思想准备、知识准备、能力准备、心理准备。第四章为高校学生求职信息的获取，主要阐述了求职信息的内容和获取渠道，求职信息的筛选和使用。第五章为高校学生职业形象设计，主要讲述了职业形象理论基础认知、职业形象仪容视觉设计、职业形象仪表气质设计、职业形象仪态行为设计、职业形象语言沟通设计。第六章为高校学生就业指导与职业能力提升，论述了高校学生求职技巧、高校学生实习成长、高校学生适应职场、提升高校学生职业能力、就业指导的意义与目的。第七章为高校学生就业权益保障研究，主要讲述了就业的相关政策、毕业生就业权益的内容、就业权益的保护、大学生就业的法律保障。第八章为高校学生积极适应社会，主要介绍了积极的工作态度及行为、树立良好的第一印象、处理好人际关系、如何走向成功四个方面的内容。

在撰写本书的过程中，作者得到了许多专家学者的帮助和指导，参考了大量的学术文献，在此表示真诚的感谢。但由于笔者水平有限，书中难免会有疏漏之处，希望广大同行及时指正。

邢维维

2023 年 4 月

# 目 录

# 第一章 高校学生专业发展与职业管理

本章为高校学生专业发展与职业管理，主要介绍了适应大学生活、理解和认知专业、学习规划和职业发展管理。旨在让读者对高校学生专业发展与职业管理有初步认识。

## 第一节 适应大学生活

大多数同学都会有这样的感受：没上大学之前，总是对大学充满憧憬，想象着环境美丽的校园、学识渊博的教授、天南地北的同学、浪漫的爱情、多彩的校园活动等，一切都应该是五彩缤纷的，对大学的一切充满了新鲜和好奇。但是，当踏进大学校门开始追逐梦想的时候，内心是否曾有过以下疑问？

①我知道进入这个大门的使命吗？

②我知道通过大学的学习应该具备什么样的素质吗？

③我知道怎样才能迈着坚实的步伐，从“毕业”的大门走出去吗？

另外，是否还会想到毕业以后会有什么样的计划？

①我毕业 1 年后的规划是什么？

②我毕业 5 年后的计划是什么？

③我希望过一种什么样的人生？

自从升入大学，人生发展就迎来了一个重大转折点，这时候需要首先适应好大学校园生活，为自己勾画出远大的前景。

### 一、大学的地位和作用

学校的实力和其所承担的功能决定了大学的地位和意义。只有确立清晰的教育宗旨和目标，利用教学、科研、管理和服务等手段，培养优秀的毕业生，适应社会对人才的需求，才能充分发挥大学的功能。而大学的地位和作用对于大学生的成长及其未来职业生涯的发展产生了重要的影响。[①]

### （一）大学是人一生中最为关键的阶段

迈入大学校门后，青年学子放下高考的压力，初次踏上了追寻自己理想的道路。这是大学生开始体验独立生活、融入团体和社会生活的重要时期。大学生第一次获得了主宰自己生活和学习的权力，不再需要依赖父母的安排，可以自由地处理生活和学习中出现的所有问题，并支配自己所有的时间。这可能是人生中最后一次获得较高可塑性、全力以赴实现个人成长的机会。

在这个阶段，大学生应该珍惜每一个“首次”经历，让它们成为未来人生道路的基础。在这个阶段，大学生们应该珍惜每一次的经历和机会，因为有些机会是只有一次的。在大学的四年时间里，应该积极策划、规划自己的未来，明确自己的奋斗目标，为今后的事业发展打下坚实的基础。

### （二）大学是学生从幼稚走向成熟的转折点

大学是知识储备、性格成长、人生发展的重要时期。大学的首要职责在于传授学问和培育人才，同时还需要开展科学研究。与中学相比，大学的学习方式和内容大为不同。步入大学校园，面对的是一个全然不同的学习和生活场景。大学生面临的学习任务繁重，除了专业知识，还需要掌握其他领域的知识。除了掌握学科研究的方法，还需了解实验、操作等对应的技巧。要学会承担责任，不仅仅是在做事方面，还需要在人际关系方面展现出高尚的品质。只要做好了这几点，大学生临到毕业时的最大收获就绝不会是“对什么都没有忍耐和适应”，而应当是“对什么都应当有自信和渴望”[②]。

### （三）大学是一个人职业生涯规划由理想变成现实的起点

大学生在入学之初，便需要对自己的大学生活做出正确的认知。为了在未来的求职道路上实现自己的理想和追求更强的幸福感，在开始大学生涯的初期，每个人都应该主动学习和掌握大学生职业规划的知识和技能。

---

① 高洪，衣颖，刘昭薇．大学生职业发展与就业指导[M]．北京：航空工业出版社，2020.

② 吴昌政．大学生职业发展与就业创业指导[M]．北京：现代教育出版社，2012.

## 二、大学生涯的主要特点

大学生要想在在校期间圆满达成学业目标，全面提高自身素养水平，实现个人梦想和理想，就要从适应大学生活的开始做起。

### （一）特殊的学习环境

1. 学习目标要求高

中学教育旨在为学生打下科学文化知识的基础，为未来的升学或就业做好全面的准备。大学的主要目的是传授学生各行业的专业知识和技能，并着力培养他们成为满足社会需求的专业人才。

2. 学习内容博又专

大学对于教学内容的深度和广度要求更高了。大学教学的目标不仅在于向学生传授与专业相关的基础知识，也在于向学生介绍高度精深的理论和最新的科研成果。此外，大学教育还应该介绍那些在学科领域内尚未被完全解决，存在探讨空间和争议的问题。

3. 学习形式多样化

中学的教学形式比较单一，主要采用课堂教学的方式传授知识。而在大学，学习方式更加多样化，除了课堂教学，还有实验课、讲座、科研活动、大学社团、社会实践、实习、课程设计及毕业设计等丰富的学习形式。因为大学生需要涉猎广泛的学科知识，并且要突出自己的专业特长，因此需要多样化的学习形式来满足这个需求。这种形式可以提高大学生的综合素质，以及完善和丰富他们的知识结构。

4. 实践环节比例大

实践性教学环节是大学生学习中不可或缺的一部分，包括实验课、课程设计、教学实习、生产实习和毕业设计等多种形式。在高等教育中，实践教学是至关重要的一部分，它在总学时中占据了相当大的比例，通常超过 20 %。特别是在工科院校中，实践教学比例更高，有些甚至高达 30 %。大学生的实验和操作技能等实践能力的培养需要实践性教学环节的支持与指导，是不可或缺的。

5. 学习方法注重自主

在大学中，学生需要主动获取知识并培养自主学习能力，以便更好地遵循教学计划进行学习。针对所学科目和专业特点，他们需要设定学习目标、适时选修和补充相关知识，以完善自身的知识结构。

6. 思维特点求创新

在大学学习中，需要注重创造性思维的培养，让学生逐渐具备独到的见解和多角度思考的能力，以寻求问题的多种解决方法。因此，需要在学习过程中更加注重思维特点的创新。

## （二）多彩的生活环境

1. 生活环境的广阔性

相较于中学，大学不仅提供更广泛、更丰富的活动范围和内容，还为个性的发展提供了更加充足的空间。同学们可以充分发挥这些优势，展现自己的天赋，并在实践中不断成长、提升自我。

2. 大学生活的独立性

中学生通常被视为未成年人的代表，无论是在他人看来还是在自我意识中都如此。然而，一旦进入大学，社会、学校和家庭都会开始以成年人的标准对待学生，并且对他们的要求逐渐提高。教师和家庭的直接影响也会逐渐减少，使得学生在各方面有更多的自由度，开始逐步成为独立的社会人。大学生通常会离开家庭，住在学校寝室，需要自行安排日常生活，他们需要从依赖家长过渡到自我独立和自主。在生活中，无论是日常的生活方式、学习、交际还是对于人生和社会的理解，大学生都需要依靠自己的能力和知识去做出判断、思考，选取合适的方案并付诸行动。这些变化是大学生素质得到评估和提升的一种挑战和实践。此外，它也为大学生自主、自律、自强的精神培养以及成长成才提供了舞台。

3. 大学生活的群体性

在上大学之前，与谁相处以及是否喜欢，都取决于自己的个人偏好。对于成年人，社交互动已经成为一种生活方式，人与人之间建立良好的关系对于个体生存至关重要。因此，在面对新环境带来的人际交往问题时，需要转变交往态度、提升沟通能力、增进对他人的理解。这意味着大学生需要适应团体生活，并学会关注他人的需要。克服以自我为中心的想法，学会与各种不同性格的同学和谐相处，增强自己的交际能力。随着社会的不断发展和科技的不断进步，人际关系变得越来越复杂。因此，拥有强大的协调和交往能力已成为高素质人才必须具备的基本素质之一。

## 三、大学生活的管理与调适

目前，许多同学难以在短时间内适应大学生活，甚至在整个大学期间都无法适应，有些人因此疏于学习或误入歧途。这主要是由于这部分同学不太擅长有效地管理和调适自己的大学生活。大学生正处于一个快速变化的阶段，无论是在生理方面还是心理方面，他们都在经历从不成熟到成熟的过程。由于缺乏足够的经验和独立生活的技能，年轻人对自己的认知不够全面准确，同时又受到社会各种流行观念的影响，因此容易面临各种心理矛盾和冲突。当学生从一个环境转移到另一个环境时，将遭遇种种挑战，因为新环境的要求和生活方式与之前的环境可能存在很大差异。解决这些问题时需要考虑以下几个方面。

### （一）适应大学的环境

大学的环境包含校园的自然环境和大学与中学不同的学习、生活和人际环境。大学校园内的学习方式、生活方式、人际交往方式等与中学环境有显著的差别。适应新环境速度较快的学生通常与老师和同学的互动更为频繁，拥有更多锻炼的机会，因此，技能得到提高的速度也更快。这些经验也有助于他们树立自信。

### （二）适应大学的学习生活

大学的教学体制及学习方法与中学有着明显的差异。适应能力对于大学四年期间的学习和未来的工作、生活都有深远的影响。因此，需要尽快适应新的大学学习环境。通常情况下，大学校园面积较广，学校的教学设施比较完备。对于新生而言，必须认识到，在努力学习并勤奋刻苦的基础上，还要充分利用身边的条件，才能实现学业上的成功。除了精通专业课程，还要充分利用所有有助于个人成长和提升的机遇。现今大学的学习方式已经趋于多样化，仅仅局限于课堂学习已无法适应社会的需求，因此，学生需要通过多种途径进一步扩展自己的知识和技能，以应对未来社会的挑战。改变自己的学习策略是迎接大学学习挑战的关键之一。因此，必须调整新生的学习方法。只要新生做好充分准备，就可以相对顺利地度过这个阶段。

### （三）建立合理的生活秩序

许多大学生初次体验独立生活，感觉似乎获得了许多自主权。然而，如果过度使用这些自由，或者随意行事，或者负担过重并忽略身体状况和生理节奏，都可能对精神造成创伤。因此，立即制定合理的生活规律是最紧要的任务。

1. 培养生活自理能力

独立生活涉及自行处理诸如洗衣、用餐、形象打理和财务管理等方面的事务。通常情况下，大学新生在理财方面缺乏经验，因此需要优先考虑什么开支是必须的，而哪些是可有可无的。在制定个人开支计划时，需要考虑家庭的财务情况，并确保计划的可行性。

2. 养成良好的生活习惯

个人的生活方式由其日常习惯所组成，这些习惯不仅会直接影响身心健康，而且也会在人未来的发展中间接产生影响。保持身心健康对于大学生顺利度过这个阶段至关重要，也是必备的基础。若想保持健康，应该建立健康的生活方式。保持每天固定的作息时间，生活的高度规律性对维持身体健康是至关重要的。保持健康的饮食习惯需要定时进食，避免过度进食。保持适度的体育锻炼，可以增强身体素质。毫无疑问，保持积极而平静的心态，以及向更好的方向迈进的信念是非常重要的。

3. 合理安排业余时间

大学生涯的内容十分多元化，除了平常的学习，同学们还有很多空闲时间可以参加各类讲座、学术会议、文娱活动、社交和公关活动等。要想在业余时间内合理规划和有效利用时间，首先需对自身处于特定阶段时所追求的目标和长期目标进行分析，辨别出哪些活动对实现目标有利。其次要制订一个合理的计划，确定业余时间的安排，以此实现个人目标。最后根据计划合理地分配自己的业余时间。

### （四）确立自己在班级、学校的新角色

大学生必须优先适应角色变化才能成功。许多大学生曾是高中时的优等生，在班级中备受老师和同学们的瞩目。不过，在大学里，许多人都拥有杰出的历史，但班级或整个学校只能有极少数人保持他们一开始的核心地位和关键角色。在转型过程中，许多同学需要从普通角色向更高层级的角色转变，这种转变可能会给他们的自我评价带来不同程度的影响。这种影响通常源于两个方面：与他人的学习成绩比较和与自身的能力特长比较。在中学时期，人们往往用成绩好坏来评价自己和别人，但在大学中，即使是曾经取得高考状元称号的人，也可能表现得不如那些高考成绩一般的同学。这一现象导致了很多人失眠、神经过度紧张以及抑

郁症的出现。这意味着大学生需要适应新的校园和系所角色，同时也需要更加严格地要求自己，在自己感兴趣的领域不断发展和提升自己。

**（五）树立职业生涯规划意识，科学规划大学生活**

随着就业市场的竞争加剧，职业生涯规划在大学生活规划中也变得日益重要。大学生们在规划未来的大学生活方向时，应结合实际情况采取相应措施，致力于在大学中取得更加成功的成就和探索一种新型的大学生活管理方式。规划科学的生活，能帮助大学生在大学期间确定发展目标、探索发展前景并找到适合自己的发展道路。通过聚焦于最有价值的任务和事情，合理分配时间和精力，从而获得更大的成功。

## 第二节　理解和认知专业

### 一、专业概况

“闻道有先后，术业有专攻（《师说》）。”专业，就是一个人所专攻的术业。上大学时应该专注地把自己的专业学好，但同时也应该了解其他的相关专业。因为其实所有的专业之间原本就是有关系的，只钻在自己熟悉的专业领域内会犹如井底之蛙，只见树木不见森林。下文首先总体介绍专业的历史和分类，随后再依据学校专业设置的情况分别介绍各个专业。①

**（一）专业分科产生的历史背景**

专业并非静止不变的，而是不断演化和整合的产物。古代时期，专业学科的数量非常有限，几乎所有的领域都与哲学有关联（如图 1-2-1 所示）。在古希腊，亚里士多德是一位博学多才的哲学家，他的学说涵盖了物理学、心理学、经济学、教育学和政治学领域。随着时间和知识的发展，数学、力学、天文学等科学逐渐从哲学中分离出来。到了 15 世纪以后，人类对世界的认识逐渐深入，近代科学逐渐产生，物理、化学、生物学、生理学等基础科学相继建立，随后社会学、心理学等也从哲学中分离出来，成为独立的学科。在分化的同时，专业的演变过程

① 谢红梅，古典，李春雨．大学生职业发展与就业指导：浙江大学 [M]. 成都：电子科技大学出版社，2016.

也包含着整合。如牛顿力学就是天体力学和地面力学的统一；电磁学是在麦克斯韦理论的基础上，整合电学和磁学而产生的。

通过分化和整合，不断有旧的学科消失，也有新的学科产生。比如过去的占星术、炼金术等学科就被天文学和化学替代。现在所学习的专业有些是几百年前就存在的，例如天文学、物理学；有些是近一二百年产生的，比如经济学、心理学；有些学科的出现甚至只有几十年的历史，比如互联网技术。

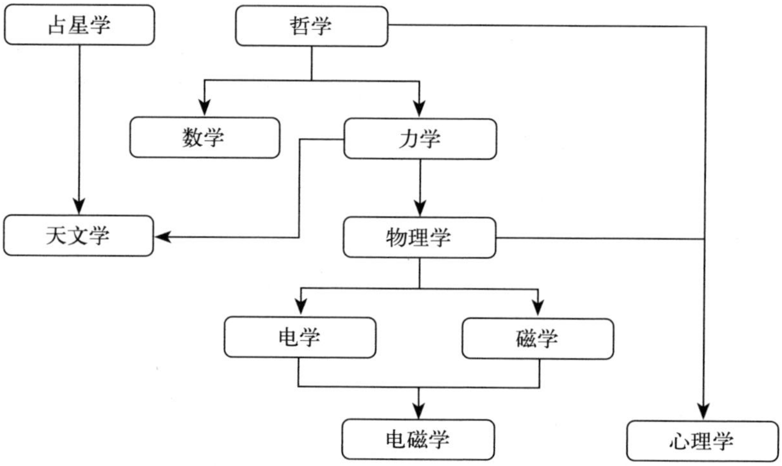


**图 1–2–1　学科产生的历史关系**[①]

### （二）专业的分类和关系

人类的知识不断累积，像是一个家族由最初的几个人变成了成百上千个人，但是如果仔细分析的话，还是可以把这成百上千个专业根据“血缘”关系划分为 4 个学科领域和 13 个专业类别，如表 1–2–1 所示。

这四个学科领域包括但不限于：人文学科、社会学科、自然学科及工程技术。人文学科涵盖了哲学、文学、历史和艺术等领域；社会科学囊括经济学、法学、教育学、管理学及军事学等领域；自然科学包括：理学类；工程技术包括：工学类、农学类和医学类。虽然有些学科属于边缘学科，介于几大学科的交界处，但大多数学科都是可以被归纳到这些类别中的。

① 谢红梅，古典，李春雨．大学生职业发展与就业指导浙江大学 [M]. 成都：电子科技大学出版社，2016：17.

**表 1-2-1　4 个学科领域和 13 个专业类别的对应关系**[①]

| | |
|---|---|
| 人文学科 | 哲学类、文学类、历史学类、艺术学类 |
| 社会学科 | 经济学类、法学类、教育学类、管理学类、军事学类 |
| 自然学科 | 理学类 |
| 工程技术 | 工学类、农学类、医学类 |

了解这些分类可以帮助学生建立学科关系的地图，有了地图以后，就更容易找到前进的路线，减少迷茫。比如，一个学习数学的同学，以后想做 IT，也是可以的。但是一个学法律的同学想转去做医生，可以说概率是很小的。之所以会有这样的情况，是因为学科之间的转换是有规律的，就好像在学科地图上的道路一样，某些学科之间道路很宽，另一些则比较窄。

首先，基础学科（人文学科和自然学科）向应用学科（社会学科和工程技术）的转换的道路比较宽，也就是基础学科向自然学科转换比较容易；而反过来的路则比较窄，这意味着应用学科向基础学科转换比较困难。比如中文专业可以转到教育类或者商业管理类的专业，但是商业管理类向中文或者哲学类专业转换就相对困难。同样，有很多学习数学或者物理的同学转到软件工程方向学习或者工作，但是学习软件工程的同学很难转到数学系。

其次，由于社会科学大多属于交叉学科，其中同时包含理科（自然学科和工程技术）的内容，也包含人文学科的内容，因此从其余三大类专业转到社会学科的路径都是相对开放的。比如，社会学科中有很多需要用到统计学的知识，因此学习理科的人转到社会科学领域进行深入研究和工作也是可行的。同样，人文学科转换到需要统计的社会学科专业，需要补充数学和统计学的知识。

图 1-2-2 表示了学科地图中存在的专业转换路径。其中箭头较粗的表示学科间的“路”比较宽，也就是说学科间的转换相对容易。比如，从自然学科到工程技术的转换最容易也最为常见，如物理转到工程机械，化学转到环境工程等。其他的几条转换路径没有这个宽，不过也是存在的：人文学科转到社会学科，比如历史转到教育学；自然学科向社会学科的转换，比如统计学转换到经济学；还有工程技术转换到社会学科，如工程技术转到管理学；等等。

① 谢红梅，古典，李春雨．大学生职业发展与就业指导浙江大学[M]．成都：电子科技大学出版社，2016：17.

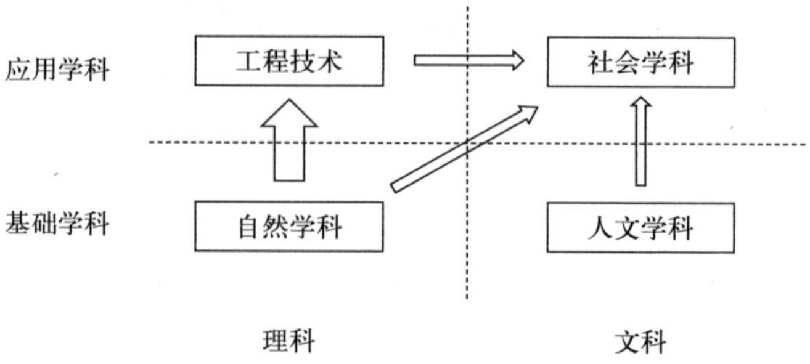


**图 1-2-2 专业转换示意图**[①]

最后，有些学科间转换的路径虽然没有标出，但并不代表完全没有机会在这些学科间转换。比如有些同学从小喜欢文学或者美术，但是上大学时由于各种各样的原因报考了工科专业，但只要他有能力和意愿，并且学校也有相关的政策，就可以尝试进行转换。

### （三）了解自己学校毕业生的行业去向

专业往往决定未来大学生进入的行业。实际参加就业的毕业生的行业流向分布统计结果显示，位居前五位的行业分别是：IT、制造、教育、金融、科学研究和技术服务行业。

下文以毕业生就业最为集中的 IT 行业为例，作简要的行业介绍分析，将 IT 行业从概念、分类、发展趋势、单位主要类型和行业典型单位等五个方面简要介绍如下。

1．概念

IT（Information Technology）行业包括计算机硬件、软件与 IT 服务业。

2．分类

IT 行业和其他行业的分类方法繁多，其中，美国商业部所提出的划分方式被视为最为明确且合理的。它将国民经济中的所有行业区分为两类，即 IT 行业和非 IT 行业。IT 领域可以进一步细分为 IT 生产和 IT 使用两个方向。

IT 生产业涵盖了计算机硬件、通信设备、软件以及计算机和通信服务等领域。

几乎所有行业的企业都使用 IT，而服务业中的企业使用 IT 的比例更高。

中国的 IT 产业主要涵盖电子信息产品的生产制造、软件开发以及信息技术

① 谢红梅，古典，李春雨．大学生职业发展与就业指导浙江大学 [M]. 成都：电子科技大学出版社，2016：18.

服务的推广和应用等方面。

3. *发展趋势*

趋势一：信息消费成为新常态下经济发展的提振器。

国内外都非常关注信息消费在支持和促进经济发展方面所起的作用。美国、德国等发达国家推出的国家级战略强调了信息技术对经济形态变革的关键作用，注重培育和扩大信息消费需求，以应对新一轮技术革命带来的挑战和机遇。

趋势二："互联网 +"成为推动产业融合的加速器。

我国互联网产业已处于世界领先水平，阿里、腾讯、百度、京东等企业进入了全球前十大互联网公司之列。由于互联网的强大渗透能力和持续快速发展的要求，必须将其与传统产业相结合，从而激发新的发展机遇。C2B 和工业互联网的兴起，是互联网与传统产业深度融合的结果。互联网加传统产业，孕育出 C2B、工业互联网；互联网加商贸金融，孕育出 O2O、移动支付、互联网金融；互联网加生活服务，孕育出网络社交、在线教育；等等。

趋势三：智能制造成为产业转型升级的新方向。

推进智能制造是我国促进产业融合发展的重要手段，不仅可以提升制造业的竞争力，还为信息技术产业带来了广阔的发展前景。随着工业企业对智能化生产和管理的需求不断增加，工业软件和管理软件的发展速度将会加快。云计算和大数据产品与服务的创新将被推动，因为工业企业需要进行市场预测、创新研发、生产线分析和供应链优化。同时，为了提高生产率和提升灵活性，工业企业还将加大对工业互联网的研发投入，促进软硬件、网络等多种信息技术的有机融合和协同发展。

趋势四：技术创新能力成为决定智能手机企业竞争力的关键。

我国智能手机产业连续多年增速达到全球领先水平，市场规模也是全球最大的，成为全球最大的智能手机生产和出口国。国内品牌如华为、中兴、联想、酷派、小米等，已稳坐全球出货量前十名的位置，市场影响力不断壮大，迈向了国际化发展的新里程碑。在新的开端，中国智能手机产业或许会迎来在世界范围内制造业优势增强、新市场需求的持续增长以及完整机器设备利润率上涨等机遇；然而，也有可能会面临各大品牌之间同种产品的竞争日益激烈、知识产权的纠纷日益增多，以及全球化发展面临的难题等挑战。

趋势五：云计算、大数据、物联网将实现务实发展。

随着云计算和大数据技术、产品和商业模式逐渐成熟，越来越多的实际案例与需求紧密结合，从而从概念炒作转向了实际应用。随着云计算和大数据的快速发展，物联网得到了更为强大的基础设施和智能化的分析工具。这使得传感器和设备之间的互联变得更加智能化，使物联网具备了分析、决策和响应的能力。

趋势六：智能硬件成为产业创新发展的新亮点。

经过早期的产品定义、应用细分、资金注入和产业链完善，智能硬件行业正在迎来快速发展的新阶段。通过与电器、汽车、医疗卫生等行业的合作，信息技术企业消除了硬件产品开发过程中的关键障碍和应用问题。智能穿戴设备、智能家居、智能汽车、智能机器人等硬件产品和应用的开发将迅猛发展。

趋势七：自主信息技术产品成为重点行业信息安全的重要保障。

随着全球范围内信息安全事件的增多和安全隐患的频繁曝光，我国的通信网络核心基础设施以及金融、交通、能源和电力等重要领域的信息系统面临着越来越大的安全风险。这些系统遭到渗透和控制的风险持续加大，因此对于安全可控性的要求不断提高。

趋势八：人工智能应用普及和产业拓展速度进一步加快。

全球范围内，人工智能被广泛视作领先领域和最具创新潜力的前沿技术，其未来发展前景十分广阔。近年来，由于新型计算技术和计算模式的快速发展（以云计算为代表），新型数据分析方法的涌现（以大数据为代表），以及深度学习等技术的不断演进，人工智能领域不断取得重大突破。

趋势九：生态圈建设成 IT 企业构筑竞争力的核心举措。

信息技术产业的竞争从过去的企业之间的竞争，逐渐演变为全产业链中聚合生态圈协同效应的竞争模式。因此，生态圈建设的重要性变得更加凸显。各行各业的企业正在积极构建自己的生态系统，并推出开放平台，从互联网公司到传统制造企业都加入这一潮流中。

趋势十：集成电路、智能硬件、新能源等领域成为 IT 并购投资热点。

随着移动互联网的快速发展和产业界不断探索跨界合作，信息技术工业成为最饱受欢迎的并购投资领域之一。这一趋势已持续多年，并且随着智能化生态圈加速布局、跨领域并购推进、新兴领域布局加速等新特征的出现，这股并购投资热潮势头日益高涨。未来，信息技术产业将强烈趋于融合、整合和创新，并且它的并购投资也将会延伸到更广泛、更高端和更加环保的信息技术领域，这将会覆盖那些拥有前瞻性技术、多样化需求和广泛滋生价值的特定领域。

4. 单位主要类型

（1）互联网

包括百度、腾讯、阿里巴巴等。互联网公司通常拥有轻量资产、不污染环境且资源利用率高的特点，同时也具备强大的自主创新能力。我国互联网行业正在逐步步入快速成长的时期。我国创业板市场将重点服务于互联网企业。

（2）信息传输

在电信网络和移动通信网络的产业链中，传统运营商扮演着核心角色，必须把电信、宽带、移动等通信业务的分析和研究以运营商为中心，再向下延伸至各个子领域。通信设备行业包括多个子行业，比如系统设备、辅助设备、系统集成、光纤光缆、网络规划和优化、运维、终端设备以及增值服务提供等。与运营商相关的各个子行业在这个产业链中都有着不同程度的联系。

（3）传统软件

传统软件单位指以软件或软件技术为基础进行相关服务的公司。根据经营方式不同，可以将公司分为软件开发、软件外包、软件代理、软件包装、软件运营、软件信息服务等几种类型。

（4）数字娱乐

数字娱乐单位指以网络游戏、网络文学、数字短片、数字音乐、数字电视电影、动漫和数字出版物等为主体内容的数字娱乐公司。

5. 行业典型单位

（1）IT 服务业

谷歌、必应、百度、美国在线、腾讯、领英、亚马逊、阿里巴巴、京东商城等。

（2）计算机软、硬件产业

IBM、微软、英特尔、思爱普、甲骨文、雅虎、埃森哲、苹果、三星、弗莱森电讯、美国电话电报、惠普、思科系统、德州仪器、戴尔、松下、索尼、东芝、联想、华硕、华为、网易、小米、360 等。

人的一生可能会转换几次工作领域，但大学四年是绝大多数人第一次长时间、完整和系统地专注于一个领域。虽然并不是每个人在毕业后都会继续从事直接与自己专业有关的工作，但这样长时间地专注于某个领域的学习，会在一个人心中打下深深的烙印，潜移默化地影响一个人未来的思维方式和行为风格。

在自己的本专业学习久了，可能会逐渐习惯自己专业认识世界的方式。然而，需要始终记得：自己所学的专业并不是唯一的真理，而是专业大家族中的一员，是看待世界的多个视角中的一个。不管是在学校还是在以后的工作中，都会遇到许多来自不同专业的人，每个人思考问题都有各自的优势和盲区。因此，在学习专业时要保持开放的心态，有意识地倾听不同专业、不同人的声音。

## 二、专业认知的方法与途径

通过求职达到就业，几乎是所有大学生必须面对的选择。行之有效的职业生涯规划是求职成功的助推剂，而对所学专业的认知是职业生涯规划的开始。我国古代思想家老子曾说："知人者智，自知者明"（《道德经》），意思是能够认识他人的是智者，而能够认识自己的人更是明智。进行专业学习也是一样的，能够了解自己所学专业的学科优势与学科要求，无疑是智者所为；而能够结合个人特点，有效进行专业学习的人毫无疑问是明智的。大学生对于专业的认知大都源于高考填报志愿时的初步了解，而这种了解主要是通过招考指南或者老师、亲朋好友的介绍得来的，是较为粗浅的专业认知。孔子曰："知之者不如好之者，好之者不如乐之者。"（《论语》）真正认识、爱好自己所学，并为其而快乐的人才能真正学好它。学生进入大学后，只有正确、充分地了解与认知，直至热爱自己所学的专业，才能更好地进行专业学习，更好地规划职业生涯，使自己成为学有所成、学以致用的人，才能最大限度地成为适应社会发展需求的高素质技能型专门人才，而采用有效的专业认知方法与途径将起到事半功倍的效果。

### （一）专业认知的方法

研究显示，正确理解个人所学专业的重要性是激励对该专业产生兴趣、提高学习主动性的关键因素。对专业知识的正确理解是形成积极的专业情感和态度的基础，这将对学生的专业意识及以后的职业表现产生影响。具备优秀专业认知能力的大学生，不仅能够客观、准确地了解自己所学专业领域，树立长久、稳定的专业认同感，还能够有效地采取积极、高效的专业认知行为。当前，部分高校在做专业认知指导的时候，为了强化学科专业培养方案的执行，过多地单一解读专业培养方案，强化学科的设置，而忽略了横向与纵向学科的对比与交流。因此，为提升学生专业认知能力，掌握有效的专业认知方法很有必要。结合大学教育的教学特点，主要有以下专业认知的方法。

#### 1. 对比法

对比法即相近专业对比法，也可以称之为类比法，指通过与相近专业的课程开设情况和学习重点以及拓展技能需求的对比，形成专业课程学习的树状图。通过树状脉络图，可以清晰明了地知道每学期开设的课程以及课程的重要性（课时）。而通过了解拓展专业的培养方案，可以知道拓展技能所需学习的课程以及侧重点，从第二专业的角度给职业生涯规划提供指导，也给第一专业的认知教育提供强有力的支撑。

2．信息搜索法

信息搜索法是指依托现代庞大的网络信息源获取所需信息的方法。例如，利用高校教务网站所公布的专业培养方案的专业介绍，获知专业的学科设置以及能力需求，也可以利用专业平台了解各高校专业学科建设的综合排名情况。

高校和专业的选择非常重要，要想选取符合个人的最优高校以及专业，信息源以及提取分析能力无疑是做出决定的强有力依据。而最初的了解筛选，一般是从亲朋好友、任课老师或其他途径获得的信息开始的。在筛选的过程中，有的同学更看重专业，有的同学更看重高校综合排名，但不管如何，最终的选择或多或少都会考虑个人与专业的匹配以及接受能力，

简单来说，学生可以使用信息搜索法查阅学校的环境、所处位置、教学水平、意向专业的设置和建设情况，并结合报考指南信息以及亲朋好友的推荐方可做出综合判断。信息搜索法是专业认知初期最为常用的方法，也是同学们填报志愿、选择专业最为常用的方法。

3．深入法

在专科学校学习的三年中一般都会有半年至一年的时间为实践实习环节，这意味着专科学生在校学习的理论知识与积累较之本科同学来说相对薄弱。因此，在初步进行本专业认知的前提下，参照本科培养方案对专科学生进行专业的拓展与解读是很有必要的，这将促进他们更进一步认识自己所学的专业。

4．体验法

体验法是指通过亲身体验从核心课程中有选择性地抽取部分课程来进行现场学习，从而获得对整个专业脉络的大概认知。进入大学后，可以通过相关专业协会的作品展览或专业活动感受专业的魅力，从活动中感受同学们表现出来的专业素养。例如，市场营销专业的同学每年都会举办针对某一系列产品的展销活动，从中可以看到他们的展台布置、产品选择、营销模式以及团队配合等能力的展示；也可以通过经营管理专业同学的实习店长营销大赛感受推销的魅力，或通过旅游管理专业同学的导游技能大赛领略导游巨星的风采。同时，也能通过旁听高年级

的课程，对所学专业核心课程有一个深入、连贯的了解，从而对所学专业有进一步的认知；另一方面，也可以通过自习提前接触高年级所需掌握的知识，跟随专业社团的学长参与他们的专业竞赛或者项目开发，充分利用这个“传帮带”的平台锻炼自己，加强专业的认知学习。

### （二）专业认知的途径

在掌握专业认知的方法之后，需要找到专业认知的途径，有了方法与途径的支撑，才能更好地完成对专业的认知。专业认知的途径是多种多样的，贯穿整个求学期间，主要有以下几种。

1. 课程建设

在专业培养计划中增设或完善专业导论类课程；课程安排尽量前置，排在专业基础课前，最好从新生入学的第一个学期开始；要组织本专业的专家编写相关讲义和教材，并负责主讲，课堂教学的讲解应该由浅入深，着重分析学生在大学期间每个阶段应该掌握的专业技能以及需要拓展的综合能力，尽可能多地覆盖各层次和性格的学生特点。同时，尤其要重视新设专业及所谓“冷门”专业的专业导论课程建设，以增强学生的就业自信心，更好地激发学生的学习热情。专业导论类课程是专业认知教育中的一种有效手段，它可以唤起大学新生对专业的认识，帮助缓解情绪问题。

2. 主题班会

主题班会是由班主任或班级团干部，精心策划并围绕特定主题对班级学生进行综合教育和管理的课程。班会形式多样，包括讲座、报告、讨论、表演、参观和实践后的交流总结等。专业认知主题班会是一种针对提升专业认知能力的学生班会，以专业认知为核心议题。它是一种易于实施、形式多样化，能够深刻关注学生需求的教育方式，也是目前最为可行和推广性较好的专业认知教育措施。

3. 学务指导

高校可以引入国际先进的“一站式”学业指导和服务模式，成立由专业教师组成的学务指导组，每组包括不少于三位教师，其中组长由教授或副教授担任，并共同负责对若干名学生的指导。学业导师的职责在于指导学生的课业，引导他们明确学习目标，进行思想教育和组织管理。此外，他们还要促进学生的专业认同感，并鼓励他们不断开拓未知领域。学生事务指导的工作始于新生入学教育阶段，由有丰富教学经验的专家开启专业认知教育之门，通过系统的学生事务指导，帮助那些来自特殊成长背景的新生快速适应学习环境，让他们走上健康发展的轨道。

4. 专业认知讲座

因为具有权威性、广泛受益和强大的影响力等优点，专业认知讲座这种形式被广泛采用。这是一种有效的提高大学生专业认知能力的教育方法，通常由在一线教学有领导地位的老师或者实践经验丰富的优秀校友来主讲。这种方法适用于大学的各个阶段。专业培养的主管责任落在系主任身上，其往往被认为是专业知识教育方面的首席导师。对于新生而言，学校应该及时向他们介绍专业的培养方向，并向他们详细阐述该专业在实际生活中的应用及在国民经济中的地位和作用。这样一来，可以帮助学生更好地了解专业，不至于迷失方向。听取专业认知讲座可以使学生树立积极的专业认知意识，掌握专业的培养要求和学习方法，了解对口职业的素质技能要求以及就业前景等方面的知识。此外，还需根据学生不同阶段学习的需求，介绍专业相关知识、新趋势、就业前景等内容，并进行解答，以激发学生对专业探究的热情。同时，还可以通过不断强化学科概念，让学生在潜移默化中提升专业认知水平。研究显示，学生对专业的认知能力提高后，其学习动力和专业认同感也相应增强，同时在各个方面的表现也更加积极。这表明，成功地组织和实施专业知识的讲座，不仅对现在有益，而且对未来也非常重要。

5. 院长讲座

为了充分利用学院院长在学术方面的领导能力和凝聚力，每学年至少应举办一次有关专业认知的学术报告讲座，让全体学生受益。通过丰富多彩、内容充实且浅显易懂的演讲，引导学生踏上学术殿堂，增强他们的专业学习责任感和使命感，深化他们的专业思维，更加明确他们对专业的认知和理解，以及对学习目标和方向的清晰认识。

6. 专家励学

定期邀请国内外知名专家学者到校讲学，让学生亲身感受到前辈在专业领域长期探索中所获得的真知，并汲取他们的成功经验。这不仅能使学生深刻认识到专业学习的重要性和深远影响，还能激励他们积极追求更高水平的本专业学习。

7. 学长传经

榜样的力量是无穷的，可将学生中的优势资源引入专业认知教育。相比专业认知讲座的严谨与严肃，优秀校友或毕业生的经验交流会更具灵活性，也更易于交流。通过师兄师姐的个人亲身经历，使同学们更易于感受专业学习过程的难点与专业学习的技巧，更能结合专业特色以及个人特点找到学习的切入点。刚进校园的新生们可以向同专业的高年级学长或研究生请教，听取他们的专业学习心得和经验，这样可以让学生从对学长的敬仰之中，获得对专业的热情和对学习的动力。

8．专业实践

实践经验是最有价值的，要重点突出专业实践（认知实习）在专业认知教育中的重要地位。认知实习是指学生在学习了专业基础课和专业课的基础上，前往相关行业岗位进行实际实习，以便更加深入地了解行业背景和工作流程，巩固所学的理论知识，并初步掌握在该行业实际工作所需的能力。同时认识到自己的不足之处，以便在未来的学习过程中能有针对性地加强自己的知识、能力和个性，并科学地规划或调整职业生涯规划。专业实习具有重要的作用，可以帮助学生将理论知识与实际应用相结合，提高他们的专业素养和认知水平。对师范类和工科类等应用性专业的学生而言，其作用更为突出和必要。高校可以利用自身特色和优势，积极推进教育部的“卓越工程师培养计划方案”以及其他教学培养计划，通过改革人才培养模式，并加强实践教育的作用，来培养更优秀的人才。将专业实践与“挑战杯”竞赛、暑期大学生“三下乡”社会实践等第二课堂有机融合，在专业教师的指导下，为学生提供更为广泛的专业教育和实践机会。通过实践实训课，学生可以感受个人对专业综合知识的学习情况，发现个人综合能力的不足。

9．模拟求职

通过组织模拟求职专场，一方面可以让学生从简历筛选中找出个人与企业需求的差距；另一方面通过现场面试可以考查学生的礼仪与沟通交流能力。上述两方面相结合，可以更好地帮助学生发现个人专业能力的不足，同时进一步加深专业认知。

10．个性辅导

个性辅导指为每个新生班级分配一位专业导师，为学生提供个性化的辅导服务，根据每位学生的实际需求提供有针对性的帮助和指导。定期安排教授接待日，公布有关教授的研究方向、专长、接待时间和地点等信息，以便学生自主选择，获得教授面对面的指导和建议。这样可以更好地解决学生的困惑和问题，帮助他们更好地成长和发展。通过辅导员与学生开展心灵交流活动，将专业知识教育融入思想政治教育，有效解决学生在学习上和思想上的问题。这种活动可以帮助学生更加重视专业学习，认识到“学习为本”的重要性，让学生的思想更加积极向上，充满信心，从而更好地投入到专业学习中。

## 三、专业与职业的关系

### （一）专业与职业关系的解析

职业作为一种劳动分工，是从社会工作的类别来看的；而专业作为学业门类，是从学科与技术的角度进行划分的。

尽管专业与职业有很大的不同，但是二者之间也是密切相关的，专业是为职业设置的，拥有专业是人们从事职业的必要条件。一个人要从事一项职业首先要掌握与之相适应的专业知识、技能，人们学习专业知识和专业技能的目的也在于更好地胜任工作。如果说“职业”是目标，那么“专业”就是实现这个目标的手段和工具。从职业规划的视角来看，选定的学科专业应当与所需的职业知识和技能相匹配，以实现经济和效率的最优化。就专业与职业的关系而言，它们之间的相关性相当复杂。总体而言，这种相关性可以归纳为三种模式：一种是一对多的关系，另一种是多对一的关系，还有一种是一一对应的关系。

1. 一个专业对应多个职业的关系

一个专业对应多个职业方向，是以专业为基础发展职业。人们常说的“宽口径，厚基础”专业，就是指这类专业。

确定了专业方向后，学生需要制定适合自己发展的职业目标，并在专业学习的基础上，有针对性地学习和拓展其他必需技能，通过选修或自主学习提高自己的综合素质，以实现个人的职业规划。在规划学业时，如果先确定专业再明确职业目标，那这种类型的规划方式就比较适用。如果考虑到未来自己毕业后要从事动画制作这个行业，那么需要在学习影视动画的同时了解整个影视动画的制作流程。如果想要成为项目经理或者导演，还需要有针对性地学习其他知识和技能，如角色塑造、动画设计等方面。

2. 多个专业对应一个职业的关系

多个专业对应一个职业就是多种专业都可以发展为某一种职业的情形，即以专业为核心发展职业，此种情况下，所选专业与职业目标虽然方向一致，但职业发展超出所学专业领域，也就是职业的发展不仅只需要专业所属领域知识和技能，还需要其他专业领域的知识和技能。

学生所学专业对个人职业发展有重要意义，但需要在学好本专业的基础上，同时辅修或自学自己规划要从事的职业所需的其他专业课程。这种类型适合于先确定职业目标后确定专业方向的情形，在学业规划时处于比较主动的态势。比如教师、科研人员、新闻记者、编辑人员、营销主管、企业管理人员等，这类职业所面向的专业可以是很多种的。

3. 一个专业对应一个职业的关系

每个专业方向都有一个相关的职业，也就是说，专业与职业之间相互关联密切。在这种情况下，个人的职业发展一直在与所学专业领域相关的领域内进行，所选择的专业与职业目标高度匹配，能够达到理论与实践相结合的目的。该类专业的职业应用范围较狭窄，同时职业发展依赖于本专业知识，两者之间存在特定的相互依附关系。

此类专业的学生在进行学习时，需要牢固掌握本专业的知识，并及时关注本专业对应行业的发展情况，及时补充个人知识与技能储备。这种类型适用于确定专业方向的同时确定职业目标的情形，在学业规划时处于比较主动的态势，一般适合于专业技术人员。

### （二）专业与学校的关系

专业在本质上就相当于学校向学生和社会提供的服务产品，每一所提供专业教育的学校都会有自己的专业范围，但所有学校使用的教育资源并不均等，而且相同专业在不同学校所侧重的方向也不一样。为了更好地进行专业认知和职业认知，学生需要充分了解所读专业在学校中的地位，以及专业内容与职业方向间的联系。

1. 优势专业和特色专业

每所高校都有自己的主打“产品”或者说拳头“产品”，一般称它为学校的优势专业。这些专业一般都是学校在长期发展过程中获得的师资力量及教学设施，以及自身在人才市场中的美誉度等无形资产积累起来的优势专业。此外，高校还会根据社会需求优化专业结构，创建特色专业，以吸引大量相关专业的顶尖人才，同时提高人才培养质量。

此类专业的学生在无形中拥有了一个有利的平台和丰富的学习资源，更有机会展现自己的专业优势，因而学生应该更注重个人的专业学习和技能培养。非此类专业的学生应该在掌握好专业知识的基础上，注重个人综合能力的培养，以提高个人在就业时的竞争力。

2. 专业因学校不同而存在差异

在学业规划中，专业是决定学什么的主要因素，不同专业决定了不同的学习内容以及未来的职业方向，但是否同一个专业的学习内容及专业方向就一定相同呢？在一般情况下，学习内容及职业方向是基本相同的，但也有的专业会因为学校的不同而存在学习内容及职业方向的较大差异。

相同专业的学习内容在不同的学校中，会因学校办学特色的差异表现出不同，这就要求学生在分析专业的职业方向时，除了一般性地、普遍性地了解专业，还应当对专业的开办院校的历史和办学特色有所掌握，从而准确把握学习内容及职业方向，以便更好地进行专业认知和职业认知。

## 第三节　学习规划和职业发展管理

西方有句谚语："罗马不是一天建成的"。做好自我探索和职业规划后，就应该提前为将来的职业做好准备。大学生涯是人一生中最为关键的阶段之一。从入学的第一天起，为了在学习中享受到最大的快乐，大学生就应当对大学四年的学习有一个正确的认识和规划。

### 一、学习规划

在大一阶段制定一个四年的学习计划十分必要，因为这有助于思考未来路向，合理规划四年的大学生活，充分利用时间快速成长。

#### （一）大一探索期

在大一这一年，培养正确的思考方式和思考如何利用大学的资源至关重要，这是对未来四年大学生涯的关键影响。培养良好的基础，包括英语、计算机和专业基础课程，虽然这些基础知识看上去比较浅显无味，但却是长远发展的重要基石。

在考虑职业规划和发展时，大一学生应该了解自己的兴趣爱好、个性特点、职业技能及职业偏好，以此为基础确定未来的职业目标。如果自己尚不明确，可以利用相关测评工具帮助自己进行自我认知。

### （二）大二定向期

大学二年级处于大学职业生涯中的定向期。这一阶段，角色转换已顺利完成，对大学生活也已经基本适应。经历了一年的大学生活之后，大学生对自己有了一个较为全面客观的了解，同时，二年级对社会环境、社会需求、所学专业、职业方向等方面有了较为详尽的了解。大学生需要考虑到自身和环境的因素，以社会对未来职业发展的需求为指引，制订适合自己的职业发展计划。在此基础上，建立具有科学合理性的知识结构，并注重培养相应的能力。

通常情况下，学生通过参与实践活动不断锻炼自己的能力，并用理论知识作为储备。这样做的目的是检验自己、完善自己并找出需要弥补的不足之处。

### （三）大三提升期

大学三年级是大学生涯规划的关键时期，需要重点确定未来职业目标、提高各项实践能力以及增强个人职业素养。

同学们可以通过生涯人物访谈、实习等方式深入了解职业。从行业、专业出发，就会发现与之对应的职业，职业确定后岗位就会凸现，之后了解职业资格证书，根据岗位就可以根据其要求去准备考取相应证书。

### （四）大四冲刺期

对于许多大四学生而言，实习和求职是至关重要的因素，因为毕业后他们将步入职场。从大四开始，了解职场的真实情况，了解工作后所需具备的素质和要求。如果正在寻找工作，那就需要明确自己的求职目标。这时，可以根据过去 3 年的努力历程，以及所选择的行业、职业和个人偏好，确定一些符合条件的潜在雇主，进而逐一对它们进行深入研究和分析，最终选出数个最值得去面试的单位。

当大学生开始了解职场和企业时，很快就会发现自己和职员之间有很大的差别。为了更好地适应职场环境，大学生需要提高自己的职业素质。因此，在大四上半学期，最好抽出一段时间来进行职业素质的提升，以便为未来的求职做好充分准备。经过素质提升后，可以着手准备求职，包括根据自己适合的企业和职位撰写定制化的简历，并进行投递。这是迈向成功就业的第一步。

## 二、职业发展管理

### （一）职业的概念

职业是指人们进行的、通常是有薪酬且成为专业领域的社会劳动，也代表一个人的社会地位、权利、责任和义务。从事某种职业可以获得经济回报，也就是获得收入。具备专业技能，方能施展才华和技能。从事职业意味着肩负着社会责任，需要完成生产使命并履行公民责任。职业应当具有推动作用，即能够满足社会需求并为社会提供有益的服务。职业是一个相对持续的概念，它指的是一个人相对固定、延续一段时间并稳定从事的劳动活动，不会发生明显中断。

### （二）职业的特点

①职业与社会分工的关系极为密切。

②职业具有明显的经济性和一定的连续性。

③职业具有知识性和技术性。

④职业具有规范性。

⑤职业具有历史性。

### （三）职业发展管理的内容

职业发展管理包含两个方面，一个是个人进行的个体生涯规划，另一个是企业对员工的职业规划管理体系。对于个人而言，职业发展管理能够协助其在初始阶段成功地找到就业机会，同时在职业发展的进程中解决困惑，帮助达到成功的终点。一家企业可以通过建立一个完善的职业发展规划体系来充分挖掘员工的潜力，并为优秀员工提供明确、具体的晋升路径。这样的举措不仅可以增加人力资源的价值，还可以帮助企业最大化其价值。通过整合教育测量学、现代心理学、组织行为学、管理学以及职业规划与职业发展理论等相关领域中的经典理论，结合我国企业管理实践和个人性格特点，本书提出了一套完善、成熟的职业生涯规划体系。

设计职业发展计划并不复杂，它类似于规划一次旅行计划。目标的设定和实现都受到兴趣、能力及个人条件等因素的影响。因此，所选择的目标和行动路径没有固定的标准答案。常言道“万事皆有可能”，因此，在规划旅游行程或个人职业发展方面，没有所谓的“最佳之选”，只有根据个人情况选择相对适合的道路。

就像旅游一样，每条路都有其独特的景色和特点，差异之处在于哪条路更适合在当前的时间和地点进行探索。同样，职业发展也需要因人因时而异，选择最适合自己的道路才能更好地实现个人的目标。

### （四）职业发展管理的步骤

一个职业发展管理系统应包括以下6个步骤：觉知与承诺、认识自己、认识环境、决策、行动和再评估。这些步骤可以帮助个人更好地规划自己的职业发展，并且在实践中不断优化自己。

1. 觉知与承诺

在认识到自己的职业生涯规划至关重要后，进入了觉察和承诺阶段，并愿意花费时间来制订自己的职业生涯规划。需要注意的是，职业生涯规划并非一朝一夕的事情，而是一种关于职业发展的态度和过程。它不能即兴而成，也不能像播种一样立刻开花结果。因此，在进行职业生涯规划时，需要制定合理的预期以确保成功。

2. 认识自己

职业发展管理是一种内外联动的过程，需要系统性地规划和执行。因此，当规划职业发展管理时，首要的是要了解自己，并且要诚实地问自己，拥有哪些人格特点？对哪些事情感兴趣？生命中必不可少的是什么？什么是最重要的？

3. 认识环境

职业发展管理的基础和重要组成部分是职业环境信息和个人信息。大学生要全面了解职业环境，包括但不限于以下方面：家庭背景、教育经历、专业与职业的相关性、职业环境的宏观趋势、具体职业要素的分析以及继续教育的选择等。

4. 决策

在做决策时，需要对信息进行综合整理和评估，但有时候由于信息不完整，可能需要重新回到前面的步骤。决策的具体方面包括：综合和评估信息、设定目标和制订计划、解决决策过程中涉及的各种问题，如职业信念、障碍等。

5. 行动

真正付诸行动是实现所有探索与思考的必要步骤，因此必须通过行动来达成所设立的工作目标，这是最为关键的一环。通常行动的范围涵盖实习、具体的求职步骤、备制简历及面试等环节。

尽管笔者将生涯规划划分为不同的步骤以便于学习，但是无论处于哪一步骤，都需要持续不断地探索自我和外部信息。这种不断探索的过程会带来新的启示。因此，在与现实互动的过程中，可能会发现新的事物，进而激发对职业发展管理的新思考。

6. 再评估

当人们踏入职场并开始迈向职业生涯的重要阶段时，有的人会沿着自己早先的规划继续前行；然而，有的人则会发现外部环境的变化使得早先的规划已经不再适用，甚至可能会感到过去的规划并未达到预期效果。这意味着需要进一步探索职业选择，并调整个人职业发展规划。

例如，在 20 世纪 90 年代初期，会维修电器的人具有职业优势，因为各家各户都需要维修电器，无论是收音机、电视机、洗衣机……都有需要修理的时候。一个电器小元件虽然非常便宜，但维修的人力成本却价格不菲。但到了 20 世纪 90 年代末，情况发生了较大的变化，各类电器价格不断下跌，出现故障后越来越多的人选择换新的，而不会选择去修理。此外，还有一个重要的原因，即电器的更新换代太快了，就算修好了也是落伍的产品了。因此，那些专门以维修电器为职业的人只能选择转行了。

在进行职业发展管理时，必须注重未来，并深入了解当前从事的工作在 10 年后会发展成什么样。未来社会中，对个人职业的需求趋势是会增长还是减少？随着年龄的增长，个人在未来社会中的竞争优势会逐渐发生变化，但并非一定会削弱或加强。因此，职业生涯规划并非僵化的，它是一个活跃的、不断调整的、往复循环的过程，必须通过终身探索来实现。

### （五）职业发展管理的意义

1. 明确人生未来的奋斗目标

在同样的条件下，生活的成功和成就能否被实现，常常源于是否拥有清晰的人生目标，就像一艘船需要确定航向、一架飞机需要确认目的地一样。在生活中，人们需要确立目标，这些目标可以定得高一些，也可以定得低一些，但是不能没有目标。在缺乏目标、未来生活规划的情况下，大学生们往往会倍感烦恼，难以应对当下的生活。在大学里，学生们拥有高度自主的生活，并且有许多机会去进行多样化的发展。专升本、考研、出国，参加各种社团、各种竞赛、志愿者等，要选择哪些，不选择哪些，都由自己来做决定。如果没有明确的长期规划，决策时会感到困惑和不安，可能会耗费大量的时间和精力，且最终可能不会在任何领域取得良好的进展。

2. 职业发展管理可以促进个性发展和综合素质的提升

许多大学生，特别是低年级学生，通常没有确立稳定的自我认知。他们对自己的能力、兴趣、性格和价值观的判断常常不够明确和坚定，对自己的专业和职业偏好也经常有所变化。因此，主动探索自我就变得更加关键。大学生应该主动地了解自己，这可以通过多方面的途径实现，比如积极参与各种活动，以便更好地了解自己的性格特征；认真学习多种课程，从而发现自己的兴趣爱好；寻求熟悉自己的亲朋好友的意见，以验证自己对自己的认识。在这些过程中，学生应不断探索自我并且学会接纳并欣赏自己的特点。通过探索自我，了解自己的兴趣爱好、适应能力和才华，找到适合自己的人际交往和生活环境，并确定自己的职业倾向，以便在工作中获得愉悦和成就感。同时，清晰认识自己的长处和短处，发掘自身优势和特长，进而确定自己适合从事的职业领域。目前许多大学毕业生在求职时，面对雇主时缺乏勇气，常常害怕试试比较有把握的职位，特别是面对理想中的高职位高薪位时，他们往往缺乏竞争的勇气，导致错失理想的职业机会。因此，了解自己的特点和素质，客观、全面地认识自己，不仅可以促进个性的发展和提升自身的综合素质，还可以增强求职信心，提高就业成功率。

3. 准确定位，合理安排大学学习生活

根据唐纳德·舒伯(Donald E. Super)的生涯发展理论，大学的前几年是生涯规划的试探阶段，需要进行大量的探索。在这段时期，个人需要通过实践活动来初步探索自己感兴趣的职业发展方向，并且需要认真思考和规划如何度过大学三年或四年，以便能够为未来获得理想的工作作好充分准备。如果到大三或大四毕业时还没有对自己有一个准确的定位，找工作时常常会感到焦虑、茫然。有些学生甚至认为只要有个单位要就可以了，根本顾不上考虑适合不适合。

因此，通过进行职业规划中的自我剖析，大学生可以获得对自己更全面、客观的认识，并有目的、有计划地参加社会实践活动。大学生应该明确自己的定位，清楚自己所需的培养方向，不要盲目行动，而是合理安排学习、实践和休闲生活。这样，大学生在毕业时就能够更从容地为自己的未来做出合适的选择。

4. 职业发展管理是应对就业压力的需要

随着全球经济形势的变化对我国经济的影响加重，大学生的就业压力也日益增大。

当前大学生就业难的一个重要原因是可供选择的就业机会变少了，但这只是问题的一部分。人们也经常看到一些报道提到，大学生的素质和能力不足以胜任某些工作的要求。例如某国企招聘经理在北京结束招聘后说，他走了北大、清华、人大、北师大等多所学校，面试了不少学生，却没有看到一个让他眼前一亮，既能满足岗位技能的要求，同时又让人觉得成熟且值得信赖的大学生。

现今社会，拥有良好的职业生涯发展与管理能力已成为大学生适应职场的关键。而这个责任更多地应由大学生自身来承担。大学生需要从自己人生的角度出发，积极主动地规划自己的职业发展，而不是单纯地被动地完成学业，迎合外界的要求。他们应该深入了解自己，探索职业领域，在早期就明确职业目标，并持续努力积累经验，为实现目标而不断成长。只有这样做，大学生才能有效地迎接就业形势对个人提出的挑战。

5. 做好职业生涯规划，有利于整合环境资源

在同一所大学，同一个专业，入学时分数差不多的学生们，在经过三年或四年的学习后却会表现出不同的成就和差距。这个问题应该引发每个大学生的思考。一个重要的原因是缺乏明确的目标。大学生缺乏明确的目标，导致他们忽略周围的资源以及未被发掘的潜在资源。大学生应该理解，自己是自己未来职业发展的主导者，而大学的专业学习、实践活动等则是实现个人职业目标的重要手段。因此，他们需要认真负责地对待这些途径和过程，以确保自己取得成功。在学校规定的前提下，大学生有权利使用所有资源，自主自由地追求和实现自己的目标。

6. 职业发展管理可以促成大学生入职匹配，实现自我

根据亚伯拉罕·马斯洛（Abraham Hardd Maslow）的“需求层次理论”，人类的需求呈现出从低到高的不同层次，最终达到的高级需求是自我实现的需求。人们只能在有限的时间内、在特定的职业领域中追求成功，而职业生涯的规划将决定他们的人生走向。因此，为大学生实现自我，规划职业生涯是一种有效途径。

大学毕业生最终都会步入社会，只有在社会中找到并争取到最适合自己的发展空间，才能充分发掘出自身的潜力。大学生在职业生涯规划过程中需要不断适应变化，包括对自身和职业的定位进行合理调整，不断发现新的职业机遇，保持职业规划的计划性和动态性的统一，以应对不断变化的职场环境。这将有助于大学生更具针对性和有效性地规划他们的职业生涯，从而减少职业选择方面的挫折，增加成功的机会。

## 三、大学与职业发展管理的关系

### （一）大学是一个人的世界观、人生观、价值观形成的重要时期

在大学里，大学生不仅需要全面发展自身素质，也必须认真思考未来的职业道路和做好相关准备。因此，及早进行职业规划是至关重要的，这一点是毋庸置疑的。随着就业形势的严峻，职业发展管理已成为大学生活规划中的关键环节。

### （二）大学期间是一个人全面提升自我、完善自我的重要时期

大学阶段的把握是否得当，将直接影响未来的发展甚至决定个人的命运。如果从大学开始就有一个生活规划，那么就已经掌握了人生的一半主动权，“凡事豫则立，不豫则废”（《礼记·中庸》）表明，做好准备是成功的关键。在大学阶段对职业生涯进行规划，可以帮助学生尽早明确自己的职业目标，从而更科学地规划自己的职业发展。这不仅可以鼓励学生更加努力地学习和发挥自己的潜力，还有助于提升个人形象和能力。

### （三）大学开展职业生涯教育对国家人力资源建设具有重要的作用

在国家人力资源培养体系中，大学教育具有重要地位，其使命在于为国家和社会培养大量优秀人才。据目前观察，实行职业生涯教育对于缓解大学生的就业压力、助力毕业生成功就业以及推进高校人才培养目标的实现有着显著的积极作用。

# 第二章　高校学生职业认知与自我认知

本章为高校学生职业认知与自我认知，论述了职业认知、自我认知。让学生对职业认知、自我认知两方面有了初步认识，尽可能了解自我、认知社会。

## 第一节　职业认知

“职业指导之父”塔尔科特·帕森斯（Talcott Parsons）指出，要做好职业规划，除了要了解自己，还要了解职业。如果对职业认知不清，就无法进行恰当的自我定位，即便对自我的认知很清晰，也难以制订出合适的生涯发展计划；反之，个体的职业认知能力越强，越能准确、客观地结合个人实际进行选择，则职业生涯的成功就越有希望。[①] 那么，所掌握的职业信息有多少？对社会上的职业了解多少？它们要求具备什么技能？……这些问题需要对职业世界有充分了解之后才会有答案。

### 一、职业概述

#### （一）职业的分类及基本结构

中国职业规划师协会对职业的定义是：职业是性质相近的工作的总称，通常指个人服务社会并作为主要生活来源的工作。

1. 职业的分类

职业分类是基于工作性质相同的原则对社会职业进行有序划分和归类的过程。在这里，工作性质强调的是不同职业间的根本属性的差异，主要包括职业活动的对象、从业方式等方面的不同表现。职业分类的目的在于将社会上复杂的、超过万种的工作类型，根据一定的标准分门别类，以期归纳整合、标准化、有

① 林佩静，刘荣．大学生职业生涯规划与就业创业指导[M]．西安：西安电子科技大学出版社，2017．

序化。

职业分类体系依据社会分工而建立，其中职业代码、职业名称、职业定义、职业所涉及的主要工作内容等详尽说明了每一种职业类型的内涵和范围，以便于职业的准确定位和分类。

根据西方国家的一些学者所提出的理论，国外的职业分类主要有三种。一是按照脑力劳动和体力劳动的性质、层次把工作人员分为白领和蓝领两类；二是按照心理的个体差异进行分类，其代表是约翰·霍兰德（John Holland）所创立的人格和职业类型匹配理论，将人格和职业对应划分为六种，即现实型、艺术型、研究型、社会型、企业型和传统型；三是按照各个职业的主要职责或从事的工作进行分类，如加拿大《职业岗位分类词典》中，将职业分为 23 个主类。

另外，由美国学院测验项目在 1985 年发展出来的“工作世界地图”，在生涯辅导中得到普遍应用，其依据“资料—思维”和“事物—人群”两个维度把职业分为 12 大类。

国外职业类型的划分主要有以下 3 种：

①按照脑力和身体的操作难度分类：可以将劳动分为高度复杂的脑力劳动、普通脑力劳动和机械性劳动。这种分类方式将劳动力分为两个主要类别：白领和蓝领。白领职场涵盖了许多职位，包括专业技术人员、非农业领域的管理人员和行政人员、销售人员以及办公室工作人员。蓝领工作者指的是从事手工艺、非运输性技术工种、运输装置的操作及维修工作、非农场工作以及服务性行业工作的人。这种职业分类方法明显地展示了职业在等级体系中的区分。

②根据心理方面的个人差异进行划分。这种分类方法源于美国著名的职业指导专家霍兰德提出的“人格—职业”类型匹配理论，将人格与职业对应划分为现实型、研究型、艺术型、社会型、企业型和传统型共六类，与这些人格类型相匹配的是六种职业类型。

③根据不同职位的主要职责或所涉及的工作内容进行划分不同的类别。这种分类方式相对常见，例如加拿大的职业岗位分类词典将属于主要国民经济行业的职业分为 23 个主要类别，每个主要类别下再分 81 个子类，共计 489 个细分类别，涵盖了 7 200 多个具体职业。这种分类方法为每个职业制定了明确的定义，并详细介绍了各种职业的职责和要求，包括从业人员的教育程度、职业培训、能力倾向、兴趣、性格及体质等方面，因此，该方法具有很高的参考价值。

2. 我国职业的基本结构

我国根据国民经济发展、社会人口普查以及劳动人事规划指导等方面的需求，通过大量调查研究，制定了职业分类标准和政策，从而对各行各业进行了科学的分类，以满足需求。我国的职业分类分为四个级别，包括大类、中类、小类和细类，这四个级别按照由宏观到微观的顺序体现出不同的职业类别。细类是我国职业分类结构中最基本的类别，即职业。《中华人民共和国职业分类大典》采用以从业人员工作性质的同一性作为职业划分标准的新原则，并对各个职业的定义、工作内容和形式以及工作的范围等作了具体描述，体现了职业活动的社会性、产业性、规范性、稳定性和群体性等特征。

目前，我国有两种职业分类标准。其中一种是根据从业者工作性质的同一性做出的分类。据《中华人民共和国职业分类大典》，我国的职业分类分为 8 个大类，79 个中类，449 个小类，目前仍在细化划分中。其中，第一大类为国家机关、党群组织、企业、事业单位负责人，包括中国共产党机关负责人；国家机关负责人；民主党派和工商联负责人；人民团体和群众团体、社会组织及其他成员组织负责人；基层群众自治组织负责人；企事业单位负责人。

随着经济社会的发展和分工细化，出现了社会职业种类不断增多、差异继续扩大、领域交叉渗透的趋势。由于我国新兴职业不断出现，所以自 2004 年开始，国家建立了新职业定期发布制度。通过建立职业分类体系，制定国家职业标准，推行职业资格证书制度等一系列措施，我国在人力资源管理方面取得了新的进展。

### （二）职业的相关概念

1. 职位

职位是指承担一系列工作职责的某一人所对应的组织位置，是组织内某个岗位的职务和责任的集合体。一个组织有许多不同的职位，其招聘录用员工也都会针对某一具体的职位。一般来说，毕业生寻找一份工作，实际上就是在谋求具体的职位（岗位），如会计专业毕业生可以寻求企业的财会工作。在不同组织或部门工作，只要职位（岗位）相同，就属于同一类职业。

2. 职业群

现实中不难发现，一些职业的名称、工作内容、社会作用、基本操作技能相通，对劳动者素质能力要求较为相近，可以称之为一个职业群。

以设计专业为例，设计专业的职业岗位群主要包括产品造型设计（工业设计）、广告设计（平面媒体、电视媒体、网络媒体）、人物形象设计（这个概念包括两方面，一个是化妆、发型、服装方面的人物形象设计，另一个是动画类的人物形象设计）、新媒介艺术设计（新媒介是相对传统媒介而言的，传统艺术媒介主要有纸张、版画等，多是二维静帧艺术作品）、装饰艺术设计（依附于某一主体的绘画或雕塑工艺）等。

3. 职业意识

职业意识是指大学生在思考职业问题时所展现出来的心态和思维方式，它反映了个人对自己职业选择的认识和理解。它源于自我意识，是在职业领域上的一种表现。职业意识由两个紧密联系的部分组成，第一部分是对自身现状的认知，第二部分则是对职业未来的期望。

职业意识是职业态度、职业道德、职业操守、职业行为等职业要素的综合，是自我意识在职业领域或具体工作中的表现。职业人具备的素质是人们对职业的认知、评价、情感和态度等心理成分的综合反映，其对全部职业行为和职业活动起着调节作用。大学生在接受职业教育的过程中，自身的职业意识会得到塑造、训练和强化，如责任感、诚实守信、团队协作精神、角色与自律意识等。职业意识不仅是一个成熟的社会人应有的规范，也是职业人应有的职业素养。

4. 职业理想

职业理想是根据社会要求和个人条件，在想象中确定的职业目标，即个人希望达到的职业水平。它是人们追求个人、道德和社会理想的途径，并在受制于社会理念的同时，提前反映了人们的职业活动与成就。与个人的价值观、职业期望和目标息息相关，也与个人的世界观和人生观密切相关。简单地说，职业理想是指将来希望从事的职业是什么，对职业的设想是什么，所期望的职业要达成一个什么样的目标。理想是人生的奋斗目标，没有理想就没有坚定的方向。求职就业时，是只注重个人收入，还是将个人职业理想与时代理想统一起来以更好地服务人民、报效祖国，就反映出不同求职者的理想境界。

### （三）职业的发展与变迁

随着社会经济和文化的高速发展，人们的职业活动也在发生着巨大的变化，今天很热门的职业，也许明天就不复存在了；原来少人问津的职业，现在却炙手可热；以前不存在的职业，当前却生机勃勃。比如，传呼台的传呼员在 2000 年还是一个很不错的职业，但随着手机的普及，这个职业已经消失；以前，人们根本不知道心理咨询师这个职业是做什么的，但现在却成了行业中的佼佼者；宇宙飞船发明之后，才有了宇航员这个职业。社会上的职业会受到社会制度变革、技术变革、行业演变和经济发展等众多因素的影响而发生变化，呈现出由传统工艺型职业向科技含量高的智能型职业转化、由封闭型向协作型转化、由单一型向复合型转化的态势。职业的发展和变化自古就有，只是现在更替的速度更快，变化的程度也更大。

职业发展和变迁的客观规律要求在选择职业时，不仅要考虑个人的职业发展意愿，更要考虑社会需求的变化，分清楚哪些是“朝阳职业”；哪些是“如日中天的职业”；哪些职业将退出历史舞台，已经成为“黄昏职业”和“夕阳职业”；哪些职业是永久不衰的“恒星职业”。比如，教师和医生这两种职业可以称得上是“恒星职业”，企业家则是“如日中天的职业”，而公共汽车售票员这个职业无疑已经是“夕阳职业”了。如果不了解职业变迁的规律，选择了“黄昏职业”或者“夕阳职业”，无疑会影响到自我发展；相反，如果选择的是一个“朝阳职业”或“如日中天的职业”，则容易在职业生涯中更快进步，更早成功。

人们都希望选择广阔而又有发展前景的职业，这就要求人们关注职业的发展态势，了解职业的发展规律。不仅要关注所选择职业当前的地位，更要关注它的将来，对职业发展做出科学的预测，转变职业理念，更好地进行职业生涯规划。

### （四）职业适应能力

自我认知是做好职业生涯规划的前提。要做一个了解自己的人，只有这样才能为自己的未来做好规划，选择自己喜欢的职业，选择自己想要追寻的人生理想。自我认知是一个很复杂的过程，需要考虑很多的因素。

要适应职业，首先要“认识你自己”。我国思想家老子在《道德经》里留下的名言“知人者智，自知者明”告诉我们，能够认识他人的人是智者，而能够认识自己的人更是真正聪明、明智的人。

然而，人并不容易正确地认识自我。要客观认识自己确实是件不容易的事，为正确认识自己，应该对自己进行认知评价。下面将围绕兴趣、性格、能力与技能、需求与价值观展开分析，阐明如何对自己进行认知评价。

1．兴趣分析

（1）兴趣的含义

兴趣就是一个人喜欢什么，不喜欢什么；愿意做什么，不愿意做什么。个人喜好有不同，而兴趣往往来自个人喜好，因而不同的人可能有不同的兴趣。因为兴趣，放弃了喝咖啡、逛公园、玩游戏的时间；因为兴趣，勇于漂泊激流，攀登冰山。如果喜欢美术，会为欣赏到一幅高水平的美术作品而兴奋不已；如果喜欢开车，当和朋友谈起驾驶来，也许会眉飞色舞；如果喜欢计算机，使用它时可能会易如反掌。相反，若是强迫一个喜欢音乐的人把时间和精力投入到他不喜欢的数学公式推导求解中，他就会感到索然无味，苦不堪言。

从心理学意义上讲，兴趣指一个人关注、好奇，进而力求经常参与、探究和掌握某种事物、某种活动的心理倾向。

（2）职业兴趣

兴趣在大学生职业选择的过程中发挥着重要作用。兴趣是最好的老师，它可以改变自己。根据社会学研究，选择符合个人兴趣、爱好和能力的职业的劳动者，其劳动生产率比没有做出相应选择的劳动者高出 40 %。如果一个人对某项工作中感兴趣，那么他可以在较长的时间内保持高效，并感到精力充沛，避免疲惫感。对于那些对工作没有热情的人来说，他们仅能发挥出自己才能的 20 % 到 30 % 并且非常容易疲劳不堪。① 职业兴趣是大学生取得突出职业成就或者拥有专业优势的一个关键因素，而且这也是为什么他们未必有工作经验却依然突出的原因之一。由于内心对事物的浓厚兴趣，使得他们不断自我激励，具备了不断进取的工作态度。在这种状态下，即使面对困难，他们也会不知不觉地排除万难，全力以赴地实现职业目标。尽管兴趣爱好可能会发生变化，但一旦找到了自己对某个领域的兴趣和热情，它就可以成为选择职业的内在动力，为职业发展打下坚实的基础。选择职业时，要注意充分考虑自己的兴趣因素，选择与个人兴趣相关的职业，如一个喜欢写作的人选择了当记者，一个喜欢辩论的人选择了当律师，一个喜欢计算机语言的人选择了系统研发等，兴趣就在个人的职业生涯中转换为职业兴趣了。

职业兴趣是指一个人力求了解某种职业活动的心理倾向。诺贝尔物理学奖得主丁肇中说过：“兴趣比天才重要。我完全靠工作来激发充沛的精力，我的工作就是我的兴趣，兴趣使我不会疲惫。” ② 可见，职业兴趣是一个人追求成功的无形动力，它对于每个人是否能在职业上取得成功起着重要的作用。

从事有兴趣的工作会使人工作更加努力，努力工作取得进步后，兴趣会越来

---

① 聂强，陈兴国，疏勤．大学生就业与创业教育．北京：北京理工大学出版社[M]，2014：18.

② 刘志军．大学生职业生涯规划[M]．郑州：河南大学出版社，2014：80.

越大，最后就会转变成为强烈的事业心和热爱自己事业的深厚情感。

在职业生涯规划中，应当关心那些能够与职业相联系的兴趣。在职业兴趣类型表中可以发现自己的兴趣与未来职业之间的联系，如表 2-1-1 所示。

**表 2-1-1　职业兴趣类型表**

| 类型 | 特点描述 |
| --- | --- |
| 运动兴趣 | 喜欢观看和参加体育活动，如跑步、打球、健身等 |
| 艺术兴趣 | 喜欢用绘画、服装、颜料等来表达美和色彩 |
| 农业兴趣 | 喜欢播种、观察庄稼和植物生长，收割谷物，喜欢饲养牲畜和动物等 |
| 经济兴趣 | 关注经济，喜欢参加销售等商业活动，喜欢参加财政事务，喜欢在企业里工作或管理 |
| 档案／办公室兴趣 | 喜欢从事商业记录，整理资料、打字、撰写报告、准备数据等注重细节、准确和整洁性的工作 |
| 沟通兴趣 | 喜欢和别人谈话或提供信息，喜欢通过演讲、写作等来表达自己的思想和观点 |
| 电子兴趣 | 喜欢电子方面的工作，如拆装、修理计算机和电视机等电子产品 |
| 家务兴趣 | 喜欢家务活动，如打扫屋子、看管孩子、做饭、缝补衣服和管理家务等 |
| 文学兴趣 | 喜欢阅读小说、诗词、文章等，并喜欢讨论其中的观点 |
| 管理兴趣 | 喜欢为自己和别人制订计划，组织事务和监督他人 |
| 音乐兴趣 | 喜欢弹奏乐器，喜欢参加音乐活动，如音乐会、唱歌、教音乐等 |
| 数学兴趣 | 喜欢与数字打交道，喜欢代数、几何、微积分和统计等课程 |
| 团队兴趣 | 愿意作为团队的一分子，为了自己所在的部门、公司的进展牺牲个人的一些爱好 |
| 户外／自然兴趣 | 喜欢大多数时间待在户外，喜欢露营和户外活动，喜欢饲养动物和自培植物 |
| 表演兴趣 | 喜欢在人前活动、在聚会中表现自己、娱乐他人等 |
| 手工操作兴趣 | 喜欢安装或操作机器、装备和工具，喜欢驾驶机动车和重型装备等动手操作活动 |
| 社交兴趣 | 喜欢与人打交道、关心他人，愿意为大众解决问题，教人技术，为人们提供服务等 |
| 技术兴趣 | 盼望拥有一技之长，喜欢承接汽车、电子、工业等技术型的项目 |

2．性格分析

（1）性格及其分类

有的人活泼开朗，有的人心直口快，有的人慢条斯理……这就表现出了每个人不同的性格。性格是人对现实的态度和行为方式中较稳定的个性心理特征，它是个性的核心部分，最能表现个体差异。现代心理学一般把性格定义为一个人心理的外在表现形式，即一个人在一定社会条件下形成的、具有一定倾向的、比较稳定的心理特征的总和。心理学家对性格做了很多分类，下面列举一些有代表性的观点。

①性格从心理活动的倾向可划分为：外向型、内向型。

②性格从心理功能的不同可划分为：理智型、情感型、意志型。

③性格从个体独立性可划分为：独立型、顺从型、反抗型。

④性格从社会生活方式的不同可划分为：理论型、经济型、社会型、审美型、宗教型。

（2）性格测评

性格测评能对人的整体状况做出判断，但不能区分人才的优劣，而且容易作假，一般用于人员管理、培训、自我发展。

性格测评有很多类，在众多测评方法中，美国心理学家雷蒙德·卡特尔（Raymond Bernard Cattell）编制的16种人格因素测验最为著名。该测验通过187道选择题对测试者进行16种性格因素（乐群性、聪慧性、稳定性、影响性、活泼性、有恒性、交际性、情感性、怀疑性、想象性、世故性、忧虑性、变革性，独立性、自律性、紧张性）的评价，并给出8种综合性格因素得分，能够较全面地反映人的性格特点。该测试在职业之道及人员选拔领域被广泛运用，具体的相关测试系统可上网查询，或到专业人才市场进行测评。

企业常用的测评是胜任力类测评。胜任力测评对绩效的测评比较准确，对企业比较实用。胜任力测评从题目上看有点像性格测评（不同公司的测题有很大差异），但测出来的都是诸如责任感、沟通能力这类和岗位胜任密切相关的素质。这类测评所得出的测评报告的实用性、可读性都比较强，无需培训也能直接看懂，是目前商用测评的主流。

胜任力测评的缺点是应聘者容易作假，所以为保证评测的准确性，需要设测谎题目或使用测谎技术。

（3）性格与职业

职业性格是一个人对职业的稳定态度和在职业活动中的习惯性行为方式所表现出来的个性心理特征，它对个人的职业生涯规划有着重要意义。

职业心理学的研究表明，不同的职业需要具有不同性格的从业者，某一类职业也能够体现出某一类共同的职业性格。每个人的心理特征不同，看问题，处理事情的风格、方式也不同，有的人热情爽朗，有的人沉稳持重，有的人风风火火，有的人谨慎多疑……但金无足赤，人无完人，一个人若在某方面有所不足，那么在其他方面可能就有过人之处，这说不定就是其制胜的法宝。每个人都有自己独特的个性，而且性格并无好坏之分，每一类性格都有与之相适应的职业类型。如财会工作，要求从业人员性格独立性强（独立处理）、聪慧性强（聪明有智慧）、敏感性强（对数字、比例敏感）、兴奋性差（严肃审慎），并且具有恒心（负责认真）。又如，情感因素较重、情绪容易波动的人不适合从事理论性研究工作；性格孤僻、爱幻想、不善交际的人不适合交往性的工作或管理工作；平稳安详性格的人不适合做开创性的工作。

在职业发展中，性格比能力重要，用人单位在选聘人员的工作中也逐渐认识到了这一点。究其原因，如果一个人能力不足，可通过培训逐步提高，一年不行就两年，两年不行就三年；但若一个人的性格与职业或岗位不吻合，要改变起来可就困难了，所以，很多公司在招聘新人时将性格测验放在首位，只有当性格与职业或岗位相匹配，才对其能力进行测验考察；如果性格与职业或岗位不匹配，即便拥有再高的学历、再强的能力，也不予录用。

3. 能力与技能分析

（1）能力的含义

平时生活中所说的“本领”“本事”，就是能力。在心理学上，能力是指直接影响活动效果和效率，并使活动顺利完成的个性心理特征。

能力有一般能力和特殊能力之分。一般能力或称基本能力，是指从事各种活动都必须具备的能力，如观察、记忆、抽象概括、想象、创造、注意等能力，是能力体系中最一般且最基础的部分；特殊能力是指人们从事特定职业或工作需要的能力。人们从事任何一项职业或专业性活动，既需要一般能力，也要求具备特殊能力。

知识和技能的获取对于个人能力的培养和提升具有关键作用。人们的能力会随着他们获得的知识和技能的增加而不断增强。相反地，一个人掌握知识和技能的水平也会受到其能力高低的影响。能力在某些情况下指的是一个人在目前的成长阶段中所具备的实际能力；有时候，说一个人具有潜能或能力倾向，意思是在当前的发展条件下，这个人有可能通过学习和训练来达到更高的水平。

①技能。技能是指掌握和运用专门技术的本领，是通过后天学习和反复练习而形成并发展起来的能力。技能包括八种能力：一般学习能力、语言能力、算术能力、空间判断能力、形态知觉能力、文秘能力、眼手运动能力、手指灵活度。

②能力倾向。能力倾向是指人们完成某项工作或任务的禀赋和潜能，它具有遗传性，更具有可通过训练培养的潜在可能性。能力倾向不是显性的能力，但如果经过自己主动发掘、培训、学习和操练，可能比别人更快地拥有这种能力。也许有音乐天赋，但不经过专门的学习和训练，可能不会掌握乐器演奏的技能。

现实中的技能和能力倾向（潜能）是用人单位招聘员工时特别感兴趣的要素。简单地说，能力就是能做什么，既包含现在能做什么，也包含将来有可能的职业发展，以及是否有可能承担某类工作。

（2）能力与职业

①能力与职业的关系。能力，是一个人能否进入职业生活的先决条件，也是能否胜任职业工作的主观条件。人在自己的职业生涯发展中要从事各种各样的职业活动，因而必须具备多种能力与之相适应。无论从事什么职业，总要有一定的能力做保证，如果没有任何能力，则根本谈不到进入职业生活，对个人来讲也就无职业生涯可言。这里所言的能力，是指劳动者从事社会生产活动的能力，即职业工作能力。如从事教师职业不仅要具有语言表达和沟通能力，还要具备教学组织能力和指导学生的能力等，职业技能是职业能力最常见的一种，它更强调操作性、实用性。

一般来说，能力强的员工会受到用人单位更多的关注，因而一个员工没有能力就难有比较长久、稳定的职业发展。从一定意义上说，能力决定了职业。人在其一生之中，要从事各种各样的社会生产活动，因而必须具备多种能力与之相适应。如果对某项工作感兴趣，但缺乏做好这项工作的能力，那么即使将来找到了这样的工作，完成工作任务也是一件比较困难的事情，取得优秀成绩的可能性也较小。现实中，每个人都可能有多种能力，但每一种能力的大小不尽相同，每个人都有自己的优势能力和劣势能力。

②分类技能与工作岗位的匹配。心理学家霍华德·加德纳（(Howard Gardner)）提出的多元智能理论指出，每个人的智能是由 8 个不同领域的能力组

成的个性化组合，这些领域的能力并没有先后之分，每个人在这些领域中都具备独特的特点。由于每个人的智能组合形态不同，所以每个人都有自己独特的能力类型，多元智能理论启示人们，如果能发现自己的能力类型和智能优势并从事与之相应的职业，职业生涯发展就可能会比较顺利和高效。

从能力差异的角度来看，在职业选择时应遵循以下原则。

第一，注意能力类型与职业相吻合。

第二，注意一般能力与职业相吻合。

第三，注意特殊能力与职业相吻合。

第四，注意能力水平与职业层次相吻合。

4. 需求与价值观分析

人生有两大目标，即求生存、谋发展。每个人在求生存、谋发展的过程中都会有多种需求，不断地提出和回答自己想要什么，想过什么样的生活，这就是认识和分析自己需求的过程。当今，“幸福指数”常常用来衡量个人生活品质的高低，其核心就是个人的正当合理需求能否得到较好的满足。

（1）需求分析

可以以马斯洛提出的需求层次理论为基础，探讨个体的需求。根据马斯洛的理论，人类的需求可以划分为 5 个级别，并且这些需求呈现出逐层递进的“金字塔式”状态。

①生理的需求。作为一个生物体生存于地球上，为了维持生命的延续，需要呼吸空气、喝水、吃食物、睡眠，这是为了满足人类衣、食、住、行等最基本的生存需求。如果这些需求得不到满足，人类的生命就会受到威胁。从这个意义上说，生理需求是推动人类行动最首要的动力。

②安全的需求。安全需求是指希望自己的人身安全、健康保障、工作职位、资源财产、道德保障等受到保护，不会无缘无故地失去，即住有定所、病有所医、老有所依。

③情感和归属的需求。一是有爱的需求，即人人都需要伙伴之间、同事之间的关系融洽或保持友谊和忠诚；人人都希望得到爱情，希望爱别人，也渴望得到别人的爱。二是归属的需求，即人都有一种归属于一个群体的感情，希望成为群体中的一员，并相互关心和照顾。

④尊重的需求。尊重可以区分为内在尊重和外在尊重。内部尊重即人的自尊，意味着一个人在不同的情境下都希望表现出色、作出贡献、取得成就，并感到充

满自信、独立自主。外部尊重指的是一个人渴望被认可、被尊重、被信任和被高度评价，以提升自身的地位和威望。根据马斯洛的理论，当满足了人的尊重需求时，人们会在自我价值感和社会参与方面变得更自信和热情。这使得他们更加感到自己的存在有意义。

⑤自我实现的需求。这个需求可以被描述为个人追求最高层次的自我实现，即通过充分发挥个人潜能完成与自身能力相匹配的工作，达成个人理想和抱负。通过充分发挥个人的天赋、能力和潜力，个体逐渐实现对理想自我的追求，不断提升自我能力，迈向更高的境界。

马斯洛的五种需求如同梯子一样，由低到高逐渐加深，但它们的顺序并非一成不变，也可能会发生变化。通常情况下，当某一层次的需求得到满足后，人们就会追求更高层次的需求。这种追求会成为推动行为的动力。

在每个时间段，一个人可能有多种需求，但总会有一种需求处在支配地位，对个人行为产生决定性的影响。不同层次的需求相互关联且有重叠，当高层次需求被满足后，低层次需求仍然存在，只是对行为产生的影响会减弱。

人永远都会有需求，社会中的一般成员通常是部分需求得到满足，部分需求得不到满足。当一个人不再产生需求时，就意味生命的结束。这里特别需要指出的是，在分析人的需求时，可以借鉴马斯洛的需求层次理论，但是追求和满足这五个层次的需求并不是绝对地像阶梯一样由低到高机械地逐级递升，次序可以发生变化。

（2）价值观分析

价值观是人们对事物是非、善恶的判断标准，也是对事物重要性的评价标准。对每个人来说，什么是好的、值得的、应该的，什么又是不利的、不值得、不该的，自己心中总有一个原则和标准用来对其作评判、取舍，以使自己明白该追求什么，该如何去行动。“生命诚可贵，爱情价更高；若为自由故，两者皆可抛”[①]，这反映了一个人对自由、幸福、自尊、诚信、善良等的追求。在不同的人心中，各种价值元素有轻重主次之分，即有不同的权重，这就构成了个人的价值观。在同一客观条件下，具有不同价值观的人会产生不同的行为。

价值观是影响求职就业的一个重要因素，甚至是关键因素。一般情况下，持什么样的价值观就会选择什么样的职业，但不同的人选择同一职业，价值观可能

---

① 石倬英，王亚民．爱情哲学：愿丘比德的金箭射中你[M]．北京：农村读物出版社，1987：89．

相同，也可能不同。如同样在IT外企做软件开发部经理，一个人所持的价值观是让自己和家庭过上富足的生活，而另一个人的价值观则在未来成立一家软件公司，为中国的信息产业作贡献。有人认为当今社会功利主义“流行”，在大学里强调价值观已经“out”了，真的是这样吗？如果去问一问用人单位的招聘主管就会发现，用人单位尤其是一些知名度高、品牌影响大的企业都认为，价值观是考察人才的首选标准，因为每个人所持的价值观会决定其人品和行为，拥有正确的价值观是一件很重要的事。

（3）职业生涯规划环境的认知方略

在认识、分析职业生涯规划环境时，应把握以下几个方面。

①广泛关注，多种渠道了解招聘信息。当今社会是一个开放的社会，互联网技术日益发达，大学生主动寻找用人单位或加强联络可以获取大量信息，特别要多渠道关注来自用人单位的真实招聘信息。目前，招聘信息的发布渠道数不胜数，公共人才招聘网站、企业招聘网站、人才市场、校园招聘宣传栏、电视节目、就业专刊杂志等都是大学生了解用人单位招聘信息和研判就业环境的有效渠道。

②用心调查，细致分析市场需求状况。就业市场的需求特点与发展趋势是做职业生涯规划时必须了解的情况，如果大学生能自己亲自用心地去调研市场行情，掌握不同行业的需求特点和发展趋势，并结合实际情况来进行职业生涯规划，就可以使制定的职业生涯规划更具现实意义。

③提前做好市场调查是一种有效的市场认知手段。成功总是取决于未雨绸缪，在校的学生还不急于找工作，但是经常到人才市场体验应聘则有利于了解用人单位的用人理念、择才标准，以及行业的就业形势。如果能与主考官面谈并推荐自己，则能了解到自己的优势和差距，了解到用人单位对人才的要求及考核评价的流程和方法，为自己将来就业积累宝贵的经验。

## 二、职业环境认识

每个人一出生，就处于自然环境和社会环境之中。客观环境及其变化影响并作用于人，而人又积极能动地适应和改善客观环境。一个人的成功既取决于个体的素质，又取决于其所处的环境。

### （一）职业环境认知

要实现个人职业生涯的发展，需要不仅了解各种职业的特点，还要熟悉职业所处的环境。只有深入了解自己的优势和劣势，同时了解职业所处环境的要求和特点，才能更好地规划个人职业发展。了解职业环境不仅包括了解所处的社会、行业、企业和岗位环境，还包括了解家庭和学校环境的影响。

1．社会环境分析

工作受到社会环境的影响，随着社会的发展和需求的变化，工作也会发生改变，因此选择工作时，要考虑社会环境对工作的影响。进行对职业的社会环境分析，通常是从宏观的政治、经济、法律、科技和文化等方面进行分析。

政治环境主要涉及国家关于职业的相关方针和政策，它对职业发展起导向作用。比如，国家为了促进大学生就业，从2003年开始实施了一系列引导高校毕业生到基层就业的项目，像“三支一扶计划”“大学生志愿服务西部计划”“农村义务教育阶段学校教师特设岗位计划”，以及公务员招录政策等，使进行职业选择的范围更加广泛。

经济环境是影响职业选择和发展的重要因素。一般来讲，经济发展形势越好，社会提供的职业种类越多，就业的概率越大；相反，当经济处于萧条时期，社会对人才的需求必然会降低，因而职业选择和发展的空间就会减少。如2008年由美国的次贷危机所引发的全球金融危机爆发之后，我国的金融行业、外贸行业和与出口有关的制造业受到严重影响，珠江三角洲地区甚至出现倒闭潮和失业潮，工作岗位需求紧缩，此时求职者的职业选择空间就会缩小，势必导致个体职业生涯规划的调整和改变。

法律环境和文化环境主要是指与职业相关的法律、法规，教育条件及水平等因素。用人单位聘用人才要受到法律的约束，比如8小时工作制、最低工资水平等。而文化环境会影响人民的行为和基本信念。如在中国，受传统文化的影响，很多人都希望自己能有一个安身立命的房子，希望自己所从事的工作能够“有面子”，所以在选择职业时会更多考虑这些因素。

科技环境指的是科学技术不断进步并应用新技术手段对社会发展所产生的影响。组织管理受科技环境的影响非常显著。管理理论的进步得益于科学技术的不断发展和不断提升。此外，科学技术的进步还为管理技术的更新提供了全新的手段。管理之所以能从经验走向科学，科学技术的进步起了极大的推动作用。例如，行为科学的发展为管理者分析员工的行为特点，并运用合适的方法进行管理提供了重要的理论基础；运筹学的出现，为人们在有限的资源条件下实现最优方案提供了决策依据。以经验为主的生产需要的是经验性的管理方法，而以机器大工业和科学原理进行生产的方式需要科学的管理方法。

2. 行业环境分析

行业环境分析主要是对拟选择的职业所属行业的环境进行分析，包括该行业的发展状况和前景、优势和劣势、对人才的需求等。行业是一定数量的企业集合而成的，其发展态势和职业的发展前景休戚相关，也是进行职业选择时确定发展方向的指针。要对一个行业进行环境分析，最好的方法就是对该行业中的代表性企业或标杆人物进行调研，或者对这个行业的普通员工进行职业访谈。通过行业环境分析，可以了解该行业的核心竞争力是什么、发展前景如何，国家对其有无政策性的扶持，行业中成功人士的奋斗历史，如果要进入该行业需要具备哪些素质和从业资格证书，相关职位的薪酬待遇，有无自我发展的机会，内部竞争是否公平，等等。比如，要想从事教师行业必须具备教师资格证，要想成为律师则必须通过国家司法考试。了解行业的相关信息，可以提前着手准备，按照既定的目标去培养自身能力，从而使职业目标更容易实现。

3. 企业环境分析

企业环境分析是指个体对自己拟选择的企业进行全方位的了解，这是个体进入职业领域的重要一环。要进入某个企业就业，首先需要对该企业的企业文化、发展历史、组织机构、领导团体、管理理念、发展战略等进行全方位的了解和评估，判断企业的发展前景，知晓个体当前的状态与企业对人才的需求标准存在的差距，衡量自我的发展理念和企业的人才升迁标准是否冲突，从而确定个体对企业的适合程度和喜好程度。经过了解和分析，如果觉得企业与自身的适合度很高，那接下来的事情就是拟定具体的发展目标，逐步培养自身能力，向企业靠拢；如果觉得自己不适合在该企业内部就职，或者认为该企业不是自己喜好的类型，则应重新开始企业搜索，寻找合适的企业就职。

4. 岗位环境分析

岗位环境分析是职业环境分析中最具体化的部分。岗位，即所选职业的具体工作，简单来说就是职位。对岗位进行环境分析主要是为了了解该岗位的工作内容是什么，需要具备什么样的素质和能力，在企业部门中的地位和作用如何，工作的同事有哪些，晋升的渠道是什么以及是否畅通等。对岗位信息有了详细的了解之后，一方面可以评估自己是否喜欢该岗位，另一方面为就业提前做好心理准备，不至于上岗之后产生较大的心理落差以至于出现焦虑或倦怠情绪，影响职业发展。

5. 家庭环境分析

个体的成长离不开家庭，其人格面貌无可避免地会打上家庭的烙印。从小时候开始，父母就不断教导孩子要好好读书，期望他们长大后能够找到一份好工作，而这里的“好”包括很多含义，可能指有声望、有地位、有好待遇，也可能是继承父母的衣钵进入相同的行业，还有可能是进入家族企业。父母的职业类型和期望往往会影响子女对职业的选择。比如父母的职业是医生，他们可能更期望自己的子女也能在医学领域内工作，所以在日常生活中给子女灌输的也是和医学有关的职业信息。因此，在进行职业生涯规划时，要能够根据自己的成长经历，分清楚哪些是父母期望的，哪些是自己想要的，哪些是自己擅长的，以便对自己的职业规划进行修正和调整，确立合理的职业目标。

6. 学校环境分析

进行学校环境分析的目的在于掌握本校的基本情况、优越条件以及所学专业的特点和特色。不同类型的学校会注重不同方面的学生培养，这也会决定所培养的职业类型。比如工科类院校和师范类院校的学生会因为学校培养目标的差异而出现能力的差异，师范类院校的学生获得的更多的是专业理论知识、人际交往、语言表达等方面的教育，由此更擅长从事和人打交道的教学工作；而工科类院校可能更注重学生的动手操作能力和逻辑推理能力的培养，所以学生的实践操作能力较强，更擅长从事和物打交道的工作。另外，大学是对学生进行专业化培训的机构，而用人单位在选聘人才时也往往会提出相应的专业要求，所以应立足于自身的专业，结合学校的优势，综合分析，做好自我定位。

### （二）职业生涯规划的环境分析

为了规划职业生涯，需要深入了解和认识相关环境。需要评估环境因素对个人职业发展的影响，并分析环境的特点和发展变化情况。同时，需要明确环境因素的优点和不足，以便更好地把握机遇和挑战。在筹划职业发展时，需要考虑自身素养及周遭环境，同时深度理解外部环境对职业积极发展的要求、影响及作用。影响职业生涯的环境包括国家的就业政策、市场形势、用人单位的用人理念与择才标准、学校的教育和家庭背景等因素。比如，家长、亲朋、校友的就业观念都会影响学生对职业的评判和抉择。

1. 就业市场分析

随着我国产业结构和经济结构的调整，国有经济在国民经济中的比例不断下降，部分行业及国有企业面临着极大的困难。相关资料显示，应届大学生加上中专毕业生，构成了一个远远大于社会所能提供就业岗位数量的庞大群体。

就业市场是人才劳动交换的场所和交换关系的综合，可分为有确定场所、地点、时间、参与对象的有形市场，以及无特定时间和空间的无形市场。有形市场又有政府及其服务机构举办、学校举办、用人单位举办，以及联合举办等多种形式。各类就业市场是大学生寻找就业机会、施展才华的主要平台，相关资料显示，每年有超过 60％的大学毕业生是通过毕业生就业市场找工作的。目前，毕业生就业市场正逐步形成体系并走向规范，但使其功能完善是一个需要政府调控和社会支撑的长期发展过程。

2．典型就业市场的剖析

（1）就业机会在广西北部湾经济区的呈现

广西北部湾经济区位于我国的西南沿海，包括南宁、北海、钦州和防城港四个市的行政区域。它的目标是以北部湾为依托，服务于西南、华南和中南地区，沟通东中西和面向东南亚。这一区域是重要的通道、交流平台和合作中心，能够促进开放和合作，成为中国与东盟开放合作的重要物流基地、商贸基地、制造业基地和信息交流中心。它是西部大开发的战略中心，具有开放度高、辐射力强、经济繁荣、社会和谐、生态良好等特点，是一个重要的国际区域经济合作区。

（2）珠三角、长三角地区就业市场

改革开放之后，我国开始实行非均衡区域经济开发战略，在区位优越、基础条件好、交通便利的珠江三角洲地区（广东省中南部和港、澳特别行政区）和长江三角洲地区（上海市、江苏省和浙江省）实行倾斜政策，吸引海内外的资本、人力等生产要素在特定区域内集聚，使珠三角和长三角成为中国经济发展最具活力的地区。为此，全球很多知名企业纷纷在此落户，带动了该地区机械、电子、通信、汽车、制冷等行业的迅猛发展，并呈现出了规模化、集团化的经营趋势，产生了对技术人才、管理人才、商务人才、物流人才等的巨大需求，使人才集中于此。如珠三角地区，其产业结构在整体上以制造业为主，而产品出口比重很大，因而其对机械、电子、外贸、外语、市场营销和建筑等专业毕业生的需求量很大，特别是大量企业对机械、电子、模具设计与制造等专业的专科毕业生的需求量也比较大。

（3）西部地区就业市场

中国西部是指西北、西南地区共 12 个省、自治区和直辖市，包括内蒙古、宁夏、陕西、甘肃、青海、新疆、西藏、四川、贵州、云南、广西和重庆。西部12省、自治区、直辖市的总面积达540万平方公里，人口达2.8亿多，分别占全国总量的56%和23%。2013年，由于历史原因，西部地区交通不便，开发程度较低，经济也相对落后，人均国民生产总值只有全国平均水平的一半左右，[①] 但是这里的矿产资源、农产品资源、旅游资源等非常丰富，具有不可估量的发展潜力。西部大开发，必须人才先行。为此，中央办公厅、国务院办公厅印发了《西部地区人才开发十年规划》；共青团中央、教育部，财务部和人事部联合下发了《关于实施大学生志愿服务西部计划的通知》；国务院批复了国家发展改革委和西部开发办制定的《西部大开发"十一五"规划》，全面深入地推进西部建设。这一系列的政策和措施，发出了强烈的信号——西部大开发为大学生就业提供了广阔的舞台，西部是大学生建功立业的乐土。

### （三）了解职业的维度及方法

职业的分类和环境分析只是有助于从宏观上把握职业，若想准确选好职业，还需要对职业信息有更详细和深入的了解。比如，某一职业对从业者有什么要求？从事这个职业的人都在做些什么？该职业的发展前景如何？等等。要获得这些比较琐碎的、具体的信息应注意一些方法的运用。

1．了解职业的途径

（1）网络资源

当前，网络的普及程度和利用率越来越高，许多用人单位都建有自己的网站，人才招聘服务机构也会及时发布招聘信息，而各个高校也有相应的就业指导网站。网络资源典型的特点是查询方便快捷、信息量大，能为全面而及时地获取职业信息提供便利。

（2）大众传媒

除了网络，还可以通过报纸杂志、电视、广播等新闻媒体来了解职业信息，尤其是当地发行量比较大的报纸，比如河南的《大河报》。这些途径具有信息传播面广、传播速度快、时效性强的特点，是用人单位发布人才需求信息的重要工具。

① 铁人学院．全国工会干部教育培训辅助教材——中国工业化发展道路与产业工人队伍建设[M]．北京：中国工人出版社，2022：81．

（3）实习实践

通过社会实践等方式直接进入行业领域亲身体验，近距离接触能更明确地了解某种职业的实际工作情况、对人才的资格要求、发展前景等。

（4）生涯人物访谈

生涯人物访谈是通过与同一行业中数位资深工作者的深入交流获取职业信息的一种方法。进行人物面谈，一方面可以验证通过其他渠道所搜集的信息的可靠性，另一方面可以知晓从事该职业的工作者内心的真实体验和工作领域的深层信息，观察实际的工作情形，从而判断自己是否真的喜欢和适合该职业，同时也拓宽了自己的人脉资源。生涯人物可以是单位的同事、师长、校友，也可以是朋友介绍的资深工作者。一般情况下，访谈的生涯人物的工作经验最好在三年以上，且在访谈之前要拟好访谈提纲，访谈结束后要立即对信息进行整理，提取有价值的信息。

此外，也可以通过参加高校或地方举办的招聘会来获取职业信息。

2. 评估职业的方法

在通过多种方式搜集到与自身关注的职业相关的信息后，需要对信息进行筛选和评估，以确定所关注的职业是否符合自身的要求，以及自身是否具备满足职业所需标准的资质。在此基础上，需要确定个人的职业发展目标并制定具体的生涯规划。那么，如何进行评估呢？评估的方法很多，这里主要介绍常用的PLACE法。

PLACE通常用于评估不同职业的要求和能力。在了解一种职业的全面信息后，使用PLACE法中提供的五个指标对职业信息进行分析，以便从多个角度了解该职业，评估自身各种条件是否符合该职业的需求。

① P（position）：职位、职务，主要指该职位的日常性工作有哪些，需要担负什么样的工作责任，处于什么样的工作层次。

② L（location）：工作地点，包括工作单位的地理位置、所处的环境状况、安全性等。

③ A（advancement）：升迁、发展，指升迁的渠道有哪些，是否畅通、升迁速度如何等。

④ C（condition of employment）：工作状况，如工作时间、工资和福利、培训的机会等。

⑤ E（entry requirements）：雇佣条件，包括所需的学历水平、专业、工作

经验、能力、性格、气质类型等。

## 三、职业定位与发展

### （一）职业定位

1. 技术型

由于技术型人才的性格和兴趣，坚持这种职业定位思想的人通常不倾向于担任管理角色，而更倾向于在其专业领域内发展。在过去，通常不对员工进行专业管理培训，而是将技术高超的员工晋升为领导，尽管他们往往不太愿意，更希望继续从事专业研究。

2. 管理型

管理型职业取向的人更倾向于担任管理人员，而且他们的经验表明自己有能力争取高层领导职位，因此他们的职业目标是担任具有重要职责的管理岗位。高层管理人员应具备以下 3 方面的能力。

①分断能力，在信息不充分或情况不确定时，具有判断、分析、决策的能力。

②人际协调能力，影响、监督、应对与控制各级人员的能力。

③情绪控制力。面对危急事件时，不沮丧、不发火，并且有能力承担重大责任，而不被其击垮。

3. 创造型

人才若持有创造型职业定位思想，能创造出独具个人风格的东西，可以是以自身命名的产品或工艺，也可以是建立自己的公司，抑或是拥有一些反映个人价值的私人财物。他们相信，只有通过这些具体的事物才能证明自己的能力和成就。

4. 自由独立型

对于那些秉持职业定位思想的人来说，他们更倾向于独立自主地工作，不喜欢像大公司的员工那样互相依赖。此外，他们也更注重掌握高超的专业技能。与普通的技术型人才不同，他们不倾向于在企业内部晋升，反而更喜欢从事咨询工作，自主开展业务，或与志同道合的人一起创业。另外，那些具有自主和独立个性的人才往往会选择从事自由撰稿工作或者创办小型企业。

5. 全面型

秉持全面型职业定位的人中许多人最担心的是职业的长期稳定性，他们致力于获得稳定的工作、持续的收入以及出色的福利和养老保障。

## （二）职业与社会需求

随着我国经济社会的进步，职场对人才的要求也在不断升级，从关注学历背景，转向关注能力水平、职业道德和价值观念。随着时间的推移，人才的标准变得更加全面。除了专业能力，职业道德、态度和价值观等方面，如职业忠诚、责任感、专业进取与创新、团队协作和职业规范，也成为企业和用人单位用来选拔和雇佣人才的关键标准。

对职业人才来说，健康正确的价值观是职业生涯中求职竞争、入职发展和晋职成功的重要因素。信用管理师、数字视频合成师、集成电路测试员、微型水电利用工、智能楼宇管理师等新兴职业充满时尚和科技元素，它们已被国家认可为新职业，正在快速走入人们的日常生活，展现出生机勃勃的发展前景。

也许对于信用管理师等新兴职业，目前还有些难以理解和掌握，但在未来的几年里，它们很可能会成为职场上非常普遍的行业词汇。随着市场经济的发展，曾经和计划经济息息相关的职业，如粮油票证管理员、物资供应员、蔬菜作价员等已逐渐消失。传统的职业，如裱棚工、抄写工、烧水工、掏粪工、送煤工、铅字排版工等，已经渐渐淡出人们的视野，成为历史上的一道风景线。那些观察细致的人会注意到，随着经济、社会和科技的不断发展，职业结构的调整速度越来越快，旧有职业逐渐式微，而新兴职业则如雨后春笋般涌现。越来越多的新职业已经被正式纳入了职业行列，例如会展策划师、景观设计师、芳香保健师、宠物健康护理员，以及一些独特的职业，如牛肉分级员、计算机乐谱制作师等。

这些新兴职业主要归为两类：其一是全新职业，这些是随着社会经济的发展和技术的进步而诞生的，涉及一个新的社会群体性工作。其二是指职业更新，也就是由于技术的不断更新，原本的职业内涵发生了较大的变化，从事这种职业的方式也与过去相比发生了显著的质的变化。无可置疑的是，新职业的涌现与发展，不仅是职场变革的见证和体现，更是时代变迁与社会进步的反映和映照。

在我国经济的迅猛发展下，普通百姓的收入水平不断提高，人们开始重视生活品质而不仅是基本的温饱问题。因此，对于各种生活服务的需求也越来越大。由于广大人民群众需求的增加，许多提供相关服务的从业人员组成了一个稳定的群体，并推动了新兴职业的发展。

随着人们对生活质量的要求不断提高，职业称呼的变化也变得越来越多。现如今，“美发师”取代了“理发员”，而“烹调师”或“营养配餐师”代替了“炊事员”

一词。同样,“家庭服务员”也取代了“保姆”的称谓。从“炊事员”的称呼“升级”到“烹调师”,再到“营养配餐师”,这些职业名称的变化格外醒目。在“炊事员”时代,人们仅仅追求填饱肚子而已。现今社会流行使用烹调师、营养配餐师等新称谓来描述餐饮行业从业人员,表明人们越来越注重饮食的品质和营养搭配。经济的进步和生活水平的提高,导致职业内涵发生了变化。随着需求的增加,相应的供应也会增加。每当出现一种新职业,社会便多了一项新的服务项目。实际上,随着新生活方式的出现,新型职业也应运而生,并默默地改变着人们的生活。现在的职业分工变得更加明确和细化,人才类型也变得更加多样化。

由于社会需求的不断增长、科技的不断进步和产业的细分,社会分工变得越来越细致。职业内涵已经不再像以前那样简单,相比“三百六十行”,如今更加细致。通过这种细分,人才也变得越来越专业化。随着策划行业的发展,策划师不再只有一种,而是拓展到了商务策划师、会展策划师、数字视频策划制作师、房地产策划师等四种不同的领域。随着越来越多的人养宠物,涉及宠物的新兴职业也随之增多,这其中包括专注于维护宠物健康的职业,例如宠物健康护理员及宠物医师等。随着产业细分的不断加深,社会分工也逐渐明晰,因此从业人员的专业水平要求也越来越高。在这一过程中,若干最初作为辅助性质的功能已被逐渐拆解成独立的职业。过去,学校、机关、社区中存在一类名叫政治思想辅导员的工作人员,他们的职责之一是帮助人们调理心理健康,这部分工作如今已经衍生出了心理咨询师这一职业。而他们帮助人们做职业规划的那一部分职责,则逐渐演变成了现在的职业规划师。

推动劳动力市场建设的新兴职业。一旦新职业明确了职位描述和职业标准,便会推出培训和考核计划,并将职业规范具体化,为从业人员提供实际的指导和依据。统一和规范新职业名称有助于我国进行劳动力需求预测和规划,进行就业人口结构及其发展趋势的调查、统计和分析研究,以及提供重要依据来开展职业介绍和职业指导。在进行职业介绍和职业指导时,各地的公共职业介绍机构可根据新职业定义和职业描述,向求职者提供相关的职业信息,从而有助于推进我国劳动力管理的科学化、规范化和现代化,这为实现这一目标打下了稳固的基础。

### (三)职业发展的影响因素和趋势

一个人从职业学习开始,到职业劳动最后结束的整个生命旅程就是职业生涯。影响职业发展的因素包括个人因素、社会因素、环境因素三个方面。这三个因素之间相互依存，相互促进，如果改变其中任何一个因素，都可能会对职业发展产生影响。大学生在决定职业选择时，会受到很多隐藏的和明显的因素的影响。这些因素可以分为两类，即与大学生自身相关的主观因素和与职业环境相关的客观因素。

1. 主体因素

大学生的职业选择往往受到主体因素的影响，这些因素是由主体内部产生的，与个体自我意识密切相关，包括个性、能力和价值取向等，它们扮演着职业选择的重要角色。

（1）个性

个人的性格特点和气质是一种长期稳定的因素，对大学生在职业选择上的影响不容忽视。这些因素将持续影响着大学生的职业道路和未来的职业发展。美国心理学教授霍兰德及其助手提出了人格类型与职业类型的理论，其认为从事每种职业的人都可以被描述为以下 6 种不同的个性类型。

①现实型。这种人手巧，有劳动兴趣，喜欢花时间做一些机械性的事情，喜欢并且善于完成更具体的任务。一般从事农业和机械业的人这种特征较为显著。

②调研型。此种人以科学家为代表，具有爱思考和精确性的特点，他们对于抽象事物能耐心处理，但不喜欢社交和领导活动。

③艺术型。此类人以艺术家和音乐家为代表，具有创造、不顺从和表现自我的特征，通常不喜欢例行的工作和重复的任务。

④社会型。此类人以教师和辅导员为代表，喜欢人际交往的活动，通常以服务为主，外向并喜欢了解人，但是不太喜欢严谨的组织纪律和机械性操作。

⑤企业型。此类人以销售者和管理者为代表，喜欢以社交能力来操纵人们，以达到经济的收获。

⑥常规型。这种人通常以会议记录员为代表，偏爱处理大量的数据和资料，对模糊的任务不感兴趣。以内向型大学生为例，通常不会选择需要过多自我推销和突出自我的职业，例如推销员、演说家、律师或记者等，即使他们选择了这些职业，也会感到极不适应，这可能会影响他们的职业发展。相对于需要大量人际交往的职业，如销售和客服等，一些人更喜欢从事图书管理、理论研究和微机操作等职业。这是因为这些职业需要高度的细心和耐心，且通常需要在安静和独处的环境中进行工作，更适合独立思考和专注于任务。

（2）能力

能力是指具备完成某项任务所需的技能和心理素质，其中包括适当的行动方式和必要的心理特征。能力和知识是彼此紧密相连的，无论从事什么职业，都需要同时运用和发挥二者的优势。能力和知识是不同类型的系统，其中能力是一个动态系统，而知识则是一个经验系统。要想掌握知识，就必须具备相应的能力，而要提高自己的能力，也需要通过不断的学习和掌握知识来实现。

由于已经顺利进入大学，可以认定大学生已经具备了基本能力。随着大学生接受长时间的基础和专业学习，他们还获得了特殊才能，包括但不限于写作和数学才能，在各自领域拥有显著的优势。一般或特殊能力均可以为大学生的职业选择提供方向和参考。在选择专业时，个人的能力水平通常会被考虑在内。那些不擅长文字表达的大学生可能不会优先考虑从事文职工作，而那些拥有基本理论研究能力，并在实践中取得了成绩的大学生，则更可能选择深入学习他们所学的专业，以最大化他们的能力发挥。

当前许多大学生在选择职业时普遍会考虑到自己的能力强弱。即使他们有可能会错误地评估自己的能力，但在做职业选择时，他们仍然会将能力作为一个重要的因素来考虑。在现实生活中，有些低能力的大学生会故意选择高能力型的职业，而一些高能力的大学生则可能会有意向选择低能力型的职业。这两种职业选择可能会导致职业不适应感，也可能会导致人才资源的浪费。

（3）价值取向

一个人的价值观是非常重要的，它是由意识系统所构成的核心部分。价值观在根本上影响着主体因素的各个方面，尽管有时这种影响并不容易被察觉。即便如此，这种因素仍然是十分稳定的，而且是影响大学生职业选择的根本决定因素。

价值取向是把价值观转化为具体的目标和方向的过程。价值观是个人对各种事物的一般态度，而这种态度往往表现出明显的、单一的趋向和情感，最终形成了个人独特的价值取向。随着基本价值观的确立，大学生的价值导向也趋于稳定。在职业认知方面，大学生所追求和拒绝的价值观，对某类事物的喜爱和厌恶，以及对某种情感的渴望和回避，都是与职业息息相关的价值取向的重要组成部分。大学生会从多个角度去看待一种工作，这些角度直接影响他们在职业方向和选择方面做出的决定。

只考虑职业追求，而不考虑现实职业，可以发现这种追求在大学生的价值观中占有重要位置。某些职业的存在是基于一定的价值体系，并且也为该价值体系提供支持。如果一个职业丧失了其所依赖的价值基础，那么它将无法正当地存在。也就是说，大学生追求物质实惠型的职业主要是出于对经济独立和改善生活状况的追求。有些大学生希望从事精神实现型职业，并不是因为他们忽视现实生存和物质实现，而是因为他们更看重追求精神层面的满足和实现，这在他们的价值观结构中占据着更为重要的位置。

上述内容是从以大学生为主要人群的角度，探讨价值观念对于职业定向和选择的影响。事实上，当大学生进行职业规划和选择时，他们所持有的个人价值观念，以及职业社会、家长的价值观念都会有重要的影响。这些价值观念已经深深地融合到了大学生的主体价值观系统中，成为了其不可或缺的一部分。

2．客体因素

客观因素包括职业本身以及环境因素，两者结合起来共同影响职业选择。如果主要因素是起着基础性的作用，那么客观因素则充当了制约和平衡的角色。

（1）社会评价

大学生身处一个与现实世界有所区别的环境，也可以说是处于一种相对隔离的状态，而并非完全置身于真实的社会状态。职业社会的偏见在不知不觉中通过传媒、共同经历和社会舆论等各种途径影响着大学生的观念和认知，成为他们社会化认知中不可忽视的部分。虽然人们常常强调“职业分工不同，职业没有高低贵贱”，但在实际社会中，普遍存在对职业的社会评价，也就是职业“高低贵贱”的认识。

社会心理对职业的评判具有很大的影响力，从而影响职业的社会地位。社会心理与社会评价息息相关，人们对不同职业的评价往往受到传统和保守观念的影响，在欠发达地区这一现象尤为突出。尽管个体工商户经济实力雄厚，但社会对其评价长期不高。这种现象与古代流行的轻视商人的观念紧密相连，而这种观念恰恰成为大学生进入个体经营者行列的主要心理障碍。

一个职业的社会认可是随着时间不断变化的。在 20 世纪 50 年代，人们对农民的职业非常感兴趣，但在 60 年代，人们的兴趣转移到了工人职业上。到了 70 年代，人们开始向往当军人，在改革开放后的 80 年代，行政干部和金融职员成为了备受追捧的职业。随着市场经济建立和发展，20 世纪 90 年代出现了一股“下海”的浪潮，许多人毅然决然地改变了自己的职业目标。这种职业的受欢迎程度和快速发展是由不同时期的具体情况所决定的。

职业的社会声誉在潜移默化中影响着大学生的职业选择，已经深入到他们的社会认知范畴中，成为考虑职业选择时必不可少的因素。特别是当人们缺乏对某种职业的深入了解和亲身经历时，社会的评价作用就会显得尤为重要。随着时间的推移，大学生的社会评价也会发生改变。由于观念、思想和价值观的更新，他们的奋斗目标可能会重新排列、组合，甚至发生质变。然而，即使在社会不断变迁的大背景下，大学生的职业选择仍受到社会评价的影响，只是这种影响力的大小存在差异。

（2）经济利益

在现今大学生的职业选择中，经济利益的影响越来越显著。随着商品经济的发展，人们对金钱的重视程度必然会增加，这带来了一些好处，但同时也存在着一些隐患和风险，因为这种转变可以产生多种不同的结果。称其为利好消息的原因是，职业所需的物质激励是长期吸引求职者加入的重要因素，若没有这种激励机制，长期保持职业吸引力将会面临困境。这是因为一味追求金钱会削弱许多职业的原则，职业身份也会逐步变质，由原本的专业职责演变为仅仅追求经济收益的工具。

从历史的角度来看，这些现象表明人们对传统职业选择意识的反弹态势十分强烈，这种态势不可忽视。在计划经济体制下，职业的选择是不受经济利益影响的，不同职业的薪水几乎相同。随着经济结构变革的推进，不同职业的收入差距迅速扩大。

对于刚毕业、刚开始工作的大学生来说，可能无法深入分析经济问题，只能在自己的能力范围内争取获得经济收入。如果大学生的劳动没有得到合理的经济回报，那么他们可能会考虑改变职业选择，并把经济利益放在更加重要的位置上。

（3）家庭

家庭在人的一生中会留下深深的印记，尤其在大学生的职业选择上，家长的意愿会对其产生影响。在大学生选择专业之前，很多家长不会直接下指令，而是借助家庭环境渐渐地渗透到大学生的心理中。例如，来自农民家庭的大学生，会因为亲身体验过父母从事农作的艰苦生活而有深刻的感受。在父母的言传身教的影响下，这些大学生可能会摒弃选择同父母从事的职业。家庭背景、涵养的氛围，或许会使大学生跟随家人并逐渐接受其职业价值观，促使其走上家族从业之路。然而，当子女的职业目标与家长的期望产生冲突，或子女迫切希望自己独立做出决定时，家长与子女之间便会出现矛盾。父母常常存在这样一种天性，即将对子女的爱与对子女的控制和干涉混淆在一起。父母常常说的一句话是：“我这样做是为了你好。”父母通过采取控制措施来引导子女的行为方式，体现他们对子女的保护和关爱。

大学毕业生需要面临职业的抉择，在这个阶段，家庭作用仍然存在，但它的影响已经不如以往那么强烈了。由于大学生已经掌握了专业知识，对职业规划有了更清晰的认识，心理也变得越来越成熟，因此对家庭的心理依赖程度逐渐降低。虽然大学生在职业选择时有独立思考的能力，但家庭作为他们的支持力量仍会对职业选择产生重要的影响。特别是当大学生犹豫不决并需要家长的帮助时，父母的意见会更加有分量，并在他们的职业选择中起到重要的作用。有些大学生根据个人意愿做出职业选择，而有些大学生则受到了家长所从事或期望子女从事的职业的影响。在另外一种情况中，子女被视为父母期望的延伸或家庭的代表，并被赋予实现父母理想的使命。因此，不能简单地断言这种职业选择的影响。不过，这种做法隐含着一种潜在的危险，即当职业实践不如人意时，子女可能会把责任归咎于父母，让父母来承担职业不成功的责任。

选择何种职业对于每位大学生都非常关键，因为它将决定他们未来的一生。虽然大学生在做职业选择时会面临多方面的影响和干扰，但是由于接受了多年的教育，他们必须从最初的职业选择入手开始自己的职业生涯。在实际工作实践中，他们发现了适合自己的特点和能力，因此选择了符合自己特点和能力的职业。有些人一直坚持自己的首选职业，而有些人则作出了职业上的调整，持续寻找适合自己的职业。换句话说，大学生在这个过程中会逐渐认识到职业现实的重要性，进而努力提升自己的职业能力以满足职业要求，并逐渐将职业理想与现实加以协调。

### （四）职业资格证书

#### 1. 职业资格证书的概念

职业资格证书指的是具备从事什么职业的资质，比如想从事教师职业，必须先取得教师资格证，当上教师后可以按条件要求评助理、中级、高级等职称。

职称一般由政府职称改革办公室审发，前提是通过了职称评审。职业资格证书的发放单位不同，与职业工种有关，更多的是由劳动部门考核发放，有的由行业部门审核发放，视具体情况而定。

#### 2. 职业资格证书的作用

在职场上，职业资格证书已经成为人们追求晋升和事业发展的重要选择，被认为是非常有价值的“法宝”。有人认为，在未来，职业资格证书将变得越来越重要，成为21世纪的一个重要趋势。

职业资格考试是获取成为专业技术人员资格的重要途径之一。专业技术考试分为三大类，其中包括会计、计算机软件水平等属于专业技术资格考试。专业资格认证考试，包括建筑师注册、资产评估师注册等。其中，占总量比重最大的还是IT行业的职业资格证书。

随着考证热的兴起，每年的9月到10月，大批中国人会花费大量时间参加各种考试，如注册城市规划师、执业药师、计算机软件水平、国际商务师资格等，以获得进入这些行业所需的职业资格证书。中国加入世界贸易组织后，许多职业的就业要求开始朝向国际化方向发展，这意味着要想在职场上有更好的发展，需要取得相应的职业资格认证。

当前，不少外国教育及培训机构看准了中国市场，相继设立考点并提供国际认证服务，受到人们的欢迎。中国面临了大量外国职业资格证书的涌入，这让那些热衷于考证的人们感到应接不暇。一些高水平行业的认证考试，例如国际注册会计师资格证书等国际认证，备受求职者的青睐。可是，在国内获得国际注册会计师资格证书的人数只有2.6万人左右。最近，计算机职业资格证书也受到很多企业和员工的青睐。

毫无疑问，职业资格证书对于就业具有重要意义。除了来自专业部门的权威性认证，证书更重要的作用是给人们带来职业上的自信和安全感。由此可见，职业资格证书已经影响着各行各业。根据某信息技术公司进行的一项调查显示，获得职业资格证书可以带来一定比例的薪资提升。就以IT认证举例，通常情况是：如果通过职业资格证书认证，薪资普遍提升40%到50%左右，取得MCSE（微软认证系统工程师）认证会使薪资增长幅度达到30%至50%。完成MCSD（微软认证解决方案开发人员）认证后，通常可以获得40%到60%的薪资涨幅。获得Cisco（思科）认证通常能带来50%到60%的薪资增长。[①]

① 蒋蓉.IT培训成转行首选[N].珠海特区报，2008-03-05（017）.

# 第二节　自我认知

事物总是发展变化的，即没有一成不变的事物。俗话说，“士别三日，当刮目相看”[①]，对自我的认知也需要随着时间的变化而不断发展，要及时更新自己的优点与缺点，在发展的眼光中对自我进行不断的完善，以固态的眼光看待自己只会让自己停滞不前，无法顺应时代的趋势不断发展个人的全面素质，无法满足社会不断发展变化的对人才的需求。

## 一、自我认知的含义

自我认知是指个体对自身进行观察、评价和理解的过程。它包括对自身感知、思维、意图等方面的觉察，并涉及对个体想法、期望、行为和人格特征的判断和评估。自我认知在个体自我调节中具有重要的作用。

自我认知是主观主体对自身的身心特征进行认识与评价的过程。它包括了对自己的心理和行为特征的认知、对自己的价值观和能力的评估等。自我认知对个体的心理生活和行为表现有重要的影响。正确的自我评价可以促进个人的心理健康和发展，而过度的自信或自卑可能导致个体与周围人的关系紊乱和矛盾。因此，个体的自我认知与社会中他人对其的客观评价的一致性很重要。自我认知是自我调节系统中的重要的一环，它为自我情绪的正确调节奠定基础，其内容丰富多样，涉及个体的各个方面。

自我认知需要从对自我的身体、行为特征，个人的生理优势与表现，个人在社会和集体中的位置和影响以及个人在社会活动中的心理表现等方面进行正确的判断和评价。自我评价是根据个人在社会或集体等群体内的实际表现而进行的自我表现的预估，它既需要关注自我，保持对自我的清晰认识，也需要与群体中的其他成员进行同领域发展水平的适当比对。自我评价水平的提升需要个人评价与他人评价相结合，在对自我进行深入了解的过程中，不仅需要个人与他人进行比较，还需要将个人对自我的评价与他人对自身的评价相比对，从而得到对自身的

---

① 仲新朋．中华典故[M]//中国文化文学经典文丛．长春：吉林文史出版社，2019：339.

客观的认识。只有拥有正确的自我意识，对自身能力与表现进行客观恰当的评价，才能保证良好的自我控制能力，提升个人在生活中的生活体验。

对外在形象和内在素质的全面认识至关重要，自我认知包括个体对自身的外貌、衣着、举止、风度、谈吐、学识、心理、道德和能力等方面的正确认识与评价。应该将个人对美的定义范围宽泛化，关注自身的内在美，明确内在美在美的评价中的核心地位，内在美促进外在美的展现，个体的美是内在美与外在美的综合表现。每个人都有各自的优势和不足，不存在完美的人。因此，更应该关注自己的优点和长处，并以欣赏和发展的眼光看待复杂的人生。将目光放在痛苦和烦恼上会使生命失去光彩，而将目光转向快乐则会获得幸福。

## 二、自我认知的途径

若缺乏对自我准确的认识和发现个人优点的能力，一个人会出现自卑心理，失去信心，行动犹豫。另一方面，若过于高估自己，则会导致自大和盲目乐观，影响工作表现。因此，适当认识自我和实事求是地评价自己，是自我认知的必要途径，对个人的自我调适和人格完善有重要作用。

### （一）通过自我观察认识自己

自我观察是指通过反思和评估日常生活中的细微行为，来了解和评估自己的外貌、身体状况、自我形象及精神世界的方方面面。这个过程是自我教育和个人提升的重要途径。其中，外貌和身体状况的观察涵盖了外貌形象、态度和身体健康等方面；自我形象的观察包括社会地位、公共场合中的行为表现以及社交能力等方面；而精神世界的观察则涉及政治态度、道德水平、智力能力、个人兴趣爱好和特长等方面。通过持续进行这些观察，并对结果进行总结和分析，个人可以更好地认识自己，找到自我提升的方向，发展个人潜能，实现个人目标。

### （二）通过他人了解自己

个人对自我的评价难以保证公正客观，人们经常难以准确地了解自己，只能通过他人的看法来获得更清晰的认知。因此，应尊重他人的态度和评价，并以冷静的态度进行分析，将个人对自身的评价与他人对自我的评价进行必要的比对，以便更好地认识和了解自己。

## 三、自我认知的作用

### （一）激励功能

自我评价是个人进行自我调控和自我完善的必要途径，客观公正的自我评价是对自我实际表现和发展变化的正确认识，良好的自我评价能力对个人潜能的发掘和全面素质的提升有极大的促进作用。同时，正确的自我认知也是个人发展的指南与方向标，自我认知为个人成长提供了良好的反馈机制，促使个体不断进行自我反思和调整，识别自身存在的问题与弱势领域，避免进入错误的发展循环。它激励个体追求个人成长与成就感，并为个体的调整和改进自身行为与思维方式时刻提供警示，为个体实现自身潜力的最大化和个人发展的持续性提供了可能。

### （二）调节功能

自我认知对于个人的发展具有重要的调节作用。自我认知使人对个人能力、弱点和潜力进行评估。通过观察和反思自己的思维模式、情感体验和行为表现，个体可以深入了解自己的优势和劣势，并将其作为制订目标和计划的依据。自我认知促进了个体的自我调整和变革。通过意识到自身的认知偏见、负面情绪和行为模式，个体能够主动采取措施进行修正和改进，从而实现自身的成长和发展。自我认知引导个人的目标设定和职业规划。通过对自身价值观、兴趣和能力的认知，个体能够制订明确的目标，并选择适合自己的职业道路。自我认知在个人发展中起到重要的调节作用，它不仅帮助个体了解自己的优点和劣势，引导其目标设定和职业规划，还促进了个体的自我调整和变革。

## 四、自我认知对职业生涯规划的意义

职业生涯是一个人一生中持续从事和承担职业、职务和职位的过程，其包括职业活动、行为和态度等方面。自我认知在职业生涯规划中扮演关键角色。个体的价值观是在与环境的互动中逐渐形成的，对人们的行为具有内在动力和支配作用，对决策起着重要作用。清晰认识自己的价值观有助于做出更好的职业决策，使人们明确自己的重要目标，并坚定选择自己的方向。

大学生正处于职业价值观尚未完全确定的阶段，容易陷入误区，如盲目从众，只追求热门而忽视自身特点。因此，大学生应正确看待自己的人生及与国家、社会和他人的关系，树立正确的职业价值观。

职业兴趣在个人活动中扮演着重要角色，它为个体提供兴趣，激发内在动力，激发潜力和创造力。此外，工作也是生活的一部分，工作质量的高低决定了生活质量的高低。因此，从事自己喜欢的工作也是获得快乐生活的重要来源之一。

职业生涯是一个人一生中与职业相关的连续过程，包括职业活动、行为和态度等。价值观对决策起着重要作用，而兴趣则提供内在动力和潜力激发。大学生应正确看待自己的人生，树立正确的职业价值观，并追求与个人兴趣相符的工作，以实现自身潜力和获得快乐生活。

## 五、完善自我

完善自我是个体在认知和接受自我的基础上，通过制订目标、调节行为、改善个性，实现全面发展以应对社会要求的过程。完善自我是个体进行自我教育的核心方法，旨在确立理想自我、提升现实自我，从而促进个体积极迈向理想自我。

### （一）正确认知

1．学会正确地认知和评价自我

正确地认知自我是建立健全自我意识的基础。德国著名作家让·保尔（Jean Paul）说："一个人真正伟大之处，就在于他能够认识自己。"① 正确的自我认知和自我评价有助于帮助个体建立正确的人生发展目标，了解自身的发展优势和弱势，才能在人生发展的过程中不断进行自我完善和自我调节，厘清自身在社会和集体中的地位。自我认知是对个体的外在表现与内在表现的统一认识，是对自身与他人的性格与兴趣等方面差异的综合考量，是对自身在社会发展中的作用的清晰判断，是顺应社会发展与变化的必要的发展路径。

2．正确认知的途径

（1）在实践中认知自我

大学生通过积极参与实践活动，充分展现自身的才华，在体力、智力和品德等多个方面进行全面的展示，以便有效地发挥自己的优点和特长，并在实践活动中发现并纠正自身的缺点和不足之处。

（2）在听取他人的评价中认知自我

个体的自我认知主要通过他人的评价而形成，评价的意见和建议能够反映个

① 刘永莉．基于自主学习的大学英语教学理论与改革研究[M]// 高校学术研究论著丛刊．北京：中国书籍出版社，2021：209.

体的表现。然而，在接受他人评价时，个体需要综合考虑，既不能盲目接受也不能完全否定。个体应该注意评价者与自己关系的亲密程度，以免评价缺乏客观性；同时也要注意集体对个体的一致评价，避免被个别意见所左右。此外，评价者的态度和观点也需要分析，然后有选择性地接受评价，以形成对自我的正确评价。

（3）在内省中认知自我

内省是一种关键的认知过程，通过内省个体能够深入思考并观察自身的内心状态、信念和价值观。内省作为一种自我认知的工具，能够参与个体反思和自我觉察的过程，有助于个体更好地理解和认识自己。同时，内省还能够促进自我调整和发展，通过对自己内在世界的观察和分析，个体能够识别和理解自身情感、动机和行为的根源。因此，内省对促进个体的成长和发展具有重要意义。

3. 正确认知自己，建立良好的心志

为了强调追求职业规划的重要性，应该从入学时就开始重视并鼓励学生积极主动地参加高年级学生座谈会议。对学生而言，了解所学专业的特点以及未来工作的性质和条件至关重要。此外，大学生社团对于大学生职业规划的重要影响力也应被正确认知。这种影响力将有助于培养学生的主体性和激发他们的创新精神，同时也促使大学生逐步实现社会化的过程。因此，建议每个学年末都撰写一份自我总结，以正确认知自身的发展与变化。

4. 客观评价自我的基本内容

对自我的清晰认知不限于外在表现，应更注重发掘个人的内在品质，积极探索个人的发展志向、兴趣爱好、能力的优势与缺点、性格特征等内容，并结合他人对自身的总体评价，得出客观公正的自我评价。

（1）能力是职业选择的根本

在个体的心理特征中，能力是一种直接影响活动效率和成功完成活动的要素。在毕业生就业的过程中，了解并准确评估自身所具备的能力，并进行客观的分析，根据分析结果采取适当的行动，对于实现就业目标至关重要。个体发展的过程中，自身能力的大小以及能力在各领域的具体展现，可以帮助毕业生做出明智的决策，大学生应结合个人的能力优势，选择能将个人能力最大化发挥的工作领域。毕业生应该深入认识自己的能力水平，并准确识别自己在不同领域中的优势表现，以便做出科学而合理的选择，避免重大失误，最终实现自身的就业目标，找到适合个人长期发展的就业方向。

（2）性格是职业选择的前提

性格是指一个人针对现实环境所采取的态度和习惯化的行为方式，该个性心理特征在稳定性和核心意义上具有显著表现，对于个人职业发展的方向和成就有着深远而核心的意义。基于不同的性格特质，人们在职业选择上会展现出差异。这是因为性格与个人特长、兴趣和价值观之间相互关联，进而影响一个人在特定职业环境中的表现和满意度。因此，通过了解个人性格特征，可以更加准确地匹配适合其个性特点的职业类型，进而实现个人在职业生涯方面的发展和成功。这种个性特质与职业的契合度对于个人的工作动力、工作满意度和职业成就具有重要意义。

（3）兴趣是职业选择的关键

大学生的思维、爱好和兴趣正值活跃丰富的顶峰，有着不同层次的、丰富多彩的、带有浓厚个性特色的兴趣，具有广泛性与多样性、集中性与稳定性、社会性与情绪性等特点，它们从不同角度和程度影响着毕业生对职业的选择。因此，大学生要在广泛的兴趣中确定一个中心兴趣，并以此为主导在职业选择中建立竞争优势。

（4）气质是职业选择的基本条件

气质是指人们的心理和行为活动的速度、强度、内外倾向及灵活性等动力性方面的个性心理特征。具有某种气质特征的人，通常会在不同的活动中表现相同的心理活动特点。因此，了解职业对气质的要求，正确认识自己的职业气质类型，有利于发挥自己的长处，提高工作效率。

（5）身体状况是选择职业时必须考虑的基本要素

工作节奏的快慢、劳动强度的大小等，对从业人员的身体状况有非常严格的要求。

综上所述，毕业生在选择职业时要充分认知自己，根据自己的不同状况选择职业，让自己的行为方式与所选择的职业相适应，以便更好地发挥自己的聪明才智。

### （二）自我提升

自我提升在大学生的发展中扮演着重要的角色。它涵盖了个人能力的增强、知识的拓展以及职业发展的提升。通过积极参与学术研究、实习及社会实践，大学生可以获得实际的学习机会，培养解决问题的能力和创新思维。此外，参与学术讨论和交流活动也可以拓宽学生的视野，提升其学术意识和批判性思维能力。自我提升还包括积极参与社团活动、组织志愿者工作以及参加领导培训，这些经历可以培养大学生的领导能力、团队合作精神和人际交往能力。总之，大学生应重视自我提升，不仅仅是为了实现个人目标，更是为了适应社会发展的需求，为未来的职业发展奠定坚实的基础。

大学生在自我提升的过程中也需要对自身的能力有清晰的认知，要结合社会的实际发展需要和自身的实际能力、优势等因素探索个人的目标与方向，目标过高则容易给个人带来过大的压力，不利于坏情绪的有效释放，目标过低则浪费了个人的才能，不利于社会人才与职位结构的恰当匹配。大学生要以动态的眼光判断社会化发展的变化，积极适应个人在社会中的位置与作用，对自我的能力和性格不断完善，让个人的发展时刻符合社会对人才不断变化的要求。

1．建立科学正确的理想自我

现实与理想之间常常存在一定的差距，人们不宜单纯依据个人意愿建立理想的自我形象，也不能完全被虚荣心所驱使。需要避免从事自身能力所限而无法胜任的事情，应根据自身特长和社会现实的条件，制订合理的理想规划，将现实与理想相结合。

在这一过程中，关键是要建立科学和准确的理想自我模型。这种模型不仅应考虑个人的愿景，还应对自身的特征以及社会所能提供的资源予以吸收。通过融合现实与理想，个体能更好地构建自我形象，避免落入理想与现实之间的矛盾带来的失望和沮丧。需要树立科学合理的理想自我，不仅要充分考虑个人欲望，也要远离虚荣心的误导，避免从事超出个人能力范围的事情。应基于自身特点和社会条件，制定符合实际的理想自我蓝图，将现实与理想相互融合，以实现个体的全面发展。古人云："千里之行，始于足下。"① 大学生应将个人的发展与社会的发展统一起来，从实际出发，建立可行的目标与理想，在不断发展、变化的过程中适时调整、改变自己的目标，使个人的理想具备可行性和发展性。

2．积极参加社会实践，展示自我

大学生要积极参与社会实践活动，这对他们的成长和发展具有重要意义。首先，社会实践活动可以通过自我判断、选择和提升，帮助大学生建立对人生和世界的深刻认识。参与各种实践活动，大学生可以亲身经历并体验社会现实，从而形成独立思考和判断的能力。此外，社会实践还可以为大学生提供一个拓展自我

① 王家春．画说道德经[M]．北京：人民美术出版社，2020：180.

认知的机会，让他们更好地了解自己的兴趣、能力和价值观。

其次，社会实践活动对于大学生的自我评价、自我激励和自我教育也具有重要作用。通过勤工助学、参观考察、社会调查和志愿服务等形式的实践，大学生可以逐渐提高对自己的认知能力。通过经历实践中的挑战和困难，大学生可以发现自己的优势和不足，并自我激励去克服困难和提升自己。同时，实践过程中的经验与教训也成为大学生自我教育的重要资源，有助于他们在实践中不断成长和发展。

自我展示是大学生应具备的一项重要能力。大学生应该善于与他人交流自己的思想，积极参与集体活动，并适当地展示自己的才华，以赢得他人的认可和支持。每个大学生都有未被充分利用的潜能和发展空间，通过参与社会实践活动，他们可以探索并发掘自身的潜力，实现自我超越，并激励自己不断追求卓越。

3. 不断完善自我、超越自我

在实现健全自我意识的终极目标过程中，加强个体的自我修养、完善个人素质以及超越自身的能力是不可或缺的要素。可以从以下几个方面着手，以塑造一个全新的自我。

①培养深入思考的能力：大学生可以通过主动参与学术讨论、阅读经典文献和多角度思考来拓展思维边界，培养批判性思维和问题解决的能力。

②积极参与学术研究与实践：大学生可以通过参与科研项目、实习经历和学术竞赛来提升个人素质。这些实践经验的积累不仅能增加学术实力，还有助于培养团队合作和领导能力。

③参与学术社群和交流活动：大学生可参加学术研讨会、讲座和学术协会等活动，与同行交流、分享研究成果、借鉴他人经验。通过与其他学者互动，获得新观点、思维模式和方法，拓宽研究思路。

④跨学科学习和应用：大学生应拓展学科边界，主动探索与自己专业相关的其他学科，如哲学、社会学、心理学等。跨学科学习可以帮助大学生深入理解问题，创新解决方案并扩展学术影响力。

### （三）关注成长

大学校园成为心理疾病高发地带的现象引起了广泛关注，因此进行针对大学生心理健康的健康教育是必要的。尤其需要重点关注心理弱势群体，如来自农村地区、经济困难家庭或少数民族的大学生。这些学生常面临适应新环境、学业压力和自我认同等心理挑战，容易出现心理问题。

健康教育的中心思想是关注大学生的心理健康，通过提供必要的心理知识引导学生学习应对压力的技巧，提供心理咨询服务和支持体系，以及设置自助心理健康资源，来帮助大学生更好地应对心理压力，提升心理健康水平，实现全面发展。特别需要关注心理弱势群体，为他们提供针对性的知识、技巧和支持，以满足他们特殊的心理健康需求。

1．大学生成为心理弱势群体的诱因

（1）与学习有关的原因

在竞争激烈的大学环境中，大学生常常面临着自我评价过高和对自己期望值过高的困扰，这可能导致心理落差和失去信心的问题。他们对自己的能力和表现抱有过高的期待，一旦面对挑战和困难时，可能会感到沮丧和失望。此外，超负荷的学习压力和来自各个方面的竞争也给大学生带来了不小的困扰。他们面临着大量的学术任务和社会压力，常常感到时间不够用，难以应对。由此带来的焦虑症状进一步加剧了他们的困境，不仅影响了他们的学习效果，还可能对他们的身心健康造成负面影响。因此，大学生需要认识到自身的局限性，合理设置期望，并学会应对压力，保持心理健康。大学可以提供更全面的心理辅导和支持，帮助大学生建立积极的心态和应对策略，以应对竞争环境中的挑战。

（2）与人际关系有关的原因

在大学里建立良好的同学关系对于大学生的全面发展至关重要。良好的同学关系有助于培养沟通技巧、团队合作和解决冲突的能力。通过与不同背景、兴趣和观点的同学交流，大学生可以开阔眼界，增加对多样性的理解和尊重。与同学建立良好的关系可以提供情感支持和友谊，减轻大学生因远离家乡而可能产生的孤独感和压力。然而，面对建立良好同学关系的挑战也是不可忽视的。一些大学生过于以自我为中心，不认同不同意见和行为，导致与同学之间产生矛盾，无法建立良好关系。此外，性格内向和交往技巧不足也可能导致大学生无法建立广泛的社交圈，导致孤独和痛苦的感受。大学生应该学会主动介入社交活动，主动交流和与他人建立联系。同时，培养积极的心态，对差异持宽容和尊重态度，才能真正建立起良好的同学关系，从而使大学生能够充分融入多元化的社交环境中。

（3）与自身有关的原因

贫困生常常表现出自卑心理，尤其是在与城市同学的比较中，他们因能力、生活差异而感到不足。同时，他们强烈渴望通过学习来提升自我价值，但由于环境的限制，他们的自我评价和认知失衡，导致内心产生冲突。同样地，一些大学生在追求关注和特殊地位时面临现实与期望的差距，这种内心冲突导致焦虑、自卑和抑郁。解决贫困生和大学生的内心冲突需要教育机构、社会和个人共同努力，提供支持、资源和引导，以促进他们的积极成长和全面发展，帮助他们建立健康的自我认知和价值观，从而更好地应对内心的冲突，并取得成功和幸福。

（4）与就业有关的原因

大学生在当前面临着就业模式转变带来的机遇和挑战。尤其对于非名校的学生而言，情况更加困难。他们通常缺乏实践和社会经验，往往表现出就业焦虑和前途担忧，同时缺乏竞争意识和自信心。

目前，我国许多高校存在职业生涯指导和训练的缺失，这导致学生无法在早期对未来的职业进行规划。大多数学生对自己适合从事何种职业不够明确，这种自我迷失加上激烈的职场竞争使他们感到不安和焦虑。大学生的就业压力主要源于就业竞争环境、专业供求矛盾、缺乏求职帮助、自我认知与定位、职业素质评价以及就业心理预期等多种因素的影响。为应对这些问题，大学和社会应共同努力，为学生提供更好的职业发展指导与支持。

2. 大学生的自律与他律

在大学生成长的过程中，自律与他律相辅相成，但自律是最为基本和重要的一环。自律不仅包括对自己的约束，更体现了一种理性精神，通过自我监督和自我控制的能力，使个人能够按照既定的目标和价值观去行动。在日益完善的外部规定的支持下，自律成为大学生成长中必不可少的品质。他律作为外在的约束力也起到了至关重要的作用。法律、法规和舆论等外在规定可以对个体行为进行规范，维护社会的正常秩序和道德准则。然而，这些外在规定只有在内化为个人的信念和准则后，才能真正发挥其影响力。这也意味着，自律与他律并不是割裂的，而是相互依存、相互支持的关系。

对于大学生而言，自律是他们成才的基石。大学生时期，面临着大量的学习任务、社会实践和人际交往等各种挑战，需要有足够的自律才能应对。只有具备自律的品质，才能有效地管理时间、制定目标、保持专注和坚持不懈。自律的大学生更具有独立思考和主动学习的能力，能够更好地掌握知识和技能，并将其应用于实践中。

随着社会主义市场经济和知识经济的快速发展，培养大学生的自律意识和能力变得更加重要。在如此复杂多变的社会环境下，大学生需要具备自律的品质来适应和应对各种挑战和机遇。自律不仅是他们个人发展的需要，也是国家和社会的需要。自律的大学生能够自觉地遵守法律法规，遵守社会道德，保持奋发向上的精神状态，为国家和社会的发展贡献自己的力量。因此，大学阶段应注重培养大学生成为自律的人才。学校可以通过课程设置和教育引导，引发学生内在的自律意识，加强他们的自我管理能力。同时，家庭和社会也应给予学生更多的支持和鼓励，营造积极的学习环境和价值观，培养他们自律的意识和能力。

# 第三章　高校学生就业前的准备

本章为高校学生就业前的准备，主要讲述了简历准备、思想准备、知识准备、能力准备、心理准备。机会都是留给做好准备的人的，希望通过阅读本章内容能够帮助学生在就业前做好充足的准备。

## 第一节　简历准备

### 一、简历是什么

简历是用于应聘的书面材料，通常会在一张纸上呈现以下信息：在哪里毕业；曾经学过什么专业；有过怎样的工作和实习经历；有什么成绩和奖项。通过简历，用人单位会判断：应聘者是怎样的人，未来会不会是本单位所需要的员工。成功的简历就是一件营销武器，它向未来的雇主证明自己能够解决他的问题或者满足他的特定需要，以此来得到面试机会。

简历是用人单位对求职者的第一印象。好的一面是可以深思熟虑提供自己希望的信息；坏的方面是，很难判断自己的简历对用人单位到底有没有起作用。对于求职者来说，有两个问题必须在简历撰写前搞清楚。

①打算用这份简历应聘什么工作？

②这份简历内容是否能够说服对方给予面试的机会？

简历的英文为 resume，来源于两个词根，一个是“re”，一个是“sum”。如果把两个词根结合起来，简历就是把自己的经验反复（re）地总结和提炼（sum），直到可以用一张纸打动对方为止。

### 二、简历的内容

简历可以分为两个部分。

第一部分：个人基本信息（姓名、年龄、文化、专长、婚否、家庭、教育等），如表 3-1-1 所示。

**表 3-1-1　个人基本信息**[①]

| 个人信息 | 准备内容 | 雇主感兴趣的内容 |
| --- | --- | --- |
| 姓名 | 自己名字 | 基本没有 |
| 求职意向 | 了解求职岗位的必要信息和能力要求，简历后续内容都以此为标准 | 集体的岗位，越细越好，最反感岗位为模糊或者岗位多投 |
| 照片 | 根据雇主要求和岗位内容选择一张可以体现适合岗位的照片 | 主要看气质和岗位是否匹配，形象气质佳占优。雇主没有要求贴照片可以不贴 |
| 联系方式 | 邮箱和手机即可 | 如果对下面的内容满意，能快速联系求职者的方式，通常不怎么感兴趣 |

第二部分：个人具备的能力和经历（最好有证明，包括专业、课程、实习经历、工作／兼职经历、所获奖项、科研成果等），如表 3-1-2 所示。

**表 3-1-2　个人具备的能力和经历**

| 能力部分 | 准备内容 | 雇主感兴趣的内容 |
| --- | --- | --- |
| 教育信息 | 专业是什么？ | 生产或研发型岗位参考专业和应聘岗位是否符合，营销类岗位基本不关注 |
| | 取得过什么学位？ | 对于学位要求，主要看学历水平 |
| | 学习成绩如何？ | 对于技术型岗位，看 GPA；对于成绩无要求的岗位，可以略过 |
| | 学习方面得过什么奖吗？ | 奖项是否和岗位能力相匹配，是否有含金量？ |
| | 获得过什么样的证书和认证？ | 证书和认证是否和岗位需要能力匹配 |
| | 所毕业学校？ | 学校的类型会是参考标准之，重点学校会加分 |

① 谢红梅，古典，李春雨．大学生职业发展与就业指导浙江大学 [M]. 成都：电子科技大学出版社，2016：168.

续表

| 能力部分 | 准备内容 | 雇主感兴趣的内容 |
|---|---|---|
| 校内实践 | 销售方面的实践：做过销售类的职位吗？做过的话，取得过什么成就？ | 在销售实践中体现出来的能力，学习到的知识，取得的成就是否和岗位符合。营销型岗位看重 |
| | 行政方面和管理：做过行政或者管理过业务部门吗？如果做过的话，取得过什么成就？ | 在管理中体现出来的能力，学习到的知识，取得的成就是否和岗位符合。运营型岗位看重 |
| | 项目预算或者管理：做过项目预算或者管理吗？ | 在管理中体现出来的能力，学习到的知识，取得的成就是否和岗位符合。运营型岗位看重 |
| 校内实践 | 活动策划或后勤管理：组织过任何活动或会议吗？ | 在管理中体现出来的能力，学习到的知识，取得的成就是否和岗位符合。运营型岗位看重 |
| | 电脑水平：会用哪些系统、软件和硬件？水平如何？开发过软件、应用吗？ | 基本的电脑操作能力和专业电脑开发能力，参加过什么项目，获得过什么成就。技术型岗位比较看重 |
| | 出版物及演讲嘉宾：在任何报纸、杂志、论文集上发表过文章或论文吗？在任何会议上担任过演讲嘉宾，或者进行过公众演讲吗？ | 考察表达能力和专业能力 |
| 其他特长 | 有没有什么和大多数同学不一样的经历或特长？ | 主要看能力是否有和岗位一致的地方 |

## 三、简历的撰写

①准备一份自己的履历，请尽量用数量词写清情况，少用或不用形容词和副词，尽量简洁地用STAR（情景、任务、行动、结果）原则说明情况，排版要美观大方。

②根据求职目标确定不同类型的求职简历。常见的求职简历按照求职类别可分为营销型、运营型和生产型。每种类型所突出的简历内容有所不同，如表3-1-3所示。

表 3–1–3　简历撰写重点 [①]

| | 典型职位 | 突出重点 | 关键词代表 |
|---|---|---|---|
| 营销型 | 销售、市场等 | 突出校内实践方面内容，包括和人打交道的实习经历和实践经历、获得的彰显个人能力的奖项 | 执行力、抗压能力 |
| 运营型 | 管理岗位 | 突出校内实践方面内容，包括突出和人打交道的实习、实践经历，获得的彰显管理能力的奖项 | 计划监督能力、管理能力 |
| 运营型 | 行政、人力资源等 | 突出校内实践方面的内容，包括和人打交道的实习经历和实践经历，学生干部经历中主管类型的岗位 | 事务执行能力、细心热情等个性品质 |
| 生产型 | 财务、生产、研发 | 突出教育背景方面的内容，包括学习成绩、专业课程、专业实习和各层次课题研究经历 | 专业研究能力、严谨、专业 |

③修改简历词汇和语法，不犯错误。

④用 STAR 法则写经历。

## 四、简历的投递

①格式：尽量使用 Word+PDF 格式。防止粘贴在邮件正文中格式混乱。

②要求：用招聘方要求的方式提交简历。如果雇主要求用附件发送，就要用附件发送，不要自作聪明地放在邮件正文，反之亦然。因为 HR 收到后会发给其他部门同事评价。如果放在正文里，就需要 HR 复制出来再做成文档。另外，这样还会让人觉得应聘者是连招聘需求都不仔细看的人。

① 谢红梅，古典，李春雨．大学生职业发展与就业指导浙江大学 [M]. 成都：电子科技大学出版社，2016：169.

③命名：建议同学们用“学校名＋姓名＋应聘职位”给简历起名字。如果是用附件发送简历，简历的文件名仍建议用“学校名＋姓名＋应聘职位”命名。

④时间：请尽量在上午9点之前投递，这样HR9点左右上班后能第一时间发现你的邮件。如果没有收到回复的话，在7天后发邮件询问会更礼貌。

因此小小的一份简历，就可以看出一个人的经历、技能和态度。所以要用心准备简历的内容，注意撰写要点并使用正确的投递方式；把个人特点充分、准确地展现出来，让一个不认识求职者的人在第一时间就能了解求职者的优势和特长。

## 第二节　思想准备

随着我国经济的快速发展，市场经济的不断完善，目前处于这样一种就业形势：一方面就业空间加大、用人地方增多、选择范围更广；但另一方面由于人才供求的结构性矛盾，就业的压力反而增大，相应的大学生就业成为了难题。因此，为了实现充分就业，大学生必须主动认清客观形势，形成正确的就业观念，明确就业目标，做好充分的思想准备。

### 一、形成正确的就业观念

就业观涵盖了一个人对特定工作的选择和参与的思想、情感、观点、评估标准和个人信念。它代表了一个人对生活的整体看法、价值观、生活方式，对工作的奉献和对职业生涯和成长满意度的感知的综合表达。简言之，就业观就是人们在选择职业和从事特定职业过程中所形成或持有的价值取向。大学生树立科学的就业观，对促进就业和社会和谐具有重要的积极作用。

#### （一）当前大学生的就业观念普遍存在的问题

大学生要想在社会中取得成功，首先需要正确理解就业的重要性。许多大学毕业生在找工作的过程中会遇到很多困难，有时会在毕业后相当长的一段时间内找不到合适的工作机会。这主要是因为他们对就业的正确认知不足。具体表现在以下几个方面。

1. 就业观念理想化

大学生在选择就业时通常表现出强烈的理想化和个人兴趣追求的特点。他们常常将自己的职业期望放在一个理想的位置上，渴望找到一份理想的工作，具备轻松稳定和高收入的特点，或者在大城市、外资企业或国家机关就业。然而，对于现实条件和就业市场需求，他们往往忽视或不够关注。当无法实现自己的理想时，他们宁愿继续学习或依赖父母，也不愿意降低自己的就业标准。然而，这种态度可能使他们错失就业机会。因此，大学生需要更加理性地认识到择业决策会受到现实和社会因素的影响，并在选择时做出更为明智的决策。

2. 就业观念狭窄化

一些大学生对于就业的观念陈旧，没有随着社会经济的发展而对个人的就业观念进行更新，即认为只有获得稳定的就业机会才能算作真正的就业，而私营企业、非国有公司或自己创业则被视为打工而非从事正式工作。这种观念常受传统思维和经济欠发达地区的观念的影响，导致一些大学生对追求稳定的就业机会有着强烈的愿望。

这种观念的形成与社会背景密切相关。传统观念中，稳定的就业被认为是成功和安全的象征。家庭和社会对大学生的期望往往侧重于获得公职或国有企业的工作，这被认为是一种稳定的就业选择，与经济发展紧密联系。而私营企业和自主创业则常被视为是高风险的选择，因其具有不确定性和竞争压力大。

此外，来自经济欠发达地区的学生往往面临较为严峻的就业压力。对于他们来说，寻找稳定的就业机会是为了获得经济上的保障和提高家庭生活水平，这使得他们更加渴望稳定的工作机会。

3. 就业观念简单化

大学生在就业问题上存在着高估自己能力、乐观估计就业形势和低估困难与竞争的倾向。他们往往将学习成绩作为唯一的择业参考标准，忽视了其他综合因素的重要作用。因此，很多大学生会感到困惑，想不明白为什么学习成绩比自己差的同学能够找到好工作。

4. 就业观念片面化

部分大学生对价值观存在偏差，缺乏责任意识和义务观念，更注重个人自由和权利。他们偏向索取而非奉献，只追求个人利益而忽视社会利益。现代社会鼓励保护个人权益，但要求遵循职业义务，反对极端的利己主义和忽视社会利益的行为。

## （二）积极引导大学生树立脚踏实地，实事求是的就业观

作为新时代的大学生，要面对现实，摆正心态，树立正确的就业观念，把就业的出发点定位在社会需求的现实之上。

1. 要树立自主择业的观念

就业的“双向选择”强调了大学毕业生和雇主之间的相互选择，因此大学生应该提前做好准备，树立自主择业的观念，积累能力，以适应市场的竞争并找到适合自己的职位。在当代社会，树立自主择业观念具有重要意义。自主择业能够激发个体的创造力和创新能力，促进个人发展和职业满意度的提升。能够减少人才匹配的错配现象，有效提升劳动力市场效率。同时，自主择业也有助于促进社会的可持续发展，个体能够更好地实现自我价值，同时为社会创造更多的经济和社会价值。因此，应加强对自主择业观念的宣传和培养，提供更好的职业咨询和创业支持，为个体的职业发展提供更多的选择和机会。

2. 要树立竞争就业的观念

市场经济的主要法则就是竞争、优胜劣汰，从根本上排斥“大锅饭”“铁饭碗”。这就要求大学生牢固树立自主择业、自谋职业、竞争就业的观念。“海阔凭鱼跃，天高任鸟飞”（《诗话总龟·前集》），有志者，事竟成。因此，大学生应该摆正心态，主动适应竞争社会的法则，敢于大胆实践，勇于拼搏，这样每一位大学生也许都能在不久的将来，成为一个在市场经济大潮中搏击风浪的佼佼者。

3. 要树立多渠道就业的观念

大学毕业生面临着解决就业问题的挑战，他们应该树立起多元化的就业观念。成功的职业人士不仅仅是选择了合适的职业，更重要的是能够充分运用自己的知识和才能，实现自给自足。青年大学生作为国家未来的代表，应该保持远大的志向，并且要保持脚踏实地；应该勇敢地站在改革和建设的最前线，关注基层和群众的需要。从眼前的工作开始，从一点一滴做起，无畏地面对困难和挫折，保持旺盛的精神与活力。通过不断的锻炼，才能取得成功。

4. 要树立多层次就业的观念

大学毕业生就业需要采取灵活的就业策略，包括先就业后择业。随着我国经济体制改革的深化和知识经济的兴起，劳动者面临工作岗位流动和职业转换的现状。因此，大学生应树立终身学习和多层次就业的观念，克服一步到位的思想。他们可以先就业，在工作中不断提升自己的素质和能力，并在实践中寻找发展机

会，然后再做出职业选择并追求进一步发展。

5. 要树立创业即就业的观念

随着经济改革的不断推进和产业调整的深入进行，非国有经济在整个经济体系中的比重逐渐攀升，为年轻的大学生提供了广阔的创业机遇和发展空间。因此，大学生应当积极培养创业意识和创业观念，努力追求创业的成就。作为就业市场的竞争者，大学生还应自觉地承担起新岗位的创造者的重责，为社会创造更多的就业机会。若大学生能充分发挥其所掌握的专业知识和技能，坚定自身的信心，勇于迎接创业的挑战，必然能够实现成功的理想，在创业的道路上迈出坚实的步伐，实现个人价值和社会贡献的双赢局面。

6. 要树立大众化就业的观念

大学毕业生需改变对岗位的专业匹配观念，因为现今职业变动频繁，即使从事非相关专业的岗位，也应积极学习，培养综合素质以适应知识经济时代对大学生素质的全面要求。

大学生求职应持有与现实情况匹配的积极就业观，有助于获得指引职业生涯。应认真对待求职问题，确定就业目标和定位，树立正确的就业观念，制定周详的就业计划，采取有效的就业步骤。避免追求不切实际的目标，保持积极的行动。只有这样，才能顺利走入社会，迈好人生的第一步。

## 二、树立职业理想，明确就业目标

### （一）大学生职业理想的确立

大学生要将职业理想变为现实，不能仅停留在理论阶段，更要经历实践和脚踏实地的奋斗。积极参与实习、社团活动、志愿者工作等实践机会，可以增长专业技能和实践经验。同时，通过提升自身动手能力和解决问题的能力，来培养自主学习和持续成长的心态。勇于面对挑战，不断进取，做好每一个小步骤，累积实践经验，才能最终实现职业理想，走向成功的道路。

1. 努力学习科学文化知识，提高综合素质

大学生作为新时代的主力军，面对世界范围内的挑战和机遇，全面的知识学习是必要的。无论是理工科学生还是文科专业的大学生，都应该加强跨学科知识的学习，包括人文社科和自然科学技术。只有通过全面的知识学习，大学生才能成为适应时代和社会需求的综合型人才，实现自己的职业理想。

2. 职业规划理想与现实相结合

在大学生步入社会之际，他们经常会意识到理想与现实之间存在着明显的鸿沟。一些年轻人在选择自己的理想职业时常常陷入犹豫不决的境地，因为他们既对现实抱有不满，又发现自己很难实现心中所愿的就业。根据经济学理论，社会对劳动力的配置是按照一定比例来分配的，无论某种职业有多大的需求，从业人员的数量都不应超出社会职业结构中所规定的比例。因此，如果想要确定自己的职业理想，大学生应当综合现实情况，结合社会对各类职业的需求，及时对自己的职业理想进行调整和合理的定位。这样做不仅有利于实现自己的职业目标，也有助于与社会的职业需求相匹配。

3. 脚踏实地，从基层工作做起

职业并未存在着高低贵贱的等级差异，而仅仅是在职责分工上呈现多样性。对于大学生而言，他们应树立起为人民务实服务的觉悟，从基层工作起步，并在工作中坚实扎根，从一点一滴的琐碎事务开始，不断扩充自身能力，开阔视野。唯有积累与沉淀，才能最终实现个人职业目标。对大学毕业生而言，至关重要的是唯实地评估当前就业压力与个人优势，明晰个人职业发展目标，并坚定地寻求各种可能途径来实现此目标。

若缺乏明确的职业理想，大学生的个人生活将会失去明确方向。为了追求个人职业理想、取得事业成功并达成目标，大学生必须坚韧不拔地朝着预定目标努力奋斗，始终如一、持续不断地进行追求。

### （二）大学生就业目标的明确

1. 了解自我

自我认识是指个体依据自身条件，对个人职业价值、兴趣、能力以及职业的事实状况和相关信息的了解。首先，自我认知须深入理解个体特征、才能和兴趣，确定适合的领域和职位，明确职业价值观以避免盲目选择。其次，要找准自己的兴趣所在，俗话说，“兴趣是最好的老师”，从事自己喜爱的工作，能积极发挥主观能动性，提高工作效率，有利于自身发展。最后，做好职业定位后，加强对该领域的认识、了解，充分掌握行业信息，做好全方位准备。

2. 综合评价

应届毕业生在确定就业目标时应仔细进行用人单位的比较与排序。通过设立权重系数，对单位性质、地理位置、薪酬待遇等重要指标进行量化处理，得出对用人单位的综合评价。这样可避免对条件相似的不同用人单位犹豫不决。这种方法提供了一种客观的评估框架，有助于毕业生做出明智的就业选择。

3. 选定目标

应届毕业生通过建立特殊直角坐标系的四个象限来确定就业目标。其中，纵坐标表示用人单位的满意程度，横坐标表示获得该单位招聘岗位的难易程度，即自身需要付出的努力程度。通过在坐标系中定位不同的用人单位，可以清晰地了解满意度与获得岗位难易程度之间的关系。这种视觉化方法有助于毕业生明确不同单位之间的信息差异，从而选定目标，做出科学决策。

## 三、加强职业道德修养

在特定职业中，职业道德扮演着重要的角色。它是一种心理意识、行为原则和行为规范的总和，通过个体的内心信念和社会手段来评价个体行为的善恶。职业道德是人们从事职业过程中内在的约束机制。如今，社会对人才素质的要求不仅仅包括科学专业知识和文化素质，还包括良好的职业道德水平。人们应当在职业中秉持职业道德，以此推动社会的发展和进步。黄炎培职业教育思想中提到“既得应用之知识，熟练之技能矣，而无善良之品性，仍不足以立身社会。故本校特注重学生自治，提倡共同作业，养成其共同心、责任心，及勤勉诚实克己公正之美德，俾将来成为善良之公民”①。俗语讲“要学会做事，先学会做人”。大学生的职业道德水平不仅仅关系着他们的就业能力，同时也影响着他们未来职业的发展。

对于当代大学生而言，要把培养敬业精神、诚信品质、甘于奉献、合作意识作为重点。

### （一）爱岗敬业、艰苦奋斗

现代企业要求员工具备敬业精神，即对工作虔诚并彰显职业道德。敬业精神是员工对职业的认同、热爱和社会责任的体现，也是持续动力的来源。它需要员工坚守准则、作风和利益观念，追求崇高目标。艰苦奋斗是敬业精神的体现，要求员工不畏艰难，努力工作、克服困难，实现个人和组织目标，并不断学习、适应变化。敬业精神和艰苦奋斗是职场不可或缺的品质，能帮助员工取得更大成就，提升组织绩效和竞争力，推动社会进步。因此，企业应重视培养员工的敬业精神，

① 喻忠恩．黄炎培职业教育思想[M]//教育薪火书系．太原：山西人民出版社，2019：175.

提供良好的发展环境和机会，激励员工展现最佳表现，而员工也应积极培养敬业精神，提升专业能力和素质，为个人和社会发展作出贡献。

### （二）诚实守信、办事公道

诚信是一种崇高的道德原则，无论是在个人还是职业活动中都是不可或缺的。它包含了诚实和信用两个方面，代表了对他人真实和可靠的承诺。作为市场经济的重要基石，诚信是维护市场秩序和社会关系的准则。契约遵守和言而有信是市场竞争对每个经济主体的基本要求之一。同时，在个人生活中，诚信是必不可少的品质，它是一个人的立身之本。只有将诚信视为追求和完善个人品质的目标，才能自觉地培养诚信意识，追求更高的道德境界。

“办事公道”要求从业人员始终坚守公平和公正的原则，不谋取私利，不滥用职权，不损害公众利益，不以个人私欲伤害集体利益。对于大学生来说，办事公道是加强个人品德的关键之一。这使得他们能够在未来的职业生涯中，以公正的立场处理事务和解决问题，按照一定的准则行事，做出公正的决策。通过办事公道，大学生可以传承诚信的价值观，建立公正正义的社会秩序，追求更高层次的职业道德。

### （三）团队精神、善于合作

在当代社会，随着竞争和合作的双重挑战持续存在，集体的智慧和力量变得越发重要，团队合作的精神也日益被需要。独自奋斗和孤立作战已不再适应现状，也难以取得成功。因此，许多组织都更加重视具备良好沟通能力、合作意识和团队精神的大学毕业生。

调查显示，存在以下三类问题的毕业生在就业市场上不受欢迎。首先是无法与他人合作的毕业生，他们自视过高、以自我为中心，不重视与他人的沟通合作。其次是傲慢自大、只顾自己的毕业生，他们固执己见，不接受他人的意见。最后是人际关系紧张的毕业生，他们社交能力不佳，对集体活动持抵触态度，缺乏人情味，不懂得关心他人。

为了在招聘中找到更适合的人选，许多组织更倾向于招聘有学生干部经历的毕业生。这是因为这些毕业生经过培训，能够具备较强的组织管理和活动能力，善于处理人际关系，擅长与他人合作。他们既能带领他人，又能接受他人的领导，能够更好地适应复杂多变的社会环境。这种背景的毕业生更加受欢迎，因为他们能够为组织带来更好的团队效能和协作氛围。

**（四）甘于奉献、服务社会**

大学生应在自己的岗位上树立奉献社会的职业精神，通过勤勤恳恳的工作为社会和他人做出贡献。此要求不仅包括尽职尽责，还要关心他人并主动提供帮助。通过积极的工作态度和精益求精的工作方式，他们能为社会和他人作更多的贡献。

这种职业精神教育旨在培养大学生的社会责任感和关心他人的意识。只有从业人员将智慧和力量投入到为他人和社会服务的事业中，才能真正发挥自己的潜力，实现个人与社会的共同发展。这种职业精神教育是培养高度的职业道德和社会责任感的人才的重要举措。

**（五）遵纪守法、廉洁自律**

所谓无规矩不成方圆，“遵纪守法、廉洁自律”是职业活动正常进行的基本保证。目前，社会上高学历犯罪现象的增加，很大程度上说明了大学生有专业知识、专业技能但是并不等于就有职业道德良知，就一定能为社会造福。因此，大学生要培养法制观念，了解职业活动中相关的法律规定，诸如《中华人民共和国劳动合同法》《中华人民共和国就业促进法》《中华人民共和国律师法》《中华人民共和国检察官法》《中华人民共和国公务员法》《中华人民共和国安全生产法》等。这种职业道德的培养对大学生的求职、就业，以及在未来的从业岗位上做到知法守法，都具有非常重要的意义。

综上所述，敬业、诚信、合作、廉洁自律是现代社会对人才的基本职业道德要求，也是当代大学生最需要强化的职业道德素养。

人的知识结构和水平是就业的主要条件。随着时代和社会的进步，对于大学生来说，在科学技术日新月异、各门类学科交叉渗透、各种知识浩如烟海的今天，想要百科皆通、全面掌握各方面的知识是根本不可能的，这就要求大学生合理安排学习时间，根据自身所学专业实际和社会对职业的要求，建立合理、完善的知识结构，为就业做好充分的知识储备。

# 第三节 知识准备

## 一、宽厚扎实的基础知识

基础知识是人们生活和工作所需要的最基本知识，是知识结构的根基，是每个大学生的就业之本。大学生将来无论选择何种职业，也不管要向哪个专业方向发展，都少不了牢固宽厚的基础知识，因为相对于对学科体系的高度关注和科研开发能力而言，对基础知识的牢固掌握和灵活应用在能力培养过程中处于特别突出的地位。在当今社会飞速发展的背景下，行业和职业结构的加速调整使得大学生在选择职业、确定方向以及适应工作性质的变化时，亟须充分储备广泛而坚实的基础知识。这种储备不仅直接影响着他们是否能够进一步发展并取得专业上的成就，更关系到他们在工作岗位上是否能够快速适应和胜任工作的重要性。此外，基础理论的学习还具有极其重要的意义，因为它有助于培养大学生的科学思维方法和良好的心理素质，这些无疑都是在职场中展现出卓越表现所必备的优秀品质。因此，毫无疑问，拥有广泛而坚实的基础知识对于大学生的个人和职业发展至关重要。

我国高等教育培养大学生的目标一点，就是扩大学生的知识面，把基础知识面拓展得尽可能宽。因此，在大学阶段，学生应该以认真而系统的态度学习基础知识，并且要牢固地掌握基础理论，特别是与所学专业密切相关且被广泛应用的基础理论。在追求其他方面能力的培养的同时，决不能忽视对基础知识的学习。

大学生要具备宽厚扎实的基础知识，应该从以下几个方面努力做好基础知识的储备。

### （一）了解大学学习特点

了解大学学习的特点，是大学生进行大学学习、储备知识的开始。大学学习无论在教学目的、教学要求、教学方法、评价方法，还是学生的学习方式、学习方法等方面，都与中学学习有很大的区别。大学学习的主要特点集中表现为学习内容广、课程多、学习方法多种多样、自学时间大量增加、考核方式灵活多样等。

**（二）熟悉专业要求**

并不是每一名大学生在进入大学前都对将要学习的专业有深入的了解，特别是那些经过专业调剂的学生，他们对自己将要就读的专业可能是完全陌生的。因此，进入大学后，首先就要对本专业有一定的了解。大学生可以通过仔细阅读学校有关专业情况的介绍，了解本专业的培养目标、培养计划和获得学位证书、毕业证书的必要条件，从而对专业要求了然于胸。熟悉专业要求的目的在于知道哪些是基础知识，哪些是专业知识；哪些知识需要学得扎实、系统、全面，哪些知识是需要掌握的，哪些知识只需要了解。

**（三）明确课程开设情况**

大学里所开设的课程分公共课、基础课、专业基础课、专业课四个层次，每一层又有许多门课程综合而成。一般说来，大学需要学习的课程在50门以上（专科在30门以上），每一学期学习的课程都不相同，内容多，信息量大，因而学习任务远比中学繁重。大学一、二年级主要学习公共课程、基础课程，大学三年级以后主要学习专业基础课和部分专业课，大学四年级重点学习专业课和进行毕业设计、写毕业论文。由于高职院校学制短一些，二年级就开设专业基础课和部分专业课，三年级就重点学习专业课和进行毕业实习等课程了。大学的课程还有必修课、选修课之分，必修课是指学生完成本专业学习任务，取得本专业学位证、毕业证书所必须学习的课程，包含公共课（是根据不同专业的人才方案而确定的）。选修课包括各类限定选修课、专业选修课（针对本专业学生）、公共选修课（面向全校学生）。大学里开设的公共课、基础课、专业基础课等都属于学习基础知识的课程。学科和专业不同，其所要求具备的基础知识也不同。一般来说，数学、语文、外语三门学科对所有专业都是必不可少的基础性学科，是每个大学生必须具备的最基本的知识。

**（四）掌握学习方法**

态度决定一切，掌握学习方法首先是要端正学习态度，这是大学生学习和掌握知识的根本要求。正确的学习态度包括：学习认真、扎实，勤奋好学，刻苦努力；上课精力集中、认真听讲，努力做到融会贯通、举一反三；课后按时完成作业、力求正确无误；在各门课程的学习上都一丝不苟、求真务实，力求全面发展；等等。

一般来说，大学的学习方法主要包括这几个环节：首先是要做到主动预习。通过预习，发现课程的重难点，了解课程的前后关系与内在联系；其次是要认真听课，努力提高听课质量，紧跟老师的思路，适时做好笔记；再次是要善于提问，勤于思考，深入讨论，相互启发，学会课前、课后与教师、同学的相互交流和广泛探讨；最后，要做到自觉复习，及时消化课堂繁重的教学内容。

对大学生来说，特别要学会创新学习。创新学习是全面、深入掌握和理解基础知识、专业知识和新知识，提高自身能力的必由之路。创新的学习方法一般包括：自主学习法、问题学习法、开放学习法、案例学习法、课题学习法、反思学习法、发现学习法等。

### （五）既博览群书，又有目标地储备知识

博览群书可以使人视野开阔，思维灵活，基础厚实，特别是对于大学生来说，掌握广博的基础知识尤其重要，因此必须博览群书，应利用学习的空余时间，多读一些社会科学、管理科学方面的书籍，拓宽知识面，开阔视野，从而提高竞争力，同时又要有目标地储备基础知识。

## 二、广博、精深的专业知识

专业知识是从事专业工作的各种知识，是进行岗位工作最直接的知识，不同专业所需要的专业知识是不同的。大学毕业生是高校培养的将要从事专业性较强工作的高级专业人才，专业知识是大学生整个知识结构的核心部分，也是每一类人才知识结构的特色所在。无专业特色，也就不能称其为某一行业的专门人才。专博相济，广博精深，已成为当前人才素质的重要要求，这就要求大学生必须具有精深的专业知识。精深的专业知识是大学生择业成功的基础，大学生经过几年的大学学习，应该具备完备、系统的知识体系，而其中专业知识、专业特长是大学生未来发展最为宝贵的个人资源，也是他们今后就业、创业，参与社会竞争的突出优势。在科学技术飞速发展的时代，大学生要在就业竞争中取胜并谋求发展，就必须具备精深的专业知识。

大学生要具备精深的专业知识，就必须从以下几个方面做好专业知识的储备。

### （一）从所学专业的学科特点出发，了解本学科内容

从所学专业的学科特点出发，对本专业知识的概念体系、理论体系、学科历

史、研究方法、学科前沿知识、相邻专业领域知识和本专业国内外的最新动态等七个方面的内容有比较清楚的了解和认识。

**（二）从所学专业的结构内容出发，建立合理的专业知识结构**

所谓合理的专业知识结构，是指从事某类具体的职业岗位所需的专业知识体系的构成情况与结合方式，即专业知识体系的具体组合。具有了合理的专业知识结构，就可以直接将自己所学的专业知识转化为相应职业岗位的工作能力，这种能力就胜任本类工作岗位而言有着较长的持续性，从而表现出就业者具有适应某类工作岗位所具备的基础和潜力。系统的、合理的专业知识组合，才能接受住职业岗位的检验，在实际工作中发挥作用。

专业知识的结构一般可分为三个层次：一是基础层，即专业基础知识，包括本专业相关的基础理论和基本技能知识；二是中间层，是指专业知识，包括专业理论和专业技术知识；三是前沿层，是专业学科的前沿知识，主要包括专业的边缘、前沿学科知识和最新的专业学科信息动态等。

**（三）从所学专业的专业课内容出发，认真学好专业课**

专业课是根据每个专业的不同特点，按照 4～5 年的学习时间（专科为 3 年）而设计的教学计划所要求的课程，一般都在 20～40 门。完成所有课程的学习，并顺利达到教学计划的要求，才能算是从该专业毕业。

**（四）从所学专业的量化内容出发，获取所学专业课程的优异成绩**

学业成绩是毕业生展示自身素质的窗口，也是反映毕业生知识程度和能力水平的重要标志。因为学业成绩是学校对学生在校期间学习专业知识情况的忠实记录，是学生掌握专业能力和知识水平的一种量化反映。尽管学业成绩不能完全反映一个大学生在校期间掌握知识的扎实程度，特别是不能反映一个大学生的能力，但在目前的考核体制下，还没有更科学的方法使用人单位在短时间内比较全面地了解一个大学毕业生的专业知识掌握程度，因而学业成绩就成为衡量学生专业素质的极为重要的、并具有相当权威性的依据，自然就成了用人单位衡量人才的重要依据，这种现象在实际招聘过程中是非常普遍的。尤其是一些带有研究开发性质的单位，就更加看重学业成绩。

学业成绩主要包括学生在校期间所学课程的考试及考查成绩、实验实习成绩、学位论文成绩三方面。对这些学业成绩进行有效的组合，是展示毕业生知识准备状况的重要部分，应加以重视。

## 三、大容量的新知识

掌握最新知识是时代的要求。所谓新知识是指由于社会进步、科学技术发展而新产生的知识，其典型特点就是突出一个“新”字。在进入知识爆炸和快速更新换代的新时期，面对日新月异的知识和现代职业的新要求，大学生了解和掌握一定的新知识尤为必要。美国福特汽车公司首席专家路易斯·罗斯（Louis Ross）说过，在知识经济时代，大学生在校期间学习的知识有不少很快就会过时，而且新的知识又不断涌现出来，要想保持自己的优势，就必须注意知识的更新，增加新的知识和信息。另一方面，在竞争激烈的社会主义市场经济条件下，谁先学习了新知识、获取先进的科技信息、掌握了新技术并运用于生产，谁的产品就会在市场上赢得优势竞争力，取得市场的主动权，否则就会落后于时代，失去市场，最终被淘汰。因此，大学生除了掌握基础知识和专业知识，进行充分的知识积累，更重要的是要增强获取新知识的能力，培养创新思维，为以后的就业和发展储备更多的新知识，例如熟练掌握计算机网络、外语、书法、绘画、驾驶、法律、公共关系、文献检索、职场生涯、情商管理等知识。

知识更新是一个与知识获取、分类与存储、交流与共享相关的综合过程。它不仅包括个人对新知识的获取和分类存储，也涉及通过交流和共享获得的新知识对原有知识体系的更新。在知识积累的过程中，随着个人知识能力的提升，知识需求会发生改变，需要获取与新需求相符的新知识，并对其进行分类和存储。此外，与他人的交流和共享，也能够帮助获得新的知识，并将其应用于原有的知识体系中，实现知识更新的目的。在学习过程中，个人所获得的知识会不断积累，其中部分可能会变得过时，因此需要剔除陈旧的知识并添加新的知识，以完善个人的知识体系。大学生应该时刻关注本专业学科的前沿知识和研究成果，不断充实个人的知识库，以保持在激烈竞争中的优势地位。

随着信息技术的迅猛发展，获取知识信息的途径日益增多。尽管大多数学生使用搜索引擎来获取知识信息，但是对于所获取的信息的真实性判断存在较大的困难。因此，高校可以考虑开设信息检索课程，以帮助学生系统掌握信息检索的基本知识和技能。这样，学生可以提高查找和获取知识信息的能力，并学会使用专业的检索工具。同时，对于知识的组织和利用能力也非常重要。随着网络的迅速发展，可以借助强大的技术支持来进行知识管理。通过在网络上收集、提取、整合、创新和应用知识，可以扩充和丰富个人的知识体系，并将个人的知识库与社会进行共享和交流，从而实现知识的应用和创新。

学校（或社会）教育是建立合理的知识结构形式的外在力量，而个人修养才是形成合理知识结构的内在动力。个人主观能动性的发挥在学校教育阶段的重要作用自不必说，大容量的新知识储备更是依赖于个人主动提高修养，不断“充电”。知识的获得大部分是通过脑力劳动，而脑力劳动往往是枯燥的。如果不是个人主动追求，一个人很难坚持不懈地汲取基础知识、专业知识和大量的新知识。当然，一旦获取知识由外在的压力转变成内在的动力和兴趣时，这一切就轻松多了。建构合理的知识结构，一是要加强学习知识。具有相当数量的知识是形成合理知识结构的基础。二是掌握科学的方法。努力汲取知识营养，拓宽知识视野，学会融会贯通，逐步优化自身的知识结构。三是要学以致用，积极实践。在实践中不断充实和调整知识结构。总之，合理的知识结构的形成并非多么遥不可及，只要善于抓住机会，持之以恒地追求，就会有越来越多的人取得这张现代社会的通行证。

## 第四节　能力准备

19 世纪 70 年代，美国未来学家阿尔文·托夫勒（Alvin Toffler）就指出：“未来的文盲不再是目不识丁的人，而是那些没有‘学习能力’的人。”[①]“学习能力”是未来社会人类要具备的头等本领，从这个意义上来说，学习能力的强弱直接决定了大学生的学习、成长乃至就业。

### 一、学习能力

对学习能力含义的说法不尽统一，本文暂且把“学习能力”表述为个体通过获取、理解和运用知识、技能和经验，以适应新情境、解决问题并提升自身能力和认知水平的能力。

#### （一）独立学习的能力

独立学习的能力是大学生学习的核心。它使个体能自主规划学习过程，有条理地获取、整合和应用知识，实现持续自我发展。独立学习的能力对大学生在安

① 冯宪萍，张洪涛．大学生心理健康教育[M]．济南：山东人民出版社，2015：215.

排时间和学习未来所需的知识方面至关重要。

独立学习的能力使大学生能主动肩负学习责任，并发挥主导作用。他们能订立学习目标、制订计划，并灵活调整。通过积极参与自主学习，大学生能选择学习的内容和方式，培养解决问题的能力和批判思维。他们自我评估学习成果，调整策略，提高学习效果。

独立学习的能力还使大学生能高效获取、整合和应用知识。他们具备自主学习的技巧，主动寻找学习资源，如书籍、网络资料和教学视频等。他们合理利用学习工具和技术，如笔记、思维导图和学习管理应用程序，来整理和记忆知识。通过反复练习和应用，他们能将知识运用于实际问题，培养创新思维和解决问题的能力。

独立学习的能力对大学生合理安排时间和学习未来所需的知识至关重要。学生需学会时间管理，平衡学业、兴趣和社交。培养独立学习的能力能帮助大学生更好地利用碎片时间，有效安排学习计划，提高学习效率。此外，独立学习的能力使其能预测和适应未来的学习需求，不断学习新知识和技能，应对社会的发展和变化。

### （二）合作学习的能力

除了个人学习能力，合作能力亦为关键要素。在招聘和学术领域中，团队合作能力均为评估指标。通过合作学习，个体能够迅速提升，实现思维共享和知识传递，达到协同合作与优势互补的目标。

### （三）深入学习的能力

大学学习按专业区分，强调对个人学科的重点掌握。传统大学强调研究，因此深入自己的专业领域成为必要之举。要进一步深入研究，关键是广泛阅读专业著作，借鉴前人成果，充实课堂外的知识，从而在前辈的研究基础上进行更深入的研究。

### （四）全面学习的能力

当前社会需要的人才已经不是纯粹学习专业知识的学生，更加注重全面发展的人才，以促进跨学科的知识获取和广泛的创新思维。国内教育也意识到了这一点，开始倡导跨学科学习，培养通识能力，以提升学生的竞争力。综合学习能力已成为大学生的要求，他们需要拓展阅读面，并有意辅修或旁听其他学科的课程，以适应现代社会人才需求的变化。

同时，全面发展并不仅限于学科涉猎，也需要在能力上全面发展，包括表达、理解和实践能力等。此外，多种技能如计算机操作、外语能力、汽车驾驶等，也成为重要的评估标准。拥有多种技能已成为大学生的重要考核内容，单一技能的发展已不足以应对要求。

### （五）与时俱进的学习能力

大学生需要根据时代的变化及社会对人才和能力的需求不断调整自己的学习方向，以保持与时俱进，成为最受欢迎和炙手可热的人才。

### （六）创新学习的能力

在当代社会，培养创新意识、开拓思维和激发想象力是大学生在大学期间所需要重视的。因为创新能力备受各大企业的欢迎，成为一名创新型人才对个人的职业发展至关重要。因此，拥有创新学习能力能够帮助人们更好地适应现代社会的需求。

## 二、沟通能力

沟通能力是大学生成功的关键，具有良好沟通能力的大学生在学校和工作中都容易获得成功和认可。提高学生的沟通能力和人际交往能力，可以从以下几个方面入手。

### （一）遵循有效沟通的几点原则

在大学生的沟通交往过程中，遵循适当的沟通交往原则至关重要，这有助于建立和谐的人际关系并提升人际交往的高级技巧。以下是几个重要原则。

诚实正直：创造共同互助、团结友爱、和睦相处的氛围，同时抵制毫无原则、不健康的人际交往。避免结成小圈子、追求浅薄的友谊等消极行为。

平等尊重：尊重是相互的，双方皆需保持自尊和尊重对方。强调平等原则，鼓励学生换位思考，尊重他人的合法权益和情感需求。

诚信可靠：真诚是建立友谊的基础。面对社会上缺乏诚信的现象，倡导诚信责任和诚信记录。通过日常小事培养学生的诚信意识，并在与他人的交往中信守承诺、秉持诚实之心。

宽容接纳：在人际交往中，要求自己严于自律，以宽容的态度待人，接受他人与自己的差异。通过引导学生分析自身缺点，回溯他人对自己的帮助，培养他们的宽容心态，从他人角度理解彼此。

互补互助：大学生的互补性主要表现在精神领域。互补互助帮助学生认识到每个人都有其独特的优势，学会在交往中善于吸取他人的长处，弥补自身的不足之处。

### （二）建立良好的团队

良好的团队可以为良好的沟通提供很好的平台。通过团队建设，可以帮助学生建立自信，锻炼沟通技巧，丰富沟通对象，强化沟通效果。良好的团队可以营造一种群体心理气氛，可以使成员团结，沟通顺畅。每位成员在这个过程中都可以得到锻炼，提升自己的沟通能力。

### （三）鼓励学生提高交往能力

人际交往与沟通的技巧很多，针对大学生的特点，可鼓励学生在以下几个方面加以注意。

（1）善于结交

善于结交是指能够巧妙地引起对方注意，并主动制造机会，自然地与对方进行初步接触，进而保持进一步接触的过程。

（2）善于表达

谈话是沟通信息、获得间接经验的良好形式，也是表达感情、增进友谊的重要手段。善于表达，要求表达的内容要清楚明确，表达的方式要恰当、幽默和风趣，能使对方感到轻松愉快。

（3）善于倾听

倾听的目的一方面是给对方创造表达的机会，另一方面是使自己能更好地了解对方，以便进一步与其交往和沟通。

（4）善于处理矛盾

在人与人的交往过程中，难免会产生各种各样的矛盾和摩擦，而善于处理问题，就是要求一个人在遇到麻烦的时候能够打破僵局，能够做到大事化小，小事化了，保持良好的人际关系，创造深入交往的氛围。

## 三、创新能力

创新能力指人们通过创造性思维，创造并形成社会价值或物质产品的能力，也指解放思想，不墨守成规，有提出新问题、解决新问题、创造出前所未有的事物的能力。创新能力主要由知识因素、智力因素和个人的品质因素等组成。对于当代大学生而言，其创新能力的内涵应主要包括获取知识的能力、处理信息的能力、观察事物的能力、坚韧不拔的毅力、思维想象能力、分析判断能力、动手实验能力、语言表达能力、协作能力等。这些能力和素质是互相联系，不可分割的，是构成大学生创新能力的基础。大学生可以通过以下几方面培养自己的创新能力。

### （一）不畏常规，敢于超越，增强创新意识

创新是真正意义上的超越，是一种敢为人先的胆识。现在的大学生从应试教育中走过来，其在小学、中学接受的教育大多是老师机械地灌输，学生被动地接受，课堂上缺乏热烈宽松的气氛，学生很少有自己独立思考的空间，即使是掌握得很好的知识，也只是运用于考试中。换句话说，学习的目的是考试，平时学习的方式也很单调，基本上都是做题目。于是，大学生的悟性、灵感在经过“千锤百炼”之后基本上就被埋没了，思维被严重地束缚。这种情况下，大学生的敢于超越的精神就显得十分可贵了。在超越中求发展，创新能力的提高应该从增强创新意识开始。

### （二）培养各种能力，做到知识与能力并重

创新不是一种简单的“包装”，它体现的是一种更高层次的能力，需要以各种基础能力为保障。要真正地具备较强的创新能力，就必须具备很强的综合能力和综合素质，尤其是观察力、分析问题和解决问题的能力、独立思考的能力和学习的能力，这些要靠不断地思考与学习来获得。大学里有很多自由支配的时间，这些时间应该是学生用于自主学习和独立思考的。学习的本质不是掌握了多少，而是当把所学的东西忘得一干二净的时候，剩下的只有学习本身了。大学里要加强包括学习能力在内的各种能力的培养，积累起来，这些能力就会形成一股不可战胜的力量。

### （三）建立健全合理的知识体系

一个人的创新意识可以在短时间内快速得到增强，但是一个人创新能力的提

高是一个日积月累、循序渐进的过程。创新需要基础，一些世界级的重大科技成果都是从基础研究开始的。目前我国高度重视基础研究工作，就是因为没有了基础研究，超越便没有可能。要真正做好基础研究工作，为创新做好准备，必不可少的一个环节是脚踏实地地学好知识，掌握真才实学，在此基础上融会贯通，构建健全合理的知识体系。

### （四）积极参与社会实践，理论联系实际，学以致用

创新的灵感大部分来源于现实生活，现实生活也是创新最好的材料。当代大学生大多是温室生长的花朵，很少参与社会实践，导致动手能力较差，实践能力较弱。建设创新型国家要求有一大批自主产品问世，真正地掌握自主创新技术。这些不是纸上谈兵所能获得的，而是需要大学生放开双手，进行实地研究和调查，掌握相应的资料方可实现的。因此，参与社会实践对大学生创新能力培养的作用是不可低估的。大学生应该主动参与一些科技创新活动，参与各类社会实践，以增强竞争意识和创新意识。

## 四、适应能力

适应能力是指人们根据客观情况变化及时反馈、随机应变进行调节的能力。现代社会发展非常迅速，复杂多变，大学生要顺利地从学校走向社会工作岗位，就必须不断地提高自身的社会适应能力，要能够根据工作的需要不断地调整知识结构、能力结构和行为方式，要能够不被现实生活中的消极现象所迷惑、影响，能适应不同的工作环境。

### （一）正确评价自我

人贵有自知之明，正确地评价和认识自己是大学生的优点和长处，能使自己充满自信，从而保持积极的心态；但更应充分了解自己的缺点和不足，使自己远离骄傲，不忘追求和进取。同时还要认识“理想的我”，即对自己的期望，希望自己成为什么样的人，要做成什么样的事。只有对自己有了清楚的认识，才能充分发挥自己的潜能，实现理想，心理就会比较健康，就能比较好地适应环境。

### （二）积极参加社会实践

当代大学生多数是从学校到学校，缺乏在社会实践中的锻炼。这就要求大学

生自觉参加各种社会实践，以丰富感性认识，磨炼意志，在实践中提高社会适应能力。如通过私人交往、学生交流、艺术活动等接触社会，既可以扩展自己的生活经验，还能使自己从团体活动中获得学习与表现的机会。

### （三）培养独立生活的能力

在学习上应重视培养自己的自学能力和判断能力，学会科学用脑，掌握科学的学习方法，能独立思考问题；在交往上应注意交往对象和交往方式，不要良莠不分，什么样的朋友都交，也不要孤芳自赏，拒人于千里之外；要自觉参与集体活动，有意识地让自己吃些“苦头”、经历些“磨难”，只有这样才能学会应对挫折、困难，培养自己独立处理问题的能力和承受挫折的能力。

### （四）建立和谐的人际关系

对社会的适应，主要是对人际关系的适应。有了良好的人际关系，才更容易有归属感和安全感，心情才更容易愉快。大学生建立良好的人际关系应当遵循以下几条原则：一是尊重原则，既要尊重自己，做到自重、自爱，更要尊重他人，重视他人的人格和价值；二是平等原则，把每个人都看成和自己同等的人，像求助于别人一样帮助别人，这样才能形成真正平等互助的正常交往；三是互利原则，要互相关心、互相爱护、互相帮助、互相理解、互相尊重，不能只让别人对自己贡献，而自己对别人只讲索取；四是兼容原则，当在交往过程中出现矛盾、遇到冲突时要有耐心，能够宽容别人，包括宽容对方的个性和缺点。

## 第五节　心理准备

面对就业，大学生的心理是复杂多变的。经过几年大学生活，同学们在知识、能力与人格方面有了显著发展，有着强烈的就业意愿和积极的就业动机，为能尽快实现自己的人生价值而感到由衷的欢欣。而就业岗位和就业方式的多样化也为大学生就业提供了更多的机遇和更大的自由度，许多大学生都摩拳擦掌，跃跃欲试，准备在所学专业领域一展身手。但是在就业过程中，又难免出现种种心理矛盾、心理误区和心理障碍。

## 一、大学生就业常见心理问题

### （一）焦虑心理

就业焦虑心理是指毕业生在落实工作单位之前表现出来的焦虑不安。当前激烈的就业竞争环境使就业问题给大学生带来了较大的心理压力。面对职业选择，同学们可能会感到无所适从。或职业期望过高，一心追求好单位；或希望尽快落实就业单位，急于求成；或心存侥幸，幻想不付出努力而获得称心的工作；或为即将到来的困难忧心忡忡。不少大学毕业生时常焦躁、忧虑、困惑、恐慌等，这是典型的焦虑心理的表现。

大学生在就业过程中产生一些焦虑、抑郁的情绪是正常的，轻度的焦虑有一定的积极作用，可以激发潜能，使自己产生紧迫感，从而更努力地寻找就业机会。可是一旦焦虑过度，上升到“焦虑症”，就应该及时给予关注和心理干预，以免病情加重，导致过度失望带来的郁闷和焦虑，产生过激行为。

### （二）自卑心理

就业自卑心理是指毕业生在求职过程中自我评价偏低，过低估计自己的知识、能力等，对自己缺乏自信。面对用人单位提出的各种苛刻条件和问题，不是以积极的态度去争取，而是悲观地认为自己不如人，以消极的态度面对，在求职择业过程中缺少必要的主动性，往往与许多适当的机会失之交臂，在激烈的竞争面前不战而败，在求职过程中表现得畏首畏尾、言行拘谨，甚至悲观失望、不思进取，不敢参与市场的激烈竞争，从而错失良机。

### （三）依赖心理

就业依赖心理是指在择业中缺乏独立意识和自主承担责任的意识。形成择业依赖心理现象主要是由于个人独立决策能力不强，缺乏进取精神。往往表现为不主动出击，消极逃避就业市场，抱着“等、靠、要”的依赖思想，依赖家人通融社会关系，试图通过关系就业；依赖老师、学校送工作上门，总念着车到山前必有路，天上也会掉馅饼，试图坐等就业；即便有就业岗位选择的机会，也要向千里之外的家长寻求决策帮助，把前途交给他人来安排，缺乏自主择业的意识，以致贻误择业时机。

### （四）从众心理

就业从众心理是指在求职择业时因为“跟着感觉走”而盲目从众。形成择业从众心理现象主要是由于缺乏择业主动性，缺乏对现实就业市场和政策的充分了解，缺乏对就业信息的主动收集与分析判断，对自己的职业目标、需要、价值观以及自身特点等没有明确认识，在就业时不能正视自己的能力、素质和择业的客观环境，随大流。

### （五）安全心理

就业安全心理是指从职业的稳定性出发，追求工作职位的安稳、清闲、福利待遇好等，不愿意选择有风险、有挑战性的职业，更不敢去自己创业。因而，毕业生对全额财政保障的事业单位趋之若鹜，公务员考试热度始终不减，“千军万马过独木桥”的现象愈演愈烈，即使选择企业也首先以企业的归属和大小而论，似乎不太在意对企业的发展前景的分析，甚至全然不顾“人职匹配”的客观合理性。求“稳”心理主要由于求职一次到位的传统观念造成的，受家庭传统文化影响的干部、知识分子家庭尤甚。

### （六）矛盾心理

就业矛盾心理是指毕业生在求职择业的过程中，面临着各种心理冲突，因而产生种种矛盾的心态。他们希望自主择业，但又不愿意承担风险；渴望竞争，又缺乏竞争的勇气；胸怀远大理想，却不愿正视眼前现实；重事业、重才智的发展，但又在实际价值取向上重物质、重利益；对自我抱有较充足的信心，但在遇到挫折之后，又容易自卑；既崇尚个人奋斗、自我价值实现，又有较强的依赖感；等等，这些心理使得许多大学生在择业中十分迷惘困惑，形成心理上的矛盾冲突。

### （七）攀比心理

就业攀比心理是指毕业生在就业工作中对自我缺乏客观认识，而不考虑实际情况，盲目攀比。由于每个人的能力、性格、生活背景，所遇到的机遇的不同，因而在职业选择上不具有可比性。但有的同学争强好胜，虚荣心强，容易引发攀比心理。这种攀比心理使得不少毕业生在择业过程中碰壁。

### （八）嫉妒心理

就业嫉妒心理是指毕业生在就业过程中对他人的成就、特长或优越的地位既羡慕又敌视的情感。看到别人找的工作比自己好，就会产生羡慕心理，心理不平衡，转而感到痛苦，又不甘心的心态。求职嫉妒心会使人把朋友当对手，导致朋友关系恶化，甚至会使班级人心涣散，人际关系紧张，本人也会增加内心的痛苦和烦恼，影响求职的顺利进行。

## 二、心理问题的调适方法

### （一）培养广泛的兴趣爱好，自我转化不良情绪

兴趣是人认识和从事各项活动的巨大动力，广泛的兴趣爱好可以使人增加知识、开阔眼界，把生活内容变得丰富多彩。大学生可以从广泛的兴趣爱好中得到多方面的启发，从而把自己的兴趣与社会生活、与未来的前途联系起来。当不良情绪不易控制时，可以采取转移情感和精力到其他活动中的办法，使自己没有时间和精力沉浸在不良情绪中，以求心理平衡，如参加体育锻炼和自己感兴趣的活动，如：外出郊游、听音乐、看电视、阅读报纸、看轻松幽默的电影等。

### （二）全面客观地评价和认识自我

自我评价是个体对自己的生理、心理和社会特征及行为的某一方面或整体的评价过程。自我评价往往倾向于单维度，要么高估自己，要么低估自己，但是盲目自大和自卑都会导致择业上的失利。正确的自我评价是大学生择业的基础。客观全面地分析自己的实力，作出对自己实事求是的评价非常重要。以社会需求标准来衡量自己，把个人客观性与社会客观性统一起来，注重以个人服从社会。认真分析用人单位的录用条件，看看自己具备了哪些，不能把就业理想建立在不切实际的幻想之中。大学生只有在择业过程中正确、客观地评价自己，保持健康良好的心态，做到扬长避短，才能最终获得成功。

### （三）调整就业心态，坦然面对就业挫折

面对市场竞争、就业压力，大学生的求职总会遇到许多困难、挫折甚至是委屈，如一些专业“热门”，有些则“冷门”；又如女大学生找工作容易受到歧视；等等。面对这些问题仅抱怨是没有用的，更重要的是调整自我心态，提高自己对各种突发事件的心理承受能力。其实，就业的过程也是大学生重新认识自我、认识社会，并主动调整自我，适应社会的过程。如果能通过求职而增强自我心理调节与承受能力，对大学生今后的职业生活都是非常有用的。

在求职中遇到挫折时，要用冷静和坦然的态度待之，客观地分析自己失败的原因，进行正确的归因。首先，在就业市场化、需求形势不佳、就业竞争激烈的条件下，出现求职失败是在所难免的，不能期望自己每次求职都能成功。要对可能出现的求职挫折有充分的心理准备。同时，应把就业看作一个很好的认识社会、认识职业生活、适应社会的机会，应通过求职活动来发展自己，促进自我成熟，因此“不以成败论英雄”。其次，自己求职失败并不一定就是因为自己的能力不行。出现求职失败有许多原因，可能是因为选择求职单位的方向不对，也可能是因为价值观与单位的企业文化不符合，还有可能是其他一些偶然因素。总之，要正确分析自己失败的原因，调整自己的求职策略，学会调整自己，以便在下次的求职中获得成功。

**（四）自我调节人格特质，培养乐观积极的心态**

良好的心理品质和健全的人格是成功就业的基础和保障。良好的人格特征诸如乐观、自信、进取、谦虚礼貌、善于合作、勇于创新、自立自强等有利于大学生的成功就业；不良的人格特征诸如冲动、急躁、抑郁、自卑、孤僻、怀疑、偏执、怯懦、依赖、嫉妒、悲观等则妨碍就业的顺利进行。因此，要引导大学生认真分析自己的人格特征，在就业过程中尽量减少不良人格特征产生的消极影响。同时，应有意识地采取一些方法调适或改变自己的不良人格特征。如在择业过程中，遇到困难和挫折时，要冷静分析失败的原因，寻求解决问题的方法，并用自我暗示的方法来控制心境，冷静对待挫折，防止冲动和急躁；或者把失败和挫折说给亲朋好友，让不良情绪发泄出来，从而使自己的心理获得平衡；在择业过程中遇到个人不能单独解决的问题时，要及时寻求师长或朋友的帮助，从而在心理上得到安慰，消除疑虑，增强信心。

**（五）树立自信心，培养竞争意识**

自信是对自己的一种积极评价，它是一种勇于面对生活的信心和勇气。大学生在择业求职时必须树立自信心，就是要在正确估量自己的情况下，鼓起勇气去迎接挑战，参与竞争，大胆地推销自己。当然，自信不是自负自傲，自信要有资本和基础，这个资本和基础就是真才实学。因此，面对日益严峻的就业形势，当代大学生首先必须树立建立在自己实力基础上的自信。其次，应具备竞争意识和风险意识，当今社会处处充满竞争，市场规律、竞争机制的引入使社会发生了很大的变化，大学生离开校门走向社会就不得不接受优胜劣汰的洗礼，亲身体验现实的严峻性和挑战性。因此，大学毕业生在择业时要自觉培养自己敢于竞争、敢冒风险的心理素质，要敢于向社会挑战，扩大就业成功的机会，使自己成为竞争社会的强者。

### （六）有效的心理调节和控制

1．理性情绪法

美国临床心理学家阿尔伯特·艾利斯(Albert Ellis) 创立的“理性情绪疗法”认为，情绪困扰并不一定由诱发事件直接引起，常常是由经历者对事件的非理性解释和评价引起，如果改变非理性观念，调整了对诱发事件的认识和评价，领悟到理性观念，情绪困扰就消除了。例如有的学生在择业中受到挫折便消沉苦闷、怨天尤人，其原因在于他原本认为“择业应当是顺利和理想的”，正是因为这样的心理定势，才导致了不良情绪，如果将这些想法加以纠正，不良情绪就得到了克服。大学生在择业中处于消极情绪状态时，要善于从中分析、抽取非理性的观念，综合、概括出理性的看法，并对比两种观念下个人的内心感受，使自己走出非理性的误区。

2．合理宣泄法

大学生择业中处于焦虑、抑郁等消极情绪状态时，不能一味地把不良心情藏在心底，而应进行适当的宣泄。比较好的办法是向知心朋友、老师倾诉，把心中的不快说出来，甚至可以大哭一场，使紧张的情绪得以缓解或消除。另外，也可以通过参加一些大运动量的户外活动，如打球、爬山等，宣泄不良情绪。宣泄情绪要注意场合、身份、气氛，宣泄要适度，没有破坏性。

3．自我慰藉法

自我慰藉就是自我安慰。毕业生择业中遇到困难和挫折，在经过最大努力仍无法改变状况时，要说服自己，适当让步，将不成功归因于客观条件和客观现实，同时要勇于承认并接受现实。参与竞争就难免遇到挫折，毕业生应当对择业中的挫折有充分的思想准备，敢于面对现实，把挫折看成是磨炼意志，增强能力，提高心理素质的一场考验。要及时减轻思想负担，消除不安情绪；要积极总结经验教训，冷静、理智地分析择业挫折产生的原因，找出不足之处，加以改进，将消极因素转化为积极因素；根据客观实际调整自己的心态和择业目标，使之适应社会的需要，然后为实现这个目标做出努力。绝不能一遇到挫折就灰心丧气、怨天尤人、一蹶不振。在当今的竞争社会里，没有谁能够安排好一切，只有靠自己脚踏实地才能闯出一片属于自己的天地。这样，就能缓解因心理矛盾而引起的悲观失望等不良情绪，重新找回自信，树立继续努力的信心，从而提高抗挫折能力。

4.情绪转移法

在情绪低落时，可以采取缓冲的办法，把自己的精力和注意力转移到其他活动中去。例如，学习一些新知识或技能，或是参加一些自己有兴趣的活动，把不愉快的情绪抛在脑后，使自己没有时间和可能沉浸在不良情绪中，以求得心理的平衡。

5.自我激励法

毕业生在择业面试中常常出现胆怯、信心不足等现象，可以通过积极的自我暗示、自我激励进行调节，增强自信心。例如，运用内部语言或书面语言来调节情绪，在心里默念“我会发挥得很好”“我一定能成功”等语句，或者写在纸上，或者找个旷野大声地喊出。这些方式对走出自卑，消除怯懦有一定的作用。

6.松弛练习法

松弛练习是一种通过练习学会在心理和躯体上放松的方法，常用的有肌肉松弛训练、意念放松训练等放松练习方法。放松练习可以帮助人减轻和消除各种不良身心反应，如焦虑、恐惧、紧张、失眠等症状。大学生在择业中遇到的心理问题，可在专业人员的指导下通过放松练习来解决。

总之，当代大学生要正视现实社会的严峻性和挑战性，强化竞争意识和开放意识，不断完善自己的心理素质，培养自己的职业能力，树立起正确的择业、就业观念，在求职就业过程中找准自己的职业坐标并为之努力奋斗，为国家作出贡献，最终真正实现自己的人生价值。

# 第四章　高校学生求职信息的获取

本章为高校学生求职信息的获取，主要阐述了求职信息的内容和获取渠道，求职信息的筛选和使用，帮助学生在求职时了解信息是如何获取、筛选和使用的。

## 第一节　求职信息的内容和获取渠道

与本科毕业生不同，高职毕业生多为技能型人才，其就业单位、岗位与本科毕业生相比也存在一定的差异，求职信息的获取渠道也有所不同。下文介绍信息检索的内容，以及高职毕业生获取求职信息的渠道。

### 一、求职信息的含义及内容

#### （一）信息检索和求职信息

信息检索的含义可以非常广。举例来说，为了输入卡号而从钱包中取出信用卡查看的过程就可以被视为一种信息检索形式。信息检索是指以特定的方式对信息进行分类、储存，然后根据用户需求查找相关信息的技术和过程。信息检索是一种从海量的、无序的数据中提取出符合用户需求的信息的方法。根据这个定义，以前信息检索通常只能由一些特定的人员来执行。这些人员涵盖了图书馆管理员、律师助理，以及其他相关领域的专业搜索人员。随着世界的不断演变，现在有数亿用户每天使用网络搜索引擎或查收电子邮件，其实质就是在进行信息检索。信息检索已迅速取代传统的数据库搜索方法，成为了主流的信息访问方式。信息检索能够覆盖除了上述基本定义的各种数据类型和信息处理问题。语义结构不清楚、不明确的数据通常被称为“非结构化数据”，这类数据很难被计算机直接解析和处理。但是，若严格按照定义来看，实际工作中并不存在这类数据。尽管文本数据通常被视为非结构化数据，但如果考虑到文本所蕴含的语言结构信息，那么它们就不完全属于非结构化数据的范畴。就算放弃争论这种语言结构是否有意义，现实中的文本仍然存在其他结构，例如标题、段落、脚注等。通常情况下，这些结构会用显式的标记方式体现出来，例如在网页中使用格式标签。这种具有格式标记的网页数据也会被人们称为“半结构化数据”。通常情况下，半结构化数据的搜索也会被纳入到信息检索的范畴。例如寻找一个标题含有 Java 且正文包含 threading 的文档。用户对搜索到的相关内容的文档进行浏览和筛选的过程都属于信息检索的研究范围。与“非结构化数据”相对应的另一个概念是“结构化数据”，最具代表性的案例是关系数据库。通常，公司的产品清单和人力资源信息等都是用这类数据来保存的。

信息的作用在于减少或消除不确定性。人们在寻求职业机会时，会使用求职信息来减少或消除存在的不确定性和疑虑。当前，我们国家亟须对大学生求职信息需求进行研究。

我国目前正处于高等教育发展的历史性时期。尽管高等学府人数扩招的举措是积极的，但应届毕业生的就业压力也是当前需要重点关注的问题。调查相关资料后发现，最近几年，约 70％左右的大学毕业生能够获得就业机会。尽管当前就业形势如此严峻，但很多已经找到工作的大学生在刚进入职场时就频繁更换工作的现象也时有发生。大量高校毕业生频繁更换工作引起了社会的广泛关注。相关研究显示，缺乏有效信息是导致大学毕业生求职困难最重要的原因。

相关调查显示，大学毕业生跳槽的原因主要是他们在选择工作时存在盲目性。其中，近 13％的毕业生在就业前对要进入的单位了解不足，有 1/3 以上的毕业生的了解程度一般。“见面会上的所谓‘招聘信息’，除个别单位附上几十个字的自我介绍外，大多数只有单位名称、所招专业及人数，对单位的所有制性质、待遇等均无任何说明，甚至没有最起码的单位地址。”①

就业政策提出了“双向选择、自主择业”的理念。该策略的前提是大学毕业生和雇主能够通过相互沟通和信息交换全面了解对方。只有这样，才能真正地实现双方都能做出正确的选择。如果信息不对称的情况十分严重，就很难在实践中真正实施该政策。

毫无疑问，当下的社会现实迫切要求深入研究大学生在求职信息方面的需求。

对国内大学生就业相关的文献资料进行深入分析后可以发现研究的内容和方法不尽相同。就研究内容而言，研究重点大致分为大学毕业生的就业心态和求职

① 贾杏．大学生就业指导 [M]. 北京：北京交通大学出版社，2017：119.

意向、就业市场和政策、求职准备与就业指导等几个方面。就研究方法而言，一些方法注重通过主观思辨得出结论，一些方法则注重通过文献综述来得出结论，还有一些则使用问卷调查的方式。在研究大学毕业生求职问题时，调查数据的处理方式很单一，几乎所有数据都使用了简单的百分比或平均数的处理方法。由于这种处理方法较为基础，因此研究结果只能停留在表面、现象的层面，难以深入挖掘其内部机制，揭示问题本质。尽管大学毕业生求职信息匮乏的问题已经引起了相关学者的关注，甚至有些学者肯定了在大学毕业生求职中信息服务的重要意义，但这些学者没有进一步分类和深入研究大学毕业生在求职过程中需要的信息，未能真正解决信息不足影响大学毕业生求职的问题。

据某些研究人员的观点，与就业相关的所有信息都可以统称为就业信息。就业信息可以有多种不同形式的分类。根据信息的真伪进行分类时可以分为真实和虚假两种信息；根据信息内容的不同属性进行分类，可以将其划分背景信息和岗位信息；根据信息的不同作用进行分类，可以将其划分为有效、低效和无效信息三种。

就业信息的广义定义不仅指岗位信息，还涵盖了一些规章制度，与毕业生就业有关的数据和理论以及企事业单位发布的招聘信息等。这些规章制度是政府和高等教育管理机构为提高毕业生就业率而制定的。这些信息都具有针对性、特殊性和时效性。就业信息的狭义定义是指用人单位在招聘过程中公开发布的具体招聘需求信息，通常包括人数、性别、专业等方面的要求。就业信息是指毕业生向相关的求职信息提供者咨询和获取的有价值的消息、资料或情报，这些信息可以帮助毕业生做出更好的职业选择和就业决策。求职信息检索就是对有关就业信息的收集、分类、整理。

**（二）求职信息的内容**

一般情况下，求职信息包含以下内容。

①用人单位的需求。

②用人单位的性质、员工构成、运营状况、员工未来发展前景以及工作场所环境。

③国家和地方对毕业生的相关政策。

④不同行业、不同部门在国民经济和社会发展中所处的地位和发展势头。

## 二、求职信息的搜寻

### （一）有关信息搜寻的理论

对信息传播的认识，有学者从地理位置变化方面研究信息传播，他们认为信息在特定方向上的流动就是信息传播。信息传播是指信息在社会中的流动以及社会信息系统的运转。它代表了人们通过有特殊含义的符号进行相互传递、接收、反馈信息的过程，具有双向交流、共享、迅速及广泛性等特点。从情报学的角度来看，有一些学者认为信息传播是客体向主体传递信息的过程，也就是信息不断被输送过去。

最初，由一个或多个直线或曲线构成的线条就被称为路径，但随着与传播等单词的结合，路径的含义得到进一步拓展，也开始表示通道、途径或方式等。就业信息的传播路径是指大学毕业生获取就业信息的方式和方法。以下是几个具有重要意义的理论的简要介绍。

1．人力资本理论

人力资本理论是由美国经济学家西奥多·舒尔茨（Theodore William Schultz）和加里·斯坦利·贝克尔（Gary Stanley Becker）共同开创的。这一理论强调，劳动者所拥有的知识、技能和能力构成了人力资本的核心。在改善个人收入和社会分配不均衡状态方面，教育发挥了重要的作用。社会的经济增长和社会成员个人收入的提高都可以通过人力资本来实现，进而达到减轻个人收入、社会分配不平等的目的。投资于教育是提升人力资本不可或缺的重要手段，其对于促进人口素质的提高十分关键。随着教育投资的增加，人力资本的价值也会随之扩大，相应地更能满足社会经济发展中对高素质人才的需求。

舒尔茨认为，教育能够刺激经济增长。人们自身各种资源的分配情况都可以依据当下的经济状况和市场情况作出调整。获取了纷繁复杂的各类求职信息后，人们在充分考虑自身优势的情况下对信息进行分析，就可以明确选择最合适的职业。贝克尔认为，收集的相关信息和情报资料也是人力资本的组成部分，它们同样拥有经济价值。

如果高职毕业生能够获取精准的就业信息，那么求职成功的机会就会大大增加，同时也能够避免不必要的费用和资源浪费。

2．信息不对称理论

美国经济学家乔治·阿克洛夫（George A. Akerlof）等人提出了信息不对

称理论，该理论描述了在市场经济中，不同人群在了解相关信息方面存在的不同水平。那些信息了解更充分的人通常处于更有优势的地位；与之相对的，那些缺乏足够信息的人则处于劣势。举例来说，有些求职者为了获得理想的职位，可能会夸大自己的能力和实力，导致用人单位与求职者之间的信息不对称。一个人是否成功，很大程度上取决于他是否能在最短时间内获取更多的、更全面的市场信息。因此，及时获取足够、合适的就业信息对高校毕业生而言是十分重要的，只有这样，才有可能迅速地在就业市场上找到符合自身条件的工作机会。

3. 搜寻与匹配理论

经济学学者彼得·戴蒙德(Peter Diamond)、戴尔·莫滕森（Dale T. Mortensen）和克里斯托弗·皮萨里德斯（Christopher A. Pissarides）是搜寻与匹配理论的创始人。该理论指出，在求职者和用人单位相互搜索寻找合适的人才和职位的过程中，会耗费大量时间和资源，也难免会产生信息不对称和搜寻成本浪费等问题，使得人力资源与现实劳动力市场之间的匹配不协调。戴蒙德指出，经常会出现信息的不完备和不对称现象，这种现象造成了买家和卖家两方相互寻找过程中的矛盾，最终出现了“摩擦市场”。“摩擦市场”现象导致了过多的职位空缺和高失业率。求职者获取就业信息的途径对于他们获取准确有效的信息至关重要。恰当的就业信息传播路径可以减少求职时间和费用的浪费，为用人单位及时提供必要的人才。

4. 职业搜寻理论

1970 年，美国经济学家埃德蒙·费尔普斯（Edmund S.Phelps）提出了职业搜寻的理论。以下是其主要观点的四个要点。

首先，鉴于不同企业提供给雇员的薪资有所不同，劳动力市场不能提供完整的信息，为了得到薪水更高的工作，劳动者必须积极地在劳动力市场搜寻企业的招聘信息。

其次，随着待业时间的增加，劳动者找到理想工作的可能性也随之增加，而且能够获得较高工资的机会也会提高。但是，如果劳动者在劳动力市场上失业时间过长，他们未来在工作岗位上所能获得的报酬的增长幅度也会逐渐减小。

再次，当劳动者想要获取相关求职信息时，通常需要投入一定的经济成本。这些成本会随着搜寻时间的增加不断升高。

最后，若职业信息搜寻所带来的收益高于其成本，便是值得进行的。相反地，若成本高于收益就会导致资源的浪费。

高校毕业生在收集求职信息时需要考虑成本收益比，即在最短的时间内获取最为有效的信息，避免浪费时间和资源。

### （二）获取求职信息的重要意义

当前，人们可以从多种渠道获取求职信息。许多学生没有足够重视就业问题，对就业信息的积累量较少，因此在求职的过程中屡屡碰壁。要想顺利就业，高校毕业生就需要积极主动地搜集就业信息，提高自己的就业竞争力。

第一，需要不断加强对就业指导教育的重视程度，学生要对自己有全面客观的认识，了解自己的兴趣和不足之处，从而有针对性地学习相关知识，并掌握更多的信息收集和处理技巧。通过参加就业指导教育，高校毕业生可以学习并掌握在就业过程中需要的各种技能，从而提高就业的成功率。要重视相关就业指导专家和其他人提出的意见和建议，不断提高自己搜集和处理就业信息的能力等。

第二，加强对求职信息的辨别、筛选能力，增强就业信息服务的效果。随着互联网的发展，网络虚假信息不断增多，为了增强防范不良信息的能力，高校毕业生必须接受就业指导教育并掌握相应的甄别技能，避免受骗。这样不仅有利于拓宽就业信息传播路径，提高传播路径的利用率，还可以确保毕业生得到可靠的就业信息。同时，有利于毕业生加强对自己合法权益的保护，提高维权意识。

第三，充分发挥个人社会资本的作用。需要学生们在日常生活中加强与亲朋好友、教师、同学的交流，让他们了解自己的能力和事业规划，从而协助收集求职信息。

第四，在校期间需经常关注就业市场的变化，并重视与自己兴趣相关的求职信息的收集。时常与本校老师和已就业的毕业生进行沟通、互动，以获得更多对自己有用的信息传播路径，并提高对各类信息传播路径的使用效果。

第五，要提高竞争意识，积极主动地寻找就业信息，完善寻找就业信息的方法，及时处理各类相关信息。对网上和学校的招聘信息要经常查看，尤其是在即将毕业时期更要关注各种传播路径提供的信息，以便提高自己收集求职信息的效率。收集了大量求职信息后，需要依据自己的兴趣、能力和公司招聘需求进行信息筛选，用最高的效率找到最合适的工作。在信息处理过程中要与招聘企业积极沟通，加深双方的相互了解，以提高成功的可能性。在与招聘企业联络时，表现出真诚和积极的态度是至关重要的，这可以给企业留下良好的印象。要认识到每一份求职信息的价值，尽管有些可能已经过去了很久，但是有时候也会出现没有足够应聘者的情况，因此仍然可以利用它们。

### （三）在求职信息搜寻中遇到的问题及问题产生的原因

1．求职信息搜寻中遇到的问题

根据相关调查结果，高职毕业生与本科毕业生对“求职困扰事项”的认识没有很大的差异。他们都认为在求职时最大的困难是“缺乏社会关系”和“就业信息量少”。由此可知，这两个问题就是高校毕业生就业难的主要原因。此外，难以核实求职信息的真实性也是一个重要因素。造成这些情况的主要原因如下。

①就业市场信息混乱的一个重要原因是缺乏有效的信息传播监管机制。政府应加强对求职欺骗行为的监管，完善相关法律法规，以确保各类信息的发布与宣传符合法律规定。

②高校毕业生缺乏强劲的自我保护意识和辨别信息的能力，导致他们在适应社会方面存在一定的困难。一些教师对政府教育行政部门的要求理解不全面，在教学中不敢向学生展现社会的“阴暗面”，从而无法引导学生正确应对社会问题。种种原因使得高校毕业生缺乏分辨是非的能力，同时应对环境变化的能力也相对较弱。

③高校毕业生不能充分认识积累求职信息的重要性，尤其是缺少对求职成功者获取就业信息路径的了解。

2．产生这些问题的原因

高校教育的重点在于培养学生的职业技能和素质，而对学生社会适应等方面的教育则没有给予足够的重视。高校毕业生在求职期间对求职信息的获取和处理方式不当，对信息传播路径的利用不足，可能是由以下几个方面造成的。

①学校没有给予就业指导工作足够的重视，资源匹配方面存在着人力、财力、物力等方面的短缺，使很多工作变成了形式化的行为，实质性的效果不是很明显。

②学生没有充分了解自己所学专业未来的发展前景。这会导致高校毕业生缺乏准确的就业市场和职业岗位需求的认知，同时也影响了他们找到最适合自己的职业岗位的能力。

③目前的就业指导工作缺乏多样化的内容形式和高素质的指导人员。经过调查发现，现阶段高校的就业指导工作主要由班主任担当，他们大多没有接受过相关的专业培训，缺乏对就业指导工作的深入研究，导致所提供的指导内容较为陈旧。

④高校毕业生对就业指导课程的学习兴趣不高，并且没有给予这些课程足够的重视。一些大学提供就业指导课程，但有时教授这门课的老师专业水平有待提高，授课方式也缺乏多样性，导致学生对课程失去了兴趣。

⑤个人受家庭和社会环境的影响较为显著。城市出生的高校毕业生比起农村的毕业生更容易利用自己的社会关系和各种信息传播路径来获取关于就业方面的信息，以满足他们的就业需求。有时候，高校毕业生的就业意愿和父母的期望之间可能会产生冲突，这会导致毕业生感到矛盾和迷茫，不能及时掌握就业信息。

### （四）求职信息的获取渠道

在信息爆炸的时代，掌握更多信息，就是给自己更多的机会。信息的获取也有技巧，对于求职的毕业生来说，求职信息的获取渠道有以下几种。

1. 通过学校的毕业生就业指导和服务部门

学校的毕业生就业指导和服务部门是组织、协调、管理毕业生就业工作，为毕业生提供服务的专门机构，在上级主管部门和学校党委行政部门的领导下独立开展工作，能够及时掌握国家相关就业政策、地方的有关政策、就业方面的法律法规等。此外，学校的毕业生就业指导和服务部门通过发函走访用人单位、参加就业信息交流会、在网上组织就业宣传活动、发布生源信息等形式，保持与用人单位的长期广泛合作关系，掌握大量真实的需求信息，通过校园网、就业指导课等各种形式，将这些信息发布给毕业生，让毕业生及时了解这些就业信息，并组织、举办校园专场招聘会，邀请用人单位到学校进行招聘，或直接向用人单位推荐毕业生，在用人单位与毕业生之间搭建一个平台。因此，通过学校的毕业生就业指导和服务部门获取的就业信息具有针对性强、可靠性高的特点，毕业生择业成功率高。有资料显示，高职毕业生有四成以上是通过学校的毕业生就业指导和服务部门找到工作的。可以说，通过该部门获取求职信息，是广大毕业生就业的主要途径。

2. 通过政府有关部门举办的人才交流会或中介机构

随着社会主义市场经济的发展，我国人才市场和中介机构应运而生了，每年从 10 月开始到第二年 7 月，政府有关部门都会在指定地点举办多场人才招聘活动，形式也多种多样，比如“双选会”、教师专场、研究生专场等。政府有关部门会定期或不定期地发布人才需求信息，并且组织专门面向高校毕业生的供需洽谈会，毕业生通过参加这些供需洽谈会，可以直接获取大量的求职信息，并能和用人单位直接洽谈。这是非常好的运用面试技巧和增强自信心的机会。需要指出的是，因为毕业生与用人单位接触的时间有限，对用人单位的了解较少，为避免盲目性，毕业生应对用人单位充分了解后再做出选择。

3. 通过家庭及社会关系

在收集求职信息的时候，不要忘了家庭成员，以及亲戚朋友、老师、同学、同乡等社会关系这个途径，他们遍布各行各业，社会交往广泛、社会经验丰富，对专业、能力、个性等情况相对比较了解，容易提供符合供需双方需求的信息，并且他们在帮助了解求职信息或推荐就业时会不遗余力。实际上，大多数用人单位更愿意录用经人介绍或推荐来的毕业生，他们认为录用这样的人比较可靠。通过这种途径获得的求职信息，虽然受社会关系范围的制约，比较单一，有一定的局限性，但这样的求职信息具有准确可靠、针对性强和实用价值高的特点，可能是最为有效的。

4. 通过大众传播媒介提供的信息

阅读报纸杂志、收听广播、浏览网页等各类大众传播媒介形式，是获取求职信息的重要途径。通过这些途径可以了解当地的就业机会和一些发展前景好的职业，了解某些职业可以获得怎样的薪资，雇主或用人单位对求职者有哪些要求等。

媒体关注的焦点取决于公众的需求和期望。现今，各种传媒平台通常都设有专门的招聘栏目或在固定时间发布招聘信息。这些信息清晰明了地显示了当前市场需要什么样的人才。聪明的求职者应该留意这些潜在的机遇，因为这可以为他们提供更多的就业机会。

在大众传播媒介中，招聘启事是很重要的一种方式。用好招聘启事，应当把握以下几个要点。

①发现招聘启事要快看、早看，看得早，掌握的信息量就大，即使无意应聘，多掌握一些信息，对求职也是有好处的。

②通过广泛阅读各种报刊和留意各种场合中可能出现的招聘广告，可以增加获取信息的机会，这样就可以有更多的选择余地。

③认真审阅招聘要求。招聘启事主要涵盖以下三个方面的信息：首先是用人单位的背景情况介绍；其次是招聘的专业类别和人数规定；最后是应聘的资格和条件。一些求职者只看到了广告中的某些关键信息，却忽略了其他重要的细节，这常常导致他们求职失利，对于这种情况要引以为戒。

④注意招聘启事中报名时间、截止时间和考试日程的规定，不可有任何疏漏。

⑤搜集用人单位的各种信息。如果看了招聘启事后，觉得自己符合条件，也有意愿去应聘的话，就可以通过多种渠道了解用人单位的情况，这样就能够对比不同的招聘启事，做出最终的选择。

5. 通过实习和社会实践活动

参加社会实践活动和实习，是大学生了解社会、提高思想觉悟、培养能力、体验人生的重要途径，也是毕业生收集求职信息、推销自我的机会。在参加社会实践活动和实习的过程中，要通过自己的努力去赢得用人单位的好感及信任，有意识地提出一些关于行业发展趋势、人才需求状况、具体岗位的用人情况等问题，注意观察与思考，从中获得求职信息，甚至直接获得就业岗位。另外，在实习过程中，毕业生通过与实习单位的广泛接触，一方面可以对将来的工作岗位有一个感性的认识；另一方面也让实习单位对你有所了解，尤其是在与自己的求职意向相合的单位或岗位实习时，要充分展示才华和能力，以便赢得实习单位的肯定和赏识，如果顺利的话，很可能被实习单位优先录用。

6. 通过互联网

对高校毕业生来说，利用互联网获取和分享信息已经变得非常普遍。随着时间的推移，基于网络的毕业生就业服务和人才招聘市场已经趋于成熟。不论是高校还是企业都拥有了自己的为毕业生提供就业指导和就业信息的服务网站。越来越多的公司也开始选择从网上招聘员工，用人单位和毕业生可以通过网络互相选择、直接交流。因此，利用互联网收集毕业生就业信息方便快捷，这日益成为毕业生获得就业指导技巧、收集就业信息的最有效途径之一。

（1）获取网络就业信息的方法

要学会利用网络进行信息搜索。从网站上搜索这些信息基本上有两个途径：一是从专门的求职信息网站上查找信息；二是从各大搜索引擎上查找就业信息。

从专门的就业信息网站上查找信息，是毕业生由互联网获取就业信息的最直接、最有效的途径。各级政府主管部门就业指导机构和各高校都相继建立了自己的就业信息网站，为学生提供就业政策、就业形势、就业指导和就业信息等全方位的就业服务，通过它们，毕业生可以获得权威、真实、针对性较强的信息，因此，毕业生应该优先选用就业信息网站。另外，各级人力资源和社会保障厅（局）的网站也是可信赖度较高的信息搜索页面。除此之外，些人才机构或公司也建立了专业的就业信息服务网站。其服务对象包括大学生在内的所有求职者，以及大量的企业，这些网站由于商业化运作，涉及面广、信息量大，也是毕业生通过网络获取就业信息的重要途径。

有时，毕业生并不清楚网上就业信息的具体网址，因而在网络中查找就业信息就如同大海捞针。作为网络的导航者，搜索引擎能查找网络的每一个角落，就业信息也不例外，只要输入需要查找的信息关键词，或通过分类目录查询，就有可能搜索到所需要的就业信息。其特点是搜索范围大，针对性不强。

（2）获取网络就业信息应注意的事项

毕业生利用网络收集就业信息时应注意以下几个事项。

①优先选择那些正规权威的就业信息网站。目前人才招聘类专业网站有很多，但相当一部分的招聘网站是滥竽充数，有效信息量少得可怜，所谓的最新招聘常常是一个月前的信息。而许多毕业生不知道哪些求职网站比较权威，也不清楚自己到底需要什么信息，漫无目的地在网上乱逛，四处搜集就业信息，只要见到与自己专业有点关系的或自己感兴趣的信息，也不管信息渠道是否可靠，信息是否真实有效，就盲目投简历，从而浪费了时间和精力。毕业生要找到那些信息量大、更新速度快的权威性人才招聘网站，这些正规网站发布的信息比较可靠，值得毕业生利用。

②重要信息要及时下载。在求职的高峰期，网站上的就业信息特别多，为了防止遗漏并节约时间，最好把网页上的内容先分门别类地下载到自己建立的专用文件夹的各个目录中，以便日后整理使用。从网络收集就业信息后，应及时整理这些信息，把有用的就业信息及其来源网站记录在笔记本上，有的网站需要登录密码，这时可以把密码记在本子上，以免忘记，徒增麻烦。

③要仔细分辨，谨防受骗。网络是一个开放式的信息平台，毕业生在网络上搜集就业信息时，很容易被一些颇具诱惑力的虚假信息蒙骗，这是令人担忧的。与其他信息载体相比较而言，网络招聘信息的可信度较低。一是偷工减料。一些人才网站特别是小型网站的招聘信息是从其他网站上下载过来的，虽然信息内容是真实的，但这些网站在下载处理的过程中会落掉一些信息，例如，删掉了用人单位的情况介绍，或将用人单位的地址、电话、E-mail 等信息漏掉。二是信息滞后。网络信息本来是以速度见长的，但是一些网站只有二手信息，为了充数便不顾信息的时效性。三是存在虚假信息。有的网站被不良之徒利用，有的网站本身另有所图，故意制造信息陷阱，骗人钱财。这类信息往往是在单位类型与名称、用人待遇等方面特别有诱惑力，因此一定要提高警惕，认真辨别，不要轻信，对不能直接辨别真伪的信息，事后一定要通过其他渠道加以核实，以免上当受骗。

④利用网络获取就业信息不是万能的。毫无疑问，网络能为毕业生提供大量的就业信息，因此，毕业生会产生一种错觉，认为网络是万能的，于是把收集就业信息的全部精力和希望都寄托在网络上，对网络过分依赖，而忽视了其他更权威、更有效的收集就业信息的途径。实际上，利用网络本来是为了提高获取就业信息的效率，若一头扎进网络的“汪洋大海”中，则恰恰降低了自己收集就业信息的效率。

7. 通过校友的帮助

毕业校友是学校为社会培养出来的人才，同时也是学校的重要财富。在长期的办学过程中，高校培养了大量毕业生，他们中的很多人在长期的工作中成为各单位的核心成员或领导。学校会积极构建平台加强与校友的沟通，为校友提供归属感。同时，校友对学校的工作表示关注并予以支持，协助学校提供毕业生就业信息。

8. 通过主动出击获取求职信息

一般来说，主动出击获取求职信息的方法有地毯式访问法、连锁介绍法、中心开花法、供需见面法、市场咨询法及广告开拓法等。下面着重介绍以下三种方法。

（1）地毯式访问法

在运用地毯式访问法时，必须秉持一个信念：被访问的各个单位中，必然存在自己要寻找的单位，而这些单位的数量与所访问单位的总数呈正比例关系。因此，访问更多的单位将增加获得所需信息的可能性。使用该方法时，首要考虑的是确定合适的访问范围。求职者应当根据自身的性格特点和专业技能，结合当下社会的招聘需求，选择一个比较合适的职业领域进行求职。如果毫无计划地行动，不仅效率会大打折扣，而且随着失败的次数增加，求职者也会逐渐失去信心。在访问前，除了心理准备，求职者还需要确保准备充分的材料，包括但不限于介绍信、推荐信、个人简历、成绩单、各类证书以及它们的复印件等。备齐所需材料不仅能够节省招聘企业和个人的时间，还能有效体现求职者的良好素质，给招聘企业留下比较好的初印象。

（2）连锁介绍法

所谓连锁介绍法就是求职者通过亲友来寻找单位，或者通过亲友来委托其他人，以帮助求职者获取职业机会的方法。这种求职过程可以连续不断地进行，因此也被称为无限连锁介绍法。该方法要求求职者从朋友圈中寻找与自己就业相关的人，然后选择性地拓展人脉。许多成功求职者都有这样的情况。

连锁介绍法是一种行之有效的办法。求职者必须自己取信于亲友。在实施连锁介绍法的具体步骤中，求职者可以委托亲友代为寻找工作或转发个人资料，同时也可以请求亲友通过书信、名片、电话等方式进行连锁介绍。在求职过程中，求职者应该随时向介绍者汇报连锁介绍的进展情况，这样一方面可以表达谢意；另一方面可以得到介绍者的指导，以克服可能遇到的困难。

（3）中心开花法

中心开花法是指在特定的职业领域内，通过与具有影响力的中心人物进行接触和交流，以获取他们的帮助，从而在求职过程中取得更好的效果。要想得到帮助，求职者必须先赢得中心人物的信任和认可，让他们相信自己的素质和实力。这些中心人物一般都有一定的社会地位，需要用自己的工作成果与工作态度去打动他们。比如，传统的附和办法并不一定能给他们留下良好的印象，如果诚实地说出自己的想法，反而更能赢得对方的重视，关键在于既要有思想，又要有实干精神，而且为人诚恳谦虚。

## 第二节　求职信息的筛选和使用

### 一、求职信息筛选的原则

大量的就业信息是择业的前提，但并不是就业的充分条件，由于信息来源和获取方式存在局限性，因此开始得到的信息一般比较杂乱，有的甚至是虚假的，往往不能直接利用，所以在广泛收集信息后，毕业生应结合自己的实际情况，对求职信息加以筛选与处理，去粗存精、去伪存真，有针对性地进行整理和分析。对求职信息的筛选应遵循以下几个原则。

#### （一）准确性原则

信息的可信性和真实性是准确性原则的具体要求，即确保信息所呈现的情况真实可靠。对求职者做出决策来说，准确的就业信息是必不可少的前提和基础。若信息不准确，就有可能在职业选择方面造成失误。

### （二）时效性原则

时效性是信息本身的重要特性之一。就业信息必须能够及时更新，因为招聘过程要求在信息有效期内与求职者达成协议，如果信息过期，用人单位的招聘可能已经截止，招聘信息就无效了。就业指导部门必须时刻审查收集的就业信息是否仍然有效，以便及时向学生传达最新的就业信息。

### （三）针对性原则

由于人才市场的快速发展，越来越多的就业信息涌现出来。如果没有针对性地收集信息，很难在众多信息中找到真实有价值的信息。为了更好地服务毕业生，就业指导部门需要结合本校的特色和毕业生的特点，仔细筛选就业信息并进行发布。

### （四）系统性原则

筛选就业信息需要具备系统性的要求。大多数情况下大学生接收到的信息都是零碎的，因此要求就业指导部门能够善于整合各种相关信息，将所得到的信息进行加工和处理，使其成为一个能够客观反映当前就业市场、就业政策和就业趋势的就业信息资源，便于毕业生查看和筛选。

### （五）计划性原则

要想进行有针对性的就业信息搜集，信息搜集者必须先制订出详细的计划，明确此次搜集信息的目的。这样，才能避免没有方向的盲目搜集。其次，需要明确要搜集什么内容的就业信息，是想要了解就业政策还是了解用人单位的招聘需求。只有准确把握这些，才能有针对性地进行就业信息的搜集。最后选择用什么样的方法和路径搜集信息。合适的方法不仅能够达到预期的效果，还能提高信息搜索的效率。

### （六）适合自己原则

一切求职信息都要用来对比与衡量一下，看看是否适合自己，千万不要好高骛远，选择不适合自己的工作岗位。

### （七）内容完整性原则

毕业生在收集就业信息时，由于受到时间、地点等各种因素的影响，因此收集的信息可能不够完整，有的甚至只是只言片语。这些不完整的就业信息，可能会误导毕业生做出不当的选择。例如，有一家国有安装建设企业招聘，几名毕业生与招聘者交流后，双方都很满意，于是这几名毕业生与该企业签订了就业协议书，招聘者还邀请这几名学生到企业参观实习，可是学生到企业后认为其工作条件和岗位不符合自己的要求，于是提出违约，这给自己和企业都造成了损失。出现这个问题就是因为毕业生没有完全弄清企业的情况。因此，在筛选就业信息时，除了遵守以上的原则，还必须要看就业信息的内容是否完整和全面，以免做出错误的选择。

## 二、求职信息的筛选方法及分类方法

### （一）求职信息的筛选方法

1. 全方位筛选法

全方位筛选法是将所有与所学专业相关的就业信息收集起来，并按照明确的标准进行整理和筛选，以备后续使用。采用这种方法获取的信息范围广泛，选择余地大，但比较浪费时间。

2. 定方向筛选法

定方向筛选法是指按照自己选定的职业方向和求职的行业范围来搜集相关的信息。这种方法以一个人的专业方向和兴趣为依据，便于找到更适合自己发挥作用的职业和单位。需要注意的是，当选定的职业方向和求职范围过于狭窄时，采用这种方法有可能大大缩小选择的余地，特别是当选定的职业是竞争激烈的热门职业时，会给下一步的筛选带来较大的困难。

3. 定区域筛选法

定区域筛选法是指根据择业的地区倾向性，按照地区来搜集信息。这是一种着重考虑地区因素而较少强调专业知识的信息收集方法。如果按照这种方式来搜集信息和选择职业，可能会遇到地域选择较少和“地区过热”的问题，增加了职业选择的困难。大学毕业生就业时应充分考虑自身实际情况，综合运用上述几种方法。

### （二）求职信息的分类方法

大学毕业生要将求职信息进行分类，形成自己的就业信息库。一般来讲，经过筛选的求职信息基本上都是可以利用的，但信息内容和形式又是各种各样的，杂乱无章、毫无头绪，不便于使用，为了让这些求职信息使用方便，大学毕业生应该分门别类地管理这些信息，形成自己的信息库。下面介绍几种求职信息的分类方法。

1. 按求职信息的内容分类

按求职信息的内容分类是指将就业政策、就业形势、有关法律法规和用人单位的信息进行分类处理。不同内容的求职信息在求职过程中所起的作用也不同。掌握就业政策，充分利用政策能更好地择业；弄清楚求职形势，能帮助自己正确定位，及时调整自己的就业期望值；了解有关法律法规，在自己的合法权益受到侵害时，能拿起法律武器为自己讨回公道，并让自己的择业行为合乎法律法规，不会侵害他人的利益；掌握用人单位的信息是择业的基础。

2. 按收集求职信息的途径分类

按求职信息的途径分类是指将求职信息依据其来源途径进行分类处理。不同来源途径的求职信息具有不同的特点，因此按这样的方式分类，对于选择信息是很有帮助的。

## 三、选定求职目标

毕业生的整个求职过程实际上就是对求职信息的收集、加工、处理、使用的过程。在这个过程中，毕业生要结合自己的实际情况做出决策，选定目标。

### （一）选取求职目标的步骤

做出决策对很多大学毕业生来说是一个非常艰难的过程，因为选择一个选项的同时意味着放弃了别的选项。有的人考虑现实问题，有的人坚持自己的理想；有的人由于一时冲动，草草做出选择，之后追悔莫及；有的人人云亦云，没有自己的主见，结果处处碰壁，失去了择业的信心。择业是进入社会的第一步，虽然不能说确定了一生的发展，但毕竟良好的开端是成功的一半，它还是十分重要的。下文简要介绍如何使用求职信息，以帮助毕业生在求职时做出理智的选择。

①毕业生应了解自我，结合自己的兴趣、性格特征、特长等实际情况，明确定位，确定一个合适的职业目标。

②毕业生应该对所掌握的用人单位信息进行仔细比较，按照对用人单位的满意程度排序，确定哪几个用人单位与自己更匹配，或者说哪几个用人单位更符合

自己的职业生涯规划目标，将这些用人单位的信息进行量化处理，得出一个综合评价的结果，这样对用人单位进行比较相对客观，从而避免在比较条件相似的用人单位时出现犹豫不决的情况。

### （二）选取求职目标时的注意事项

（1）准确定位，合理选择

在使用求职信息时，要事先对自己有全面的认识和正确的自我评价，无论个人的愿望如何美好，也要正视现实，不能追求虚荣、好高骛远；要准确定位、合理选择，认真分析求职信息，看是否适合自己，因为适合自己的才是最好的。

（2）发挥优势，学以致用

使用求职信息时，要尽量选择符合自己性格、气质，有利于发挥自身特长的单位和岗位，这样可以发挥优势，避免才能浪费。

（3）利用政策择业

使用求职信息时，要把个人意愿和国家需要结合起来，并认真分析国家相关就业政策和优惠措施，根据国家和社会需要做出职业选择，例如，积极响应国家号召去基层就业等。

（4）及时使用信息

求职信息有很强的时效性，及时使用是财富，过期不用等于没有信息。由于求职信息传播速度快、共享程度高，因此一个较好的就业机会总会吸引许多求职者，而录用指标是有限的，所以不及时使用求职信息往往会错失良机。

（5）避免从众心理

有相当多的毕业生没有明确的定位，缺乏主见，人云亦云。大学毕业生应避免从众心理，应该结合自己的实际情况，仔细分析用人单位是否适合自己，然后做出合理选择。

（6）及时决策

一些毕业生在面对很多就业机会时优柔寡断，拿不定主意，其结果只能是“竹篮打水一场空”，因此，在择业时要当机立断，该出手时就出手。当然，也不能急于求成，匆忙做决定，以免给自己造成损失。

## 四、预防求职陷阱

### （一）正确解读招聘广告

现在，越来越多的企业在报纸上刊登广告招聘员工。由于花费少、信息量大、见效快，因而招聘广告成为求职者寻找工作的主要途径之一。看招聘广告也有许多学问，求职者应注意以下几个问题。

1. 注意时效性

由于报纸发行量大、覆盖面广、广告效果好，因此通过报纸上的信息进行求职的人很多，竞争激烈。求职者应尽早阅读报纸，早做准备，早去应聘，以提高求职成功率。

2. 注重连续刊登的广告和数月后再次刊登的广告

在一定时间内，同一单位连续刊登相同内容的招聘广告就是连续刊登的广告。首次刊登后的 1～3 个月内，同一单位再次刊登相似类型的广告这一方式则是数月后再次刊登广告，这种广告有时在招聘人数要求方面会有轻微的变化。新创企业通常需要招聘大量人员且时间紧迫，因此通常采用连续刊登广告的方式进行招聘。例如，某外资汽车公司最近几天发布了近 10 次大型招聘广告，这可能是一个好机会。相比之下，后一种情况的招聘工作同样也很紧迫。这是因为之前的招聘计划没有达成预期，现在需要迅速填补缺口。因此，在招聘过程中，对应聘者的要求可能会有所降低，只要符合基本条件，就有成功的机会。

3. 注意判断企业规模大小

招聘广告虽以招聘为目的，但企业往往会利用大众媒介宣传自己。那些避免谈及企业历史、现状和未来发展的广告往往表明该企业规模较小，难以产生广泛而深远的影响。即使是合资企业，如果没有明确标注参与合资的双方企业的背景，仅称之为中外合资企业，也很可能是由普通中小企业合作构成的。小型企业往往只提供联系邮箱和手机号，这是常见的情况。

4. 注意突破硬件“防线”的内容

“四道防线”是招聘过程中被视为“硬条件”的因素，包括年龄、学历、职称和经历。求职者应该认真评估自己的情况，以确保符合要求。但如果在招聘广告中提到“具有 ×× 特殊情况可适当放宽”等字样，则可以充分发挥自己的优点，展现自身工作能力，给招聘者留下良好的印象，获得意料之外的收获。

5. 充分利用缓冲期

很多招聘广告都注明“见报三天后招聘”的字样。求职者可利用这段时间打电话或实地考察用人单位，了解其经营情况，做好准备，把握主动权，做到心中有数，以增加成功的机会。

## （二）识别招聘陷阱

时下不少企业为网罗人才或粉饰企业形象，纷纷在招聘广告上夸大其词，使求职者在不知不觉中落入陷阱。不少求职者往往进入企业后才悔悟。

1. 提供虚假职位信息

（1）以招聘之名非法敛财

就业指导专家点明，一些企业利用求职者渴望找到工作的心态，要求他们提前交保证金，但并未真正提供工作机会。等到求职者发现被骗后，已无法追回保证金。一些收费项目并不清晰明了，例如服装费、档案管理费、培训费等，其实这些成本应该由用人单位承担而不是求职者本人。还有一些招聘单位告诉求职者，只要通过后期的培训考核保证金就能够全数退还，但是求职者极少能够通过培训考核。即使求职者成功通过考核，这些单位也会设置严苛的工作环境和要求，以迫使求职者主动放弃。

很多非法职业介绍机构向求职者索取“服务费”“信息费”等费用，他们承诺提供大量招聘信息，保证能够为求职者提供合适的职位，但实际上这是在未被授权的情况下从事的违法行为。一旦支付费用获取信息，可能就会发现要么单位无需招聘，要么对应职位已招满，无法如愿以偿。直到事情发生后，求职者才清楚这是一场“早已敲定”的诈骗，只能“认命”承受损失。按照法律规定，用人单位不得向求职者收取任何费用，其中包括押金或保证金。因此，那些要求求职者先交纳各种押金的公司是违反相关规定的。那些规模很小、服务态度恶劣而仍然要收取服务费的中介机构，往往是非法机构，旨在骗取求职者的金钱。

（2）以招聘之名盗取个人信息

一些用人单位为了获取求职者的个人信息，采用虚假的招聘广告欺骗求职者，声称薪资待遇优厚，从而利用求职者急于找工作的心理，获取他们的身份证号或复印件、联系方式及银行账户等敏感信息，进行违法的活动。许多求职者在一段时间后才意识到他们已经遭受了不法分子对个人利益的侵害。

（3）以招聘之名储备人才

以招聘之名储备人才的做法并非小企业专属，大企业亦时有所用。为了确保稳定运营，防止因员工流失影响企业的正常运作，大型企业通常会设立人才储备库。在这样的情况下，一些大企业选择通过大规模招募来储备人才。他们会将优质求职者纳入人才储备库，并在该岗位有空缺时，从库中选出人选。

许多实力强劲、资金充足的公司，通常会租下整个招聘会场馆或大面积的报纸版面，招聘职位种类众多，涵盖前台到经理等数十种，这激发了求职者的热情和斗志。许多求职者十分认真地填写简历，经历了多轮严格的筛选，最终获得了认可。然而，他们被告知暂时无法入职，令他们感到极度失望。求职者应仔细审视此类陷阱，不要对结果抱有过高的期望。

（4）以招聘之名窃取劳动成果

小型广告或设计公司常常擅自利用招聘之名占取员工的劳动成果。由于缺乏足够的创意以及雇佣高水平员工的高昂代价，这些小公司计划通过招聘新人的方式来获取创意。

这些公司采用一套完善的招聘流程，包括笔试、复试和面试等多个环节，每个环节都有其独特的作用，整个流程规范严谨。通常情况下，很多求职者已经具备晋级到最后一轮考核的能力，但最终未能通过此环节。尽管面谈的进展非常顺利，工作时间、内容、薪资福利等方面都符合预期，但很遗憾的是，最终没有收到录用通知。这让许多求职者感到困惑，仔细回顾了整个求职过程后都无法找到失败的原因。如果求职者对招聘过程中可能出现的劳动成果被公司占用感到担忧，建议在应聘前与公司协商版权归属问题，避免自身权益受到损失。

（5）以招聘之名对内部施压

一些企业可能借助招聘之名在内部施加压力，通过在工作时间大规模招聘并显示竞争对手的存在，促使在职员工消除怨言、重拾工作热情，并继续保持高效的工作状态。

一些薪资少、劳动强度大的公司在招聘时存在怪异的现象，他们选择在上班时间在工厂门口或者午餐时间在食堂大厅门口招聘，并会一次性招收几十人。这样的场面十分壮观，但求职者往往得不到回应。与其他几种招聘陷阱相比，这种情况对求职者的影响较为轻微。但求职者在面对这种情况时仍然需要保持警觉并保证头脑清晰。

2. 通过招聘对求职者进行压榨

（1）粉饰职位信息骗取劳动力

有些公司的确需要人手支持，但是他们的职位名义上并不能吸引求职者的注意力。因而，招聘者只能投其所好地将职位描述得好听又体面。求职者遭遇这类问题的主要原因是受到虚荣心的影响。不要被职位描述所误导，应当通过深入了解其具体工作内容和细节来做出决策。这是面试时求职者需要遵循的基本规则。比如，有些岗位自称“行政经理”，其实只是做一些琐碎的工作；有些岗位被称作“市场总监”，其实只是负责拓展业务；还有些岗位名义上是“财务分析师”，但实际上却是从事保险销售等工作。当求职者兴冲冲地到岗报道时，才发现被骗了，离开该企业重新找工作时发现已经错失了最佳的求职时机。一些求职者被企业误导，进入公司发现被骗后感到无助，只能秉持“既来之，则安之”的态度，并努力自我说服改变观念，于是公司的目的就达到了，而求职者的前途和理想却被搁浅了。

（2）招聘时设下薪酬陷阱

用人单位在招聘时提出丰厚的薪资待遇，但在求职者开始工作后却无法兑现之前的承诺，让求职者感到被欺骗，这种现象就是薪酬陷阱。薪酬陷阱还可能是招聘期间用人单位对薪水的不确定性部分给出模糊承诺，但最终无法兑现或只能部分兑现。

针对这种情况，建议求职者先明确薪酬的范围，与用人单位商议支付方式，并尽可能减少薪酬中口头承诺的那部分薪酬。如果需要，可以在薪酬支付方式试行一个月后重新进行薪酬规划。此外，需要确保没有任何不清楚的地方。例如，试用期员工的薪资和福利待遇如何，试用期的持续时间是多久，如何计算加班时间的薪资等。了解清楚了，就能避免因为模糊不清而遭受损失。

**（三）识别真假职业介绍机构**

大学毕业生求职时应选择合法的职业介绍机构，这些机构必须具备合法资质、良好的信誉并按照规范运作。当一家职业介绍机构合法经营时，通常会在其营业场所的显著位置悬挂由劳动保障部门颁发的职业介绍许可证、工商管理部门颁发的经营许可证、税务部门核发的税务登记证和经物价部门核准的收费许可证。不正规的“黑职介”则做不到具备这四个证件。

合法的职业介绍机构只会按照物价部门核准并在收费许可证中明示的费用

进行收费，而“黑职介”则常常通过口头承诺的方式，没有明确的收费项目和金额，甚至不会开发票。他们常常采用热情招待和不断打电话等手段，承诺“高薪、工作轻松”，要求求职者缴纳几十甚至上百元的额外费用，例如档案费、工本费、培训费、报名费和押金等。

“黑职介”通常聚集在交通枢纽、港口、商业区、人口流动集中地和自发形成的劳动力市场周边。相较于正规的职业介绍机构，“黑职介”的规模更小，工作条件也较简单，只有基本的通信设备、简陋的桌椅及两三名工作人员、墙上或门前随意张贴的所谓招聘广告板。“黑职介”通过各种手段骗取劳务费用，求职者应该将“黑职介”和用人单位的名称和地址记录下来，并妥善保留相关的原始收据、发票等证据，将其作为未来投诉时的有力证据，保护自身合法权益不受侵犯。

## 五、求职信息的有效性控制

### （一）高校毕业生就业管理部门的有效性控制

高等院校毕业生就业管理机构需要采取两个方面的措施来维护就业信息的真实性和学校的声誉。其一，需要认真审核用人单位发布信息的真实性，并促使用人单位实现他们的承诺；其二，需要严格审核毕业生资料，以确保学校的声誉不受影响。未来，高校应该更加重视为毕业生提供就业指导，引导他们正确获取就业信息和签约，以保障毕业生的合法权益。

### （二）人才市场的有效性控制

人才市场应该更加重视审查和监督用人单位的招聘资格，建立保证金缴纳制度，以规范用人单位的行为。

### （三）信息网络的有效性控制

有关部门要建立全国毕业生供需信息网，不断增强对毕业生质量的持续跟踪，及时调查和了解当前社会需要什么样的人才。此外，还需要跟用人单位建立长期的合作关系，以扩大毕业生的就业渠道。需要积极构建用人单位的网络，维护好与现有用人单位的关系，同时，拓展新的用人单位资源。要让毕业生在找工作时能更好地了解用人单位的情况，包括公司概况、所需专业人才数量、联系方式等信息，以避免他们因盲目参加各种招聘活动而浪费时间和精力。除此之外，相关部门也需要向用人单位提供可靠的人才资源信息，包括毕业生的专业、数量和联系方式等信息。为确保毕业生和用人单位的合法权益，可以采用预警机制来监督双方是否如实提供相关信息。

在求职过程中，信息量很重要。掌握更多的信息，能帮助毕业生在众多求职者中脱颖而出，从而取得更多的机会和优势。因此，高校就业指导部门需要利用各种资源，收集涉及就业的各类信息，确保就业信息的真实可靠和更新及时，以协助大学毕业生顺利就业。

# 第五章　高校学生职业形象设计

本章为高校学生职业形象设计，主要讲述了职业形象理论基础认知、职业形象仪容视觉设计、职业形象仪表气质设计、职业形象仪态行为设计、职业形象语言沟通设计五方面的内容。

## 第一节　职业形象理论基础认知

随着社会的进步，现在不仅是明星，即使是普通的职场人士也开始更加注重自己的仪表形象。良好的形象可以增强人们的自信心，对于求职、工作、升迁和人际交往等方面，都有着非常重要的作用。在职场中，虽然一个人的工作能力很重要，但是随着社会变得越来越注重外表形象，职场人士的形象也逐渐成为了影响其职业前途的一个因素。在求职、工作、会议、商务谈判等重要场合，一个人的形象将会对其成功与否产生很大的影响，因此需要重视自身形象的打造。职场形象决定职场命运，成功的形象塑造是获得高职位的关键。①

职场中，个人是交往活动的主体，其良好的职业形象，对建立成功的公共关系会产生积极的影响，因此必须对职业形象加以重视，从点滴做起。

### 一、职业形象认知

#### （一）形象

从心理学的角度来看，所谓形象，是指人们通过使用视觉、听觉、触觉、味觉等感觉器官，从而在大脑中形成的某个事物的全貌和综合印象，简单来说，就是各种感觉的再现。重要的一点是，人们应该认识到形象并不是事物本身，而是个人对事物的感知。同一事物在不同人的感知中不是完全相同的，个人的意识和

① 赵亚琼，秦艳梅．职业形象与礼仪[M]. 北京：北京理工大学出版社有限责任公司，2018.

认知过程对事物的正确性有很大的影响。因为人的意识有主观能动性，所以在人们的头脑中形成的各种形象会对其行为产生各不相同的影响。

好的形象并不是靠名牌衣服就可以塑造的，人们应该更多地重视一些细节。过去，人们常常认为形象只涵盖了外表方面的一些元素，例如发型和衣着等。但实际上，现代意义下的形象还包括了三个方面：仪容（外貌）、仪表（服饰和职业气质）、仪态（言行和举止）。在这三个方面中，形象与个人的职业和地位的匹配尤为重要。一个人的良好形象不仅仅取决于外表的美丑，还需要注意自身其他的形象元素，例如自身的发型、穿着、气质、言谈举止等需要符合职业、场合、地位及性格等方面的要求。

### （二）职业形象

在职场中展现出来的形象被称为职业形象，它由外在形象、品德修养、沟通能力和知识结构等构成。假若职业形象是一座大厦，那外在形象就可以看作是大厦外观上的马赛克砖，大厦的地基是知识结构，品德修养相当于大厦的支撑结构，良好的沟通能力则是连接大厦内部以及大厦与外界的桥梁。

职业形象必须紧密贴合个人职业，尤其需要展现在该领域具备的专业素养，这是最为重要的。如果形象不够专业，人们会认为这个人不太适合从事他的职业。若想事业顺利发展，需要先展现出成功人士的形象。如果说形象是生命，那么职业形象设计就是职业生涯设计，职业形象设计就是人生命运设计，这一项系统工程，是对从业者的思想、行为和外表的系统设计。市场经济是“形象经济”，形象力是对公众的凝聚力、吸引力、感召力和竞争力。

现代人物职业形象设计是以企业团体的概念、宗旨为主题，从视觉上达到职业人物与企业团体的和谐统一，然后，再根据这个主题设计出职业人员的面部表情及语言、肢体语言及行为方式，通过教育和培训规范职业人员的职业行为。现代人物职业形象设计是一个集服装、化妆、美工设计、企业管理、教育培训、社会学、心理学、咨询策划等为一体的综合边缘学科与服务。

## 二、职业形象塑造的意义

在人与人之间的交往中，打造良好的职业形象至关重要。

**（一）得体地塑造和维护职业形象，会给初次见面的人以良好的第一印象**

塑造职业形象非常重要，因为职业形象能够影响个人给其他人的第一印象。第一印象对于人们的判断有着不可忽视的影响，它往往左右着对交往对象的评价，很大程度上决定着交往中关系的好坏，或者对交往对象的接受与否，从而使人们在心理上产生一定的心理定式。第一印象形成之后，往往就很难再被改变。如果给人留下一个好的第一印象，那么可能会获得积极、肯定、正向的态度。如果第一印象糟糕，也会产生反向的影响。第一印象在人们的社会交往中起着非常大的作用。心理学家研究发现，当进入一个陌生的环境时，人们会立刻通过直觉进行一系列的评价：社会背景、家庭背景如何，经济条件、可信度怎么样，成功的可能性有多大，所受教育的程度，艺术修养、个人品位如何，从事怎样的职业，年龄、健康状况怎样，等等。英国形象设计师罗伯特·庞德（Loomis Pound）有这样一句话："这是一个两分钟的世界，只有一分钟展示给人们你是谁，另一分钟让他们喜欢你。"①

**（二）职业形象不是个人性的，它承担着一个企业的形象**

职业形象，既代表着个人形象，更代表着企业形象，展示着企业的精神风貌和企业文化，在一定意义上、一定环境下还代表着国家的形象。员工职业形象是员工思想、价值观、品位、经济能力的缩影，员工形象同时折射出企业风貌、企业文化、品牌形象。顾客从员工身上看到该企业的人员选拔标准、服务水平、经营管理水平。比如，汽车购买顾问在展厅里接待顾客，他的一言一行都影响着顾客的购买体验，他的一言一行都在传递着品牌信息，是愉悦的还是令人不快的，是专业的还是不专业的，是满意的还是不满意的，影响着顾客是否最终购买该品牌的汽车。在商务谈判中，员工的职业形象影响顾客对企业的认知，如企业是否实力雄厚、是否诚信，影响一个企业是否能准确把握商业机会。

**（三）职业形象是沟通工具**

形象是通过非语言的方式与外界进行沟通的有效方式。俗话说："人靠衣服马靠鞍"，由此可见形象的重要性。一个人的形象直接影响着他的未来。如果将形象作为一种有效的与外界沟通的工具，塑造和维护个人形象就像是一种投资，需要长期、持续不断地付出，最终才能有巨大的收获。没有什么比一个人还没有机

---

① 邵宇翎，施琳霞．商务礼仪[M]．杭州：浙江工商大学出版社，2018：10.

会展示内在的本领就被拒之门外的损失更大了。

职业形象需要根据不同的交际对象进行微调，因此并非是一成不变的。当与需要创意和灵感的行业从业者如大众传媒、广告和设计从业者等交往时，适宜展示个性化、时尚的形象；而在与金融、保险、法律以及讲究传统穿着的日系公司等行业从业者接触时，最好保持简洁稳重的外表。

### （四）职业形象在很大程度上影响着个人在企业的发展

很明显，个人在企业中的成功或失败很大程度上受其职业形象的影响。职业形象良好，得到的升职机会就多。没有足够重视职业形象与修养的人，很难深刻感受到职业形象所带来的机遇价值。

在职业生涯中，必须遵守一些基本准则来建立良好的职业形象，其中最重要的是尊重区域文化。由于来自不同文化背景的企业对个人的职业形象有独特的要求，因此不应该以自我为中心，无视文化差异，并且必须要尊重文化习俗，否则这种行为只会给自己带来不利影响。另外，各行各业、不同类型的公司都存在一定的固有倾向，如果个人的职业形象符合主流趋势，就更能促进自己的职业发展。

## 三、职业形象的构成要素

职业形象是职场人员在工作岗位上给他人留下的印象以及获得的评价，它主要通过仪表、服饰、言谈、举止等直观感觉展现出来，是一种值得开发、利用的个人潜能。职业形象的构成要素包括外在形象、品德修养、沟通能力和知识结构。

### （一）外在形象

外在形象主要包括仪容、仪表和仪态等。外在形象是人际交往时产生良好第一印象的重要因素之一。心理学家的研究表明，人与人之间的沟通所产生的影响力和信任度是这样分配的：55％来自外表形象（包括服装、面貌、形体等），38％是如何表现自我（包括语气、语调、手势、站姿、坐姿、动作等），只有7％才是所讲的真正内容，由此可见外表形象的重要性。

作为职业形象的首要展示，着装常常引起人们的关注。在当代社会，着装不仅仅有遮蔽身体和保暖的作用，同时也是一种艺术、文化以及无声的交流方式。着装可以反映一个人的社会地位、身份、职业和收入水平，同时也反映他的兴趣爱好、个性、精神状态、文化素养和审美观。尽管每个人对服装的美感有着各自不同的见解，认可不同的审美标准和价值评判，但美也有普遍的标准。因此，除了个人喜好，着装也需要遵循社会的审美规范和基本原则，这样才能为社会所接受和认可。

除此之外，端庄的仪容、恰当自然的修饰以及得体的行为举止也是不可或缺的。端庄的仪容可以增加信任感，恰当自然的修饰给人以赏心悦目的心理感受，而正确的站姿、优美的坐姿、雅致的步姿、恰当的手势、真诚的表情是一种无声的语言，能够反映出一个人的气质风度和道德修养。

### （二）品德修养

品德修养是良好的职业形象与职业素养的基本构架，是每个人立足社会不可缺少的无形资本，是成就事业的杠杆。品德修养的内容主要有以下三点。

首先是真诚守信。在现代社会交往中，要赢得对方的信任，增强彼此之间的关系，必须做到真诚守信。在中国传统文化中，有一句名言：精诚所至，金石为开。如果一个人能够表现出真正的诚意，那么他就更有可能获得他人的信任与认同，并被人接受他的思想、观点、愿望和要求。这样一来，双方之间就很容易建立起互相信任的良好关系。守信是指在与他人的交往中遵守诺言，言出必行。对于自己答应过的事，应尽全力履行承诺。若无法完成对方的要求或者当下遇到困难不能办成对方要求的事，必须措辞得当，不能信口开河地乱许诺，以致失信于人。

其次是理解、宽容。它要求多容忍、体谅、理解他人。宽容是一种美德，是个人修养的体现。哈佛商学院作为全球最权威的商业院，其中有一门必修课程专门探讨非智力因素对人成功的影响。在众多研究因素中，宽容的价值被高度重视，被认为是成功必不可少的素质。

最后是自觉。在社会交往中，必须自觉自愿遵守礼仪，用礼仪去规范自己在交际活动中的行为举止。否则，会受到别人的指责。进一步说，自觉遵守礼仪，也就是要学会自我控制、自我要求、自我约束、自我对照、自我反省、自我检点，自律是礼仪的出发点。如在公共场合注意公共卫生，不随地吐痰、乱扔废物，注意公共秩序，自觉排队，注意公共环境，不大声喧哗，等等。

### （三）沟通能力

沟通是意义转换的过程，沟通能力是指收集和发送信息的能力，主要是通过书写、口头与肢体语言的媒介，有效与明确地向他人表达自己的想法、感受与态度，同时也能较快地、正确地解读他人的信息，从而了解他人的想法、感受与态度。沟通技能涉及许多方面，如积极倾听、简化运用语言、重视反馈、控制情绪等。

良好的沟通能力也是人际交往时产生良好第一印象的重要因素之一，缺乏沟通技能会使人们在交往时遇到许多麻烦和障碍。良好的沟通能力以积极的倾听为基础，而倾听的最高层次是设身处地地倾听，它的出发点是为了了解，即通过言谈明了一个人的观点、感受与内心世界。了解式倾听，不仅要耳到，还要眼到心到，既要用眼睛去观察，也要用心灵去体会。另外表达也要讲究技巧。在人际交往中了解别人固然很重要，但是表达自己也是沟通中不可缺少的，在表达自己时应该遵循“品格第一、情感第二、理性第三”这三个层次进行。

#### （四）知识结构

一个人接受专业学习和培训后获得的知识体系的构成情况与结合方式就是知识结构。在构建职业形象的大厦上，需要有一个坚实的知识结构作为基础，这样才能确保大厦更加牢固，不会轻易倒塌。现代社会的职业要求人才具备合理的知识结构，能够根据当今社会的发展趋势和工作需求，巧妙地将所学的各种知识组合起来，以满足不断变化的职业要求。

## 第二节　职业形象仪容视觉设计

仪容能够传达出最直接、最生动的第一信息，反映着个人的精神面貌，能给人留下直接而敏感的第一印象。在职场中，人们常常会通过员工的精神面貌来判断员工的敬业状态和企业发展的生机。塑造职场形象不能随心所欲，不符合礼仪规范的装扮无法赢得人的好感，甚至适得其反。因此，走进职场，应更加注重修饰自己的仪容，充分展现整洁端庄、清新淡雅、成熟干练的职业形象，为个人和企业赢得尊重。

### 一、职场仪容整洁端庄

仪容，指人的容貌，由发型、面容以及人体所有未被服饰遮掩的肌肤构成。就个人的整体形象而言，它反映着一个人的精神面貌、朝气和活力，是传达给接触对象感官最直接、最生动的第一信息，是整个形象的一个至关重要的环节。

容貌是天生的，天生丽质也好，相貌平平也好，随着岁月的流逝，任何人都难以青春永驻，所以，在天生的容貌基础上，要提倡进行科学的保养、积极的美容。长期的养护、适当的美化可以使人的容貌产生积极的变化。

首先，保持良好的心态与充足的睡眠，有助于人体正常的新陈代谢，使头发、肌肤富有光泽。所谓“笑一笑，十年少；愁一愁，白了头”，要注意保持心情愉悦。

其次，注意科学合理的饮食和活动，适当参加户外活动，促进表皮细胞的新陈代谢，有助于体内有害物质的排泄，也有益于皮肤健康。多饮水，多吃水果、蔬菜等美容佳品，不酗酒，不抽烟，都有益于美容。

最后，仪容修饰不仅要根据职场岗位的要求修饰得规范有礼，同时还要注意卫生、配饰等细节。

### （一）职场仪容的基本要求

整洁端庄是职场仪容的基本要求。在职场交往中，仪容的整洁端庄所表现出的人格魅力，远比衣着时髦与华贵更强大。职场中每个人都应该养成良好的修饰习惯，保持身体无异味，维护仪容的每一处细节，做到卫生规范、修饰得当。

仪容修饰的基本要素是貌美、发美、肌肤美，主要要求整洁干净。好的仪容总是五官和谐并且表情丰富，能够给人留下印象深刻的感觉。通过调整发型和护理发质，让自己更加精神焕发；肌肤的健康与活力让人感到充满生机，给人留下健康、自然的深刻印象。

正确地掌握仪容礼仪可以给人留下良好的第一印象，增加亲和力，有利于交往关系的深入发展。仪容礼仪的规则主要包括三个方面：仪容的干净、整洁和修饰避人。

1. 干净

职场人员最重要的仪容礼仪原则是保持干净，这包括身体不会有异味，面部清洁没有异物等。为了保持干净，需要注意以下几点。

（1）面部干净

职场人员在上岗之前应及时清洁面部。尤其是导游从业人员，大部分时间在户外工作，应保持面部清洁，并随时使用面巾纸等工具擦拭油脂，使面部无泪痕、汗迹和灰尘等。同时，还需留意及时清除眼角、鼻孔、耳朵、口角等区域的微小残留物。戴眼镜者还应注意，眼镜片上的多余物也要及时擦除。

（2）头发柔顺

人体的头发是非常重要的，因为交往对象最先注意到的就是头发。因此，职场人士的头发必须要保持清洁无头屑、不黏结、没有异味，并且要保持柔顺整洁。

（3）身体清爽

职场人士需要注意身体清洁，去除身上的烟、酒、汗等异味，尤其是在参加重要的社交活动前，更要洗澡保证身体清爽。经常保持清洁，勤换衣服，不仅能提升人的精神状态和信心，还能给人留下良好的印象，让自己更加自信和有魅力。

有些人喜欢使用过多的香水，这是不恰当的，也是不礼貌的。

（4）手部清洁

手在职场交往中占有很重要的位置，常被称作人的“第二张面孔”。做手势、握手、递物、伏案执笔时，自己的手常被人看到或触到，如果伸出的手不洁净，就会给人留下不好的印象。手的清洁反映一个人的修养与卫生习惯，与一个人的整体形象密切相关，因此，要随时洗手，保持手部的洁净。手指甲要每天一检查，三天一修剪，应保持指甲无污垢，不涂抹过分鲜艳的指甲油。

此外，在职场中还要避免咬指甲、搔头皮、掏耳朵、挖鼻孔、用指甲剔牙等不卫生的手部动作。

（5）口腔清新

坚持每日早晚刷牙，清除口腔异味，保持口腔清洁卫生，是讲究礼仪的先决条件。常规的牙齿保洁应做到“三个三”，即三餐后要刷牙，每次刷牙的时间不少于三分钟，要在饭后三分钟内刷牙。切勿以漱口或嚼口香糖等无效方法代替刷牙。平时要多吃蔬菜、水果，有利于口腔健康。避免吃一些带有刺激性气味的食物，如葱、蒜、韭菜等。口臭患者在与人交谈时要保持一定距离，切不可唾沫四溅。

2. 整洁

职场人员应该保持整洁的仪容，不能邋遢，因此需要做到以下几点。

（1）发型整洁

在职场中，头发要干净。在正式场合中，较长的头发可以选择整齐地盘起，做到仪表整洁规矩。

（2）须无杂乱

在职场中，保持面部整洁非常重要，不能蓄须，不然可能会给人留下不受重视的印象。当然，如果有特殊的宗教信仰，可以例外。每天刮掉胡子不仅可以彰显出对他人的尊重，也能使自身保持清爽自信。

（3）毛发整齐

职场人员应保持毛发整洁有序，若出现鼻毛、腿毛或汗毛过长等情况，应及时进行修剪和掩盖，避免显得不整洁。

3. 修饰避人

为了确保给服务对象留下良好的印象，职场人员应在上岗前整理并修饰自己的仪容。然而，在公共场合不可以进行补妆、整理衣裤、搔弄头发以及清理鼻孔分泌物等行为。这些活动只能在卫生间等私密场所进行，以免别人看到。

### （二）职场仪容的皮肤养护

除了具备干练的外表，职场人员也需要保持皮肤的青春活力，因此需要时刻关注皮肤护理。护肤是仪容的关键，尤其是面部皮肤需要经常护理和保养。皮肤保养是实现仪容美的首要前提。正常健康的皮肤具有光泽，柔软、细腻、洁净且富有弹性；而当人处于病态或状态不能的时候，其皮肤就会失去光泽和弹性，或是出现细纹和色斑。对皮肤进行经常性的护理和保养可以帮助皮肤保持年轻和健康。化妆之前，必须先注意皮肤护理。要确保成功地进行皮肤保养，了解个人肤质、使用适宜的保养品以及采取正确的保养技巧都是极为必要的。

## 二、职业妆容清新淡雅

职场妆容也称职业妆容，简称职业妆。清新淡雅是职业妆的基本要求，它既能美化仪容形象，也可以增强自信，同时还是对他人尊重的表现，职业妆的修饰，除了要学会使用各种化妆品，遵循一定的化妆步骤，还要遵循基本的化妆礼仪，掌握一定的化妆技巧。

### （一）职业妆前的自我认识

个人要让别人觉得美，全身的整体比例很重要，因为只有符合比例的才是和谐的，只有和谐的才是美的。

1. “黄金分割”

美学上个人的形式比例关系，是著名的“黄金分割”，即将一条线段一分为二，其较短一段与较长一段之比等于较长一段与全线段之比。按照此种比例关系组织的任何对象，都表现了变化的统一，内部关系的和谐。因此，许多哲学家与美学家认为，无论在艺术界还是自然界中，黄金分割都是形式美中较为理想的比例关系。对于人类而言，通常人的脸形是接近黄金矩形的，女性的椭圆形脸之所以被多数人视为理想的脸形，就是因为其长宽之比近似于黄金矩形。然而生活中人们并不都是这样的脸形，于是可以从美的比例出发，利用发型和化妆弥补脸形的比例不足，使整个头部形象形成一种新的比例关系。

2．“三庭五眼”

除了脸形的长宽之比以外，“三庭五眼”也是对人的面部长宽比例进行测量的一种简单方法。五官端正就是指符合“三庭五眼”的比例要求。

“三庭”是指上庭、中庭和下庭。①上庭：从额头发际线到两眉头连线之间的距离；②中庭：从两眉头连线到鼻头底端之间的距离；③下庭：从鼻头底端到下颏（下巴尖）的距离。三者理想的比例是：上庭：中庭：下庭=1：1：1，即三者长度相等。

“五眼”是指：①左太阳穴处发际至左眼尾的长度；②左眼长度；③左眼内眼角至右眼内眼角的长度；④右眼长度；⑤右眼眼尾至右太阳穴处发际的长度。理想的比例是这五者长度相等，即从左太阳穴发际到右太阳穴发际之间的横向连线长度正好相当于一只眼睛长度的五倍，并且均匀分布。

“三庭五眼”是人的脸长与脸宽及面部器官布局的标准比例，如不符合这个比例，在化妆时就可以运用一定的技巧进行调整和弥补。通过自我形象分析，便可以了解自己容貌上的优点与不足。虽然人的相貌在很大程度上依赖于遗传，但是后天的努力、科学的保养及恰到好处的修饰有着举足轻重的作用。

### （二）清新淡雅的原则

职业形象展现的是专业规范、端庄稳重，因此，职业妆就要做到淡雅自然、扬长避短、和谐统一、简洁明快。自然是化妆的生命，它能使化妆后的脸看起来真实而生动，不是一张呆板生硬的面具。如果化妆过度，就会失去自然的效果，让人感觉不真实。想要自然的妆容，需要掌握正确的化妆技巧和使用适合自己的化妆品，并且要严格把握每一个步骤，做到过渡自然、层次分明，同时要注意点面到位，让妆容浓淡适宜、精致入微。换句话说，化妆要达到让人看起来自然无痕的效果。如果在化妆时不注重方法和技巧，随意涂抹，草率处理，很容易导致妆容虚假不真实。

### （三）修饰美化的原则

化妆的目的都是为了使人更美丽，然而，有些人错误地认为脸部各个相应部位涂上各种颜色便会自然美丽。因此，修饰美化的准则是基于实际效果考虑的。要想成功地通过化妆让自己变美，先要深刻掌握自己脸部每个部位的特点和优劣之处。然后，要学会用正确的化妆技巧和修饰方法突出自己的优点，弱化缺点，从而打造更迷人的外貌。在正确地把握面部个性特征和良好审美观的情况下，才能达到以上目的。

### （四）整体协调的原则

整体协调原则即要求妆容风格要符合妆面协调、全身协调、身份协调和场合协调。妆面协调要求化妆的部位颜色搭配和浓淡程度要协调，同时考虑脸部个性特点，以达到整体的和谐效果。全身协调则指注意脸部妆容与发型、服装、饰物等方面的协调。身份协调是指在职场中化妆时考虑到自己的职业特点和身份，采用适合自己职业形象的化妆手法和化妆品。作为职场人员，需要注意妆容的选择以突显端庄稳重的气质。特别是对于那些从事公共关系建立和协调工作的人来说，他们会接触到很多不同身份地位的人，因此需要注意表现出一定的人际吸引魅力。同时，妆容也应该浓淡适度，不应过于浓艳或单调。在搭配妆容时，需要考虑与所在场合的氛围相符合，这就是场合协调。例如，如果是日常办公需要化妆，则妆容可以选择淡妆为宜。在宴会、舞会等场合，可以适量加强妆容，尤其是在舞会上，可以让妆容更加华丽夺目。在追悼会上，应穿朴素服装，化淡妆，并避免使用鲜艳的红色化妆品。

## 三、职业妆容的修饰技巧

靳羽西说："世界上没有难看的女人，只有不懂如何让自己打扮得体的人。"[①] 世界上没有人是十全十美的"标准"人。假如时时都在懊悔自己的脸形或者五官不标准，则大可不必，因为即使自己存在不符合标准的部分，同样可以用化妆的技巧来改善，并利用自己不符合标准的部分，使自己具有个性美。扬长避短、遮掩缺陷是非常重要的技巧。下面介绍几种常见的脸型应如何化妆。

① 赵亚琼，秦艳梅．职业形象与礼仪[M]．北京：北京理工大学出版社有限责任公司，2018：69.

## （一）脸型

1．圆脸

圆脸通常不够立体，因此需要在化妆时更加强调面部轮廓的立体感。可以用颜色稍微深一些的粉底来覆盖面部两侧，而在额头、鼻梁和下巴处，可以使用较明亮的颜色来涂抹。用手指在鼻子侧面朝向眉毛方向轻轻地揉擦，可以使鼻子看起来更高挺，同时可以用眉笔画上向上挑起的圆弧形眉毛。可以用深色眼影，便于凸显面部轮廓，而浅亮色眼影不太适合圆脸使用。

2．方脸

方脸棱角分明，化妆底色不宜太浅，色彩沉着的底色加上红褐色的腮红，会使方脸有结实感。眉形可以是略粗的带角度的弧形，又细又弯的眉会与方脸的轮廓形成较明显的对比。眼影与唇影的颜色可以鲜明一些，用强调五官来减弱方脸轮廓。

3．长脸

长脸给人的感觉缺乏生气，可以用自然色粉底化妆。将淡红色的胭脂沿着颧骨中心指向耳朵的方向涂抹，呈现出扇形的形状。在下巴和额头也可以轻涂一些暖色系阴影。将眉毛修剪成与脸部形状相呼应的柔和曲线。综合来看，要想改善长脸，需要在化妆时运用横向线条和色彩的设计，以营造视觉误差的效果。

4．小脸

小脸给人感觉比较可爱，化妆用浅色粉底可使脸部面积显得宽阔。腮红可选用浅桃红色、淡红色。眉毛、眼睛、嘴唇的颜色可适当明亮，线条的描画要清晰，使修饰过的五官显得眉清目秀。

5．大脸

大脸缺乏灵气，显得呆板。化妆可选用比原来肤色偏深一些的粉底作为底色，因深色比浅色有收缩感。面部的两侧可以涂一些能与底色衔接的阴影色。额头、鼻梁、下巴涂上明亮色，但也需要与底色自然衔接。这样，首先形成脸部大的起伏，再用鼻侧影使脸部唯一的纵长结构更具立体感，鼻侧影的颜色比肤色略深，并应和眼影色融合。眼睛应作重点刻画，加上眉毛与嘴唇的衬托，使五官明艳清晰，以此来减弱脸庞轮廓线的印象。

## （二）职业发型成熟干练

通常情况下，人们观察一个人是从“头”开始的，头发经常会给他人留下十分深刻的印象。成熟干练的发型能够给职场人塑造出容光焕发、精明强干、爱岗敬业的职业形象。

职业发型除了要满足上文要求的整洁清爽、及时修剪、梳理整齐的礼仪规范，还要从发型的设计上与脸型、体型、职业等因素相适应，以体现和谐的整体美。

1. 发型风格适宜

职业发型应以精神、美观、简洁、大方为原则，风格要与职业特点、职业场合和岗位规范相适宜。尤其是从事政务、商务、服务工作的人员，男士不能留大背头、长鬓角、小辫子，也尽量不要剃光头；女士不能长发披散凌乱，遮盖脸面，也不能梳理成个性怪异的发型。

2. 头发长短适度

成熟干练的男士发型要求前发不覆额，侧发不掩耳，后发不触领。服务场合女士的长发要尽量盘起，发髻高度基本以耳朵上缘的延长线为准，不宜过高、过低或歪扭不正。要求前发不遮眉，侧发不掩耳，后发不过肩。

3. 头发颜色稳重

职场人员头发的颜色要稳重自然，不能一味追求时髦、靓丽而将头发染成深色系以外的颜色。

4. 发饰佩戴大方

女士发饰佩戴一定要简洁大方，不能佩戴过于夸张、活泼、鲜艳、幼稚的发饰。若工作岗位有具体要求，应按照岗位规定佩戴统一的发饰。

## 第三节　职业形象仪表气质设计

仪表就是指人的外表，仪表不仅可以体现出个人的文化修养，也可以反映出个人的审美情趣。现代职场，无论是事业单位还是企业单位，只要有严格的现代管理体制和形象品牌意识，大都会对员工的着装有着具体的要求，因为员工的形象代表企业的形象，也能够展示企业的管理文化和企业的专业实力。步入职场，形象不仅是个体的问题，而且是整体组织的问题，所以，就不能按照个人喜好着装，而要懂得着装礼仪。通过得体规范的着装，塑造出靓丽的职业风采，展现良好的职业素养。

## 一、职场着装得体规范

古人云："冠者，礼之始也"（《礼记·冠义》）。可见古人对穿衣是很重视的。古人认为，衣着是内心世界的展现，穿戴要与内心的品行相称，君子的服装不求华美，但求整洁。到了现代社会，穿衣打扮更是现代审美观中必不可少的一部分，特别是职场人员，更应努力将自己外在的形象塑造得充满朝气、富有健康活力，从而反映出自身的内在美。

着装得体是一门艺术。首先，它讲究着装的协调，即一个人的着装要与他的年龄、体型、职业相吻合，表现出一种和谐，这种和谐能给人以美感。其次，它讲究色彩的搭配，色彩可以分为暖色（红、橙、黄等）、冷色（蓝、青等）、中间色（紫、绿等）、无色彩（白、黑、灰等），在着装时应该注重色彩的搭配，以求和谐。最后，它讲究着装要和所在的场合搭配，即在喜庆、庄重、悲伤等场合应遵循不同的规范与风俗选择不同的服装。

### （一）服装的类别

在不同的社交场合中，衣着的规范有所不同。例如，参加重要的社交场合如宴会、晚会等需要穿着正式的服装，而在野外旅游、运动或者在家休息时，所穿着的服装则与之大不相同。要保持得体的着装，就应该掌握一定的场合礼仪和着装知识，了解何时适合穿何种服装，以确保穿着得当。服装可分为四大类，即正装、礼服、便装和补正装。

1．正装

所谓正装，就是在工作场合或正式场合穿的正规服装，它既不同于礼服那么考究华贵，也不像便装那么随意休闲。一般男士正装多为西装、中山装、制服，女士正装多为套裙、套裤。很多企业为了显示良好的组织形象统一发放了职业服装，即工装，也是正装的重要组成部分。另外，唐装代表了中国文化特色，我国很多正式的文化交流场合也常穿唐装。

2．礼服

礼服是在庄重的场合或举行仪式时穿得庄重而且正式的服装，如晚礼服、小礼服等。女士礼服以裙装为基本款式。

礼服通常可分为晚礼服、小礼服、裙套装礼服和婚礼礼服。晚礼服是一种西方社交场合必备的服装，适合穿着在夜间正式的聚会、典礼和仪式上；小礼服适合在白天和夜晚的鸡尾酒会、正式聚会、仪式、典礼上穿着；在职场上，女性出席庆典和仪式通常会选择穿着裙套装礼服；婚礼礼服是特别准备用于婚礼场合的服饰。

3. 便装

便装是指日常生活穿的、适用范围广泛的服装，能够根据不同的使用场合和环境进行分类和选择。与礼服相比，街市服更加随意。无论是去商场购物、看电影、演出，还是与朋友见面，都可以穿着街市服。街市服受流行趋势的影响很大，在时装组成中占据重要地位。每个人都有不同的兴趣和条件，可以选择适合自己的各种街市服装，但在穿着时需注意是否适合前往的环境和氛围。可以选择毛料、丝绸或人造纤维等材料的服饰，根据不同季节需要随时进行更换。在准备旅游和运动服时，需要根据具体情况作出选择，但最关键的是选择舒适、实用和便于活动的衣物。居家服和睡衣等家庭装是适合家庭氛围的装扮，因为在家里不仅需要完成家务，还需要休息放松。因此，家庭装应该是随意、舒适、轻松和活泼的风格。但不适合穿着这些服装招待客人。

4. 补正装

补正装是一种贴身衣物，它不仅能够保暖、吸收汗水和防止污垢残留，还可以作为外衣的有力支持，让外穿的服装更加得体。此外，补正装还能保持身体的清洁卫生。补正装是一系列由胸衣、围腰、衬裙、马甲等组成的装备，主要用于调整和保护身形，以达到让外衣更加完美的效果。这样的衣物最好采用具备良好的弹性和伸缩性的面料。法国服装设计大师费里（Gianfranco Ferre）由于身材壮实、背部厚实并呈圆弧状，因此他经常需要穿着小马甲背心来增加上衣的结构。紧身背心则能够遮盖住不平整的衬衫，帮助上衣保持整洁。即使是一件看似平凡的马甲背心，也有许多需要注意的细节。在当今社会，必须更注重补正装的效果。

## （二）职场着装的礼仪原则

职场着装要展现出职业感、专业感、品位感、时代感，因此，职场着装要遵循一定的礼仪原则。

1. TPO 原则

TPO 是英文 time（时间）、place（地点）与 occasion（场合）这三个单词的第一个字母的组合。TPO 原则要求职场人员着装时要首先考虑以下三个方面的因素，体现对他人的尊重。

（1）时间

时间的含义有三层：一是指每日的早上、日间和晚上三段时间，相应的服装也分为晨装、日装和晚装；二是要考虑时令，即春、夏、秋、冬四个季节的变化对着装的影响，比如夏季的正装就应以简洁、利落为前提，而冬季的正装就应以厚实、保暖为原则；三是要注意时代间的差异，即正装也要顺应时代的潮流，既不要泥古不化，也不要刻意时尚超前。

（2）地点

这里的地点是指工作地点、活动场所等，不同的地点需要与之相协调的不同服装，上班地点应穿职业装、工装，公务活动场所应穿更加正式庄重的服装。如果女教师着无领无袖的服装上台讲课未免有失庄重；饭店宾馆的服务员打扮得花枝招展去上班就会喧宾夺主。

（3）场合

着装还要考虑出席的场合，如开会、签约、迎接、宴会等。场合不同，着装的要求也就不同。比如应聘时，穿素雅一些的服装可显得稳重；庆典场合穿着就要隆重高雅；庄重严肃的场合，着装就要更加正规、内敛。

TPO 原则是人们约定俗成的着装惯例，具有深厚的社会基础和人文意义，是职场形象礼仪体现尊重的基本要求。服装所蕴含的信息内容必须与特定的时间、地点、场合相吻合。如果仪表着装没有给予交往对象足够的尊重，就会引起对方的疑惑和反感，必然影响自身和组织的美誉度。

2. 和谐规范原则

职场着装不仅要适合个人的基本因素，还要与从事的职业身份相和谐。

（1）服装与个人因素相适应

①服装应符合年龄。俗话说，“爱美之心，人皆有之”，无论年龄大小，人们对美都可以有自己的追求。但是，不同年龄的人有不同的形象要求。作为年轻人，正是展示自我的年龄，所以穿着可适当选择靓丽时尚、突出个性的款式，例如合体的裙装会显得有朝气，有活力；中年人可以选择稳重简洁的款式。一套黑色的中山装，穿在中老年人身上会显得端庄大方，而穿在年轻人身上则不免会显得老气和过于压抑。

②服装可展现性格。性格外向的人，在服装的选择上可加入多元素的风格来展示自我。性格内向的人，则可能会在服装的款式、颜色和花纹上保持中规中矩的风格。

③服装穿着要合体。服装要想穿得漂亮，就必须适合个人的体形。服装与体型的关系，最要紧的是大小合身、长短相宜。就高瘦身材的人而言，上装不宜太短，下装也不宜太短。上装短，在视觉上就会使上下身的比例失调；下装短，在感觉上会使上下身的重量失去平衡。

身材偏胖的人，衣服的肩部不能宽大，领口要低。体型比较“单薄”的人，应该选用一些质地挺括的衣服。太矮的人，不宜穿过长的衣服。

（2）服装与职业身份相和谐

职场着装在某种程度上要体现职业特点，如果每个员工都“乱穿衣”成“穿错衣”，那么将会给他人传递错误的身份信息，因此职场着装要尊重职业，尊重工作要求。例如销售人员在工作期间应穿职业套装，有一项研究表明，身着便装与身着制服的销售员产生的营销业绩大相径庭。医院的医生、护士则不能穿着鲜艳，打扮得花枝招展，这样会严重影响病人及家属的心情，不利于病人的治疗与休养。很多企业会统一发放与职业环境相匹配的工装，以体现企业的整体形象，那么员工就要严格按照企业要求统一着装。

（3）服装与色彩搭配相协调

服装的色彩非常重要，因为它是我们对服装感官的第一印象。恰当的服装色彩搭配可以使人展现端庄优雅、风度翩翩的形象。如果搭配不得当，就会让人看起来很不协调、缺乏品位。人们可以通过搭配不同的单色来形成不同的配色方案，这些方案可以遵循一定的规律，这就是配色。配色的美在于通过不同的颜色组合让人感到愉悦，视觉和心理上都感到满足。若要巧妙地利用服装色彩搭配，得体地修饰仪表，掌握服装的颜色搭配技巧就显得十分关键。

①运用主色、辅助色和点缀色来搭配。主色通常是一个人穿着的衣物中占据面积最大的颜色，超过了整体面积的 60 %，通常是穿着套装、风衣、大衣等衣物的颜色。辅助色是与主色调相配合的颜色，其所占整个服装面积大约为 40 % 左右。单独的上衣、外套、衬衫等通常选用辅助色。一般情况下，点缀色只占据整体装扮的 5 % 到 15 % 的面积，这些点缀色主要体现在丝巾、鞋子、手袋、饰品等方面，能够为整体装扮增添亮点。

②自然色系搭配法。这种搭配技巧又被称作同类色相配。它指的是将不同的深度、明暗度的同一种颜色进行配搭，例如青色和天蓝色、绿色和浅绿色、咖啡色和米色、深红色和浅红色等。这种搭配方式可以打造出柔和、文雅的服装效果。

色调一般包括暖色系和冷色系两大类。暖色系包括黄色、橙色、橘红色和所有以黄色为基调的颜色。通常情况下，暖色调让人感到华丽、成熟、充满生气，如果想要搭配彩色，可以选择驼色、棕色、咖啡色。也可以搭配纯白、纯黑这样的无彩色颜色。所有在以蓝色为基础的七彩色都属于冷色调。为了与冷色基调相协调，选择无彩色黑色或灰色会更合适。

③层次渐变搭配法。又叫近似色相配，它指的是将两个相近的颜色搭配在一起，例如将红色与橙红或紫红搭配。这种搭配会创造出一种柔和的效果，在这方面有两种方法可以采用。

其一，采用单一颜色，利用不同的明暗程度进行搭配，创造出和谐、层次感十足的感觉。

其二，使用相同的色调但不同的颜色进行搭配，仍能表现出令人感到和谐美丽的效果。

④关注主角色的配色。搭配单色的服装很容易，只要找到恰当的颜色即可。但当涉及有花纹的衣服时，就需要更多的注意。主角色和配色的搭配方法有两种。

方法一：无彩色。黑色、白色、灰色是永不过时的搭配色，即使使用复杂的配色方案，也一定能轻松地将它们融入其中。

方法二：当挑选服装搭配单品时，应从现有的颜色组合中选取任意一种颜色与之搭配，以呈现整体协调的效果。

⑤上下呼应的色彩搭配。这种方法也称三明治搭配法或汉堡搭配法。

全身色彩以三种颜色为宜。一般来说，简洁的色调更富于优雅气质，同时也更能让人印象清晰。在搭配服装颜色时，要注意颜色比例的平衡。对比色的搭配，最好是保持 3 ： 2 或 5 ： 3 的比例。

3. 庄重得体原则

职场着装要符合职业场合。职场人员的服装是为了展现爱岗敬业、稳重大方的精神面貌，不是为了展现个人体形或个性魅力而穿薄、透、露、紧、杂的服装。因此，穿低胸装、露脐装、无袖装、透视装、超短裙、短裤、弹力衫、紧身裤等都不适合正式场合。否则，不仅自己难堪，甚至还会造成他人的反感，给人带来不庄重的印象。

职场着装除上述款式、尺寸的要求外，还有色彩的规范要求，即不宜过于鲜艳、明亮和复杂，应尽量考虑与办公室的色调、气氛相协调，并与具体的职业性质相吻合。

## 二、职场着装的礼仪要求

### （一）培养尊重意识

职场着装在某种意义上表明了员工对工作的态度，员工的形象就代表着企业的形象，重视自己的形象是对他人、对工作、对职业的尊重。

### （二）增加审美品位

形象不仅能反映个人的气质、性格，甚至还能反映一个人的内心世界和审美品位，一个衣着缺乏品位的职场人员，不利于赢得他人的职业信赖。一位华裔投资商曾说过这样的话，他怎么也不能相信那个穿着旅游鞋、牛仔裤，头发如同干草，说话结结巴巴的小子会向他要500万美元的投资，那个小伙子的形象和个人素养都不能让他信服他是一个懂得如何处理商务的领导人。

成功的仪表形象，展示的不仅是一个简单的视觉印象，更多地会和一个人的能力、尊严、事业、审美联系在一起。

### （三）提高文化修养

服装是一种文化，是一种品位，是一种修养。得体的着装是对他人的尊重，能够反映个人、国家、民族的文化素养。质于内而形于外，文化修养高、气质好的人，更懂得如何修饰自己的着装。

英国历史上第一位女首相撒切尔夫人就是对自己的衣着非常在意的人，她对自己的服饰非常讲究，在她身上没有珠光宝气和雍容华贵，只有淡雅、朴素和整洁，但是她的衣服从不打皱，让人觉得井井有条是她的一贯作风，因此她的仪表形象为后来的事业成功奠定了基础。

# 第四节　职业形象仪态行为设计

仪态举止是指身体呈现的各种体态和姿势，包括表情、站姿、坐姿、走姿、手势等。

良好的仪态举止使人看上去既健康又充满魅力，给人一种风度翩翩、彬彬有礼的印象，从而受人欢迎。中国素有“站有站相，坐有坐相”的说法，可见仪态举止都有一定的规矩。哲学家弗兰西斯·培根（Francis Bacon）说过：“相貌的美高于色泽的美，而秀雅合适的动作优美，又高于相貌的美，这是美的精华。”[①] 只要注意学习训练，养成好习惯，就能汲取美的精华。

## 一、完美形体整体塑造

形体是人际交往中形成初始印象的首要要素，也是仪态礼仪的基础。优美的形体可以营造出优雅的仪态，形体美也是自然美的高级形态，是职场人员仪态美的基础要求。

### （一）形体美

形体在日常生活中一般称为“身材”，主要是指正常情况下身体表现出来的外部形态、身体姿态和修养气质，即人的体型、体态和气质。

1. 体型

体型是人体结构的类型。人体是由 206 块骨头组成的骨骼结构，骨骼外面附有 600 多条肌肉，肌肉外是一层皮肤。因此，体型包括三要素，即骨骼、肌肉、脂肪，其中骨骼决定了人的高矮，而肌肉、脂肪决定了人的胖瘦体型，反映的是身体各部分的比例。例如躯干上下之间的比例，身高与肩宽的比例，胸围、腰围与臀围之间的比例，等等。

男士理想体型为肩宽臀窄的倒梯形，身躯坚挺，胸脯厚实，肌肉饱满结实，壮实而不臃肿，身体轮廓线刚毅。女士理想体型为肩窄臀丰满的正梯形，体态轻盈，线条优美流畅、圆润柔和，肌肉和脂肪量适中，胸部和臀部曲线起伏适度。

2. 体态

体态是指人的身体动作和姿态，是人举止的重要组成部分，是人进行各种活动的基础，体态可以传递不同的信息，可以真实地反映一个人的基本素质、受教育程度以及可信任度等。恰到好处地把握体态美是积极健康心态的反映，也是走向成功的基础。

3. 气质

气质通常指人的典型而稳定的个性特点、风格和气度。气质的形成，主要受后天的环境（自然环境、社会环境）、家庭条件、文化教育、自身修养的影响。内在与外在完美结合，展现在他人面前的才是最完美的形象。人的内在美是指人的内心世界的美，是人的思想、品德、情操、性格等内在素质的具体体现。因此，

① 陈娟．形体气质塑造[M]．南京：东南大学出版社，2021：19.

只有在加强形体训练，提高体型美、姿态美、动作美的同时，全面提高自己的文化素养、道德修养、美学素养，才能具有气质美。

由形体构成的要素不难看出，形体美是一种综合的整体美。它既包含了人体外表形状、轮廓的美，又包含了人体在各种活动中表现出来的体态美。综上所述，所谓形体美，就是由健美体格、完美体型、优美姿态、良好气质融汇而成，并充分展现出来的和谐的整体美。

### （二）形体美的评价标准

形体关系是一种自然现象，又是一种社会现象。在人类历史发展的过程中，形体美的评价标准多种多样，受不同时代、不同地域、不同年龄和不同性别的影响而呈现各种不同的见解和尺度。

1. 定性标准

（1）身体健康、形体美的基础

健康是指身体发育良好、功能正常、精力充沛、体格强壮等。健康是形体美的基础，而形体美又是健康美的一个重要标志。形体美以体健为基石，健康的形体从机能到形态，展示在人们面前的是一个有血有肉的生命，给人一种朝气蓬勃、健康向上和充满自信与活力的美，因此说，形体美是建立在健康美的基础上的。只有健康的体魄才能充分展示美，只有健康的形体才能塑造美。健康的定性标准有以下 10 个方面。

①有充沛的精力，能从容不迫地担负日常生活和繁重的工作，而且不感到过分紧张和疲劳。

②处事乐观，态度积极，乐于承担责任，事无大小不挑剔。

③善于休息，睡眠好。

④应变能力强，能适应外界环境的各种变化。

⑤能够抵抗一般性感冒和传染病。

⑥体重适当，身体匀称，站立时，头、肩、臂位置协调。

⑦眼睛明亮，反应敏捷，眼睑不易发炎。

⑧牙齿清洁，无龋齿，不疼痛，牙龈颜色正常，无出血现象。

⑨头发有光泽，无头屑。

⑩肌肉丰满，皮肤有弹性。

（2）体形匀称形体美的条件

匀称是指身体的上、下肢及躯干等各部位结构的比例和谐，它是形体美的条件。简单地说，肩宽、腰细、躯干短，上体呈“V”字形，下肢修长，腰长、腿短、身体各部位的结构比例不协调，就算不上形体美。任何一种美都包含着和谐之美，女子形体美则更为突出。对于身材匀称的要求有以下 13 个方面。

①骨骼发育正常，身体各部分之间的比例适宜匀称。

②站立时，头、颈、躯干和脚的纵轴在一条垂直线上。

③头、躯干、四肢的比例以及头、颈、胸的连接适度，上、下身比例符合黄金分割定律。

④体态丰满而无肥胖臃肿感。

⑤双肩对称，稍宽微圆，略显下削，无耸肩或垂肩之感。

⑥脊柱背视呈直线，侧视具有正常的生理弯曲度。

⑦女性的乳房丰满而不下垂，侧视有明显的女性线条特征。

⑧腰细、结实而有力，微呈圆柱形；腹部扁平，腰围比臀围约细 1/3。

⑨臀部浑圆，上翘不下垂。

⑩下肢修长，无头重脚轻之感；大腿线条柔和，小腿肚位置较高且不突出。

⑪ 两腿并拢时正视和侧视均无屈曲感。

⑫ 肌肉富有弹性，能显示出人体形态的强健协调。

⑬ 从整体看，无粗笨、虚胖或纤细、重心不稳、比例失调、形态异常的感觉。

（3）姿态挺拔

姿态美与体型美关系密切，它是形体美的核心。在日常生活中，体型美需要通过优美的姿态来展现。因此，形成姿态美，脊柱是关键，应特别注意脊柱形态的形成，培养正确的坐、立、行、蹲等基本姿势。当然，优美的动作也是形体美的一种表现形式，动作美之中蕴涵着姿态美。姿态有动有静，如坐、立、卧、蹲表现出静态时的姿势，而走、跑、跳等就表现出动态时的姿势。无论是静态还是动态，都要在完成动作时轻松、协调、准确、敏捷、高效率，这样才能显示出姿态美。

除此之外，蕴涵于内在的性格、品德、情操、文化素养及个性心理等通过行为的外化，也同样影响着形体美。依靠内在高尚的思想、情操、道德所充实起来的形体美，是更高层次的内在美与外在美的和谐统一。

2. 定量标准

古希腊人提出了人体各主要部分呈黄金分割的比例。意大利著名画家达·芬奇通过解剖实验，研究出人的形体美的标准：头长是身长的1/8，肩宽为身高的1/4，平伸双臂等于身长，两腋宽度与臀宽相同，乳部与肩胛骨下端在同一水平面上，大腿的正面宽度等于脸宽，人体跪姿时高度减少1/4，卧倒时仅剩1/9，达·芬奇的理论为人们研究形体美提供了重要依据。

## 二、表情神态亲和友善

表情神态是指人的面部情态，它传递着人们的思想情感。在职场交往中，一双自然坦诚的眼睛，一副热情友好的微笑面容，无疑会给人以友善的印象。

### （一）目光运用的礼仪规范

1. 礼貌注视

（1）注视的时间要适当

在与人交谈的过程中，注视对方的时间长短很重要。从向交往对象表示礼貌友好的角度来看，注视对方的时间一般应控制在全部交流时间的50％～70％为宜。长时间地直盯着对方是失礼行为，会让对方感到尴尬、不自在；长时间不抬头看对方，则显示出对对方交谈的话题不感兴趣，会让对方感到索然无味。

（2）注视的区间要得体

礼貌注视对方，应使目光局限于上至对方的额头，下至对方的胸部，左右以两肩为界的方框范围里，且不要聚焦在对方脸上的某个部位，好像在用自己的目光笼罩住对方的面部。不要盯住对方的某一部分“用力”地看，特别是初次相识或一般关系及异性之间，更应该注意这一点，不要超越注视的“许可区间”。

（3）注视的方向要合宜

与人见面要正视对方，即正向对对方平视、注视，表现客观、平等、理性、尊重。尽量不要站在高处自上而下地俯视别人，这样会让人感觉权威和优越，致使拉开彼此的亲和距离；当然也没必要低头向上瞟对方，这样会体现个人的自卑；更不应斜视、瞪视、扫视别人、上下打量人，这些都是轻蔑和挑衅的表示。

职场服务时，也常用仰视的注视方向，即主动让自己处于低处，表现对顾客的尊敬。

（4）注视的避开时段

礼貌注视体现着礼貌交往的态度，但还得注意避开注视的时段。即当对方缄默不语时不注视，当对方羞涩脸红时不注视，当对方尴尬拘谨时不注视，这样才能使交往对象充分地感觉到尊重、宽容和有教养。

2. 应事应时

眼睛是心灵的窗口。印度诗人泰戈尔说："一旦学会了眼睛的语言，表情的变化将是无穷无尽的。"① 这说明目光的表现力是极强的。良好的职场交往中，目光应当应事应时、恰到好处地运用。

双方见面时，无论是见到熟悉的人，还是初次见面的人，无论是偶然见面，还是约定见面，首先要眼中有神，面带微笑，以神采奕奕的目光正视对方片刻，显示喜悦和热情。对初次见面的人，还应头部微点，行注目礼，表示尊敬和礼貌。

在公众场合。开始发言时，要用目光环视全场，微笑致意，这表示："感谢大家的等候，我要开始讲了……"这样可以把听众的注意力收拢起来。

在回答问题时，要礼貌地注视提问者。

交谈和会见接近尾声时，目光要抬起，表示谈话的结束。道别时，要用目光注视着对方的眼睛，面部表现出惜别的情感。

在升国旗时，目光应始终注视国旗，即行注目礼。

在接受检阅时，要注视检阅者，目迎目送，礼毕将头和目光转正。

### （二）微笑表情的礼仪规范

在职场中，微笑应是常备不懈的表情。每个人都愿意面对一张微笑的面容，它能表示热情、欢迎、欣赏、礼貌和尊重。热情的微笑是职场交往中的润滑剂，它能迅速缩小彼此之间的心理距离，创造出沟通交流的良好氛围。会微笑的人永远是受欢迎的人。

1. 微笑理论认知

微笑的内涵是深厚的，它具有巨大的感染力。

首先，微笑是心理健康的标志。一个心理健康的人，一定能用真诚的微笑展示自己美好的情感、温暖的情怀及善良的心地。与善于发出真诚微笑的人交朋友，无疑会得到坦诚、热情、无私的帮助。

其次，微笑是礼仪修养的充分展现，可以反映待人的真诚。一个有知识、懂

① 丑万涛．礼仪规范教程．[M]. 上海：立信会计出版社，2007：37.

礼貌的人，必然十分尊重别人，即使心中有不快的事，也能控制情绪，心存宽容，不把一副愁容摆给别人看。

再次，微笑是善良、友好、自信的反映。人们能够与别人相处得很融洽，往往是经常保持微笑的结果。因为经常笑容满面、和蔼可亲的人，才更易于接近。在人生的旅途中，既有坦途，也有坎坷，只要与人为善，笑口常开，就会乐而忘忧，青春常驻。

最后，微笑有一种魅力，它可以使强硬者变得温柔，使困难变得容易，使矛盾得以化解。微笑服务能极有魅力地感染顾客，拨动顾客的心弦，使营销活动在愉快、和谐的气氛中完成，给人留下热情好客的良好印象。微笑所至，难关可破。鲁迅的名句："相逢一笑泯恩仇"（《题三义塔》），形象地表达了笑能克刚，揭示了微笑的独特功效和巨大力量。

2. 规范微笑的展示

微笑的力量是巨大的，但要笑得恰到好处，就需要注意它的规范表现。微笑的基本要求是：发自内心、自然大方、规范得体、主动真诚。具体做法是：脸部肌肉放松，嘴角两端向上略微提起，不露或微露牙齿，整个面部情态亲切自然。

规范微笑要注意以下 4 点。

（1）微笑和口眼结合

微笑时口到、眼到，笑眼传神，才能动人心弦。

（2）微笑和神情结合

一个谦逊稳重、礼貌热情的人，微笑时就能笑得亲切甜美、亲和友善。

（3）微笑和语言结合

微笑时送上一句寒暄、一句问候、一句赞美，更显声情并茂，相得益彰。

（4）微笑和举止结合

注视微笑、欠身微笑、招手微笑、鞠躬微笑、交谈微笑等都将表现自然和谐、谦虚真诚的美。

只有规范的微笑才符合礼仪要求，让人感到温暖。在公共场合，要避免放声大笑，也不要望着他人没头没脑地笑，或与人偷偷地嬉笑。

## 三、基本姿态规范标准

"站如松，坐如钟，行如风"的仪态风范，展现出严谨自律、自信坦荡的气质风度。现代职场中，一个人的站、坐、走、蹲等基本姿态在不同的场合都有规范标准，理当遵循。

### （一）站姿的礼仪规范

站姿，是人类身体直立时的一种姿势，是人的静态造型，是一切体态造型的基础和起点。站姿反映着一个人的修养、教育程度、性格、身体状况和人生经历。正确的站姿能够帮助呼吸和改善血液循环，减轻身体疲劳，同时会给人以挺拔笔直、舒展俊美、庄重大方、精力充沛、信心十足、积极向上的美好印象。对站姿的礼仪要求是“站如松”，其意是站得要像松树一样挺拔，同时还要掌握不同场合站姿的规范标准。

1. 基本站姿

基本站姿是身体直立，双手置于身体两侧，自然垂手，也称为侧放式站姿，是其他静态造型中的一个基础姿态。基本站姿端直挺拔、正式庄重，适用场合广泛，尤其常用于集合列队、隆重仪式、站岗执勤等场合。

（1）头正

头部正，头顶平，身体的中心要平衡。

（2）梗颈

脖颈挺直，下颌微收。

（3）展肩

双肩舒展，保持水平并稍微向后下方下沉。

（4）躯挺

躯干要尽量舒展，给人以挺拔之感。

（5）收腹

微微收紧腹部，但要呼吸自然。

（6）提臀

臀部肌肉向内、向上收紧，重心有向上提的感觉。

（7）并腿

两腿直立贴紧，内侧肌肉夹紧，身体重心尽量提高，膝盖内侧尽量贴合，脚跟靠紧，两脚尖张开，张开角度：女士为30°～45°，男士为45°～60°。

（8）目光

目光平视，目视前方。

（9）微笑

心情愉快，精神饱满，充满活力，给人以感染力。

2. 站姿种类

站姿的分类，主要以个人的脚位和手位为依据和标准。男女站姿的差异也主要表现在手位与脚位的不同。迎来送往、礼宾待客等场合的站姿要严谨规范、美观大方，充分体现对他人的尊重和友好，除可以使用基本站姿外，还常用下列站姿。

（1）女士前腹式站姿

在女士基本站姿的基础上将双手搭握于小腹前，右手在外，左手在内，四指并紧，拇指向掌心收紧，四指尖微扣可显示女士的含蓄稳重。

（2）女士丁字式站姿

在女士前腹式站姿的基础上，将双脚摆放成夹角为30°～45°的丁字形，双腿依然并拢，丁字式站姿可展示女士修长苗条的身材、优雅大方的气质和挺拔俊美的形象。另外，站立中左右脚可以前后替换，双脚的重心也可以替换，因此更适合需要长时间站立的场合。

（3）男士前腹式站姿

在男士基本站姿的基础上将右手握住左手手腕，左手半握，贴于腹部，两脚成“V”字形，其夹角为45°～60°，或者两脚开立与肩同宽。这种站姿更显男士的亲切自然、谦卑有礼。

（4）男士后背式站姿

在男士基本站姿的基础上，双脚开立与肩同宽，将右手握住左手手腕，左手半握，放于尾骨处，双手背搭。后背式站姿有安全坚守之意，故也称安保式站姿，常用于服务场合的安全保卫岗位。

（5）男士跨立式站姿

所谓跨立是指叉开腿站立的动作或姿势。跨立式站姿在男士基本站姿的基础上，双脚开立与肩同宽，将一手半握放于体前腹部，另外一手半握放于体后尾骨处。

### （二）坐姿的礼仪规范

坐姿是一种静态造型，端庄优美的坐姿会给人以文雅、稳重、自然大方的美感。“坐如钟”是说人的坐姿应该保持头正、腰背挺直、肩放松的状态。基本坐姿也称为正襟危坐式坐姿，其基本要领为：上身与大腿、大腿与小腿，小腿与地面，都应保持直角，女士应双膝并拢，男士双膝、双脚并拢或双腿有一拳距离。女士双手掌心向下相叠（右手在上，左手在下）轻放在腿面上，男士双手放在膝盖上，手指并拢。

（1）入座离座的动作规范

在公众场合，入座离座要稳重大方，不可弯腰翘臀、猛起猛坐，以免弄得桌椅响动，造成尴尬气氛。

入座时，从座椅左侧走到座位前，转身后全身保持站立的标准姿态，右脚向后撤半步，弯曲双膝，挺直腰背坐下。入座要轻而稳，从容不迫地坐到大约椅面的 2/3 处，动作要轻柔和缓。此时注意不要将双脚放在椅子下面，也不要把腿向前伸出很远。女士穿套裙入座前，用手把裙装向前拢一下，入座动作要优雅。

起坐时，全身保持标准坐姿，右脚后撤半步，以后撤的脚尖点地，身体借力顺势向上站起，轻缓稳重离座，随即右脚前进一小步，与左脚平行，转身离开座位。注意站起时动作要轻。

（2）入座离座的礼仪规范

入座时，应注意先后顺序和座位的尊卑，有尊者在场时，一定要礼让尊者先坐上位。无论什么人在场都不可随意抢座。

落座后，坐姿的规范要领为：表情自然、亲切，腰背挺直，肩放松，背部不要靠在椅背上。两脚平落地面坐稳后，要根据交谈对象的方位自然调整腿位、脚位，选择优雅规范的坐姿，保持上半身侧向对方，以示尊重，不应只是让自己的面部侧对对方。

离座时事先说明，向周围人致意，待站好后，让尊者先行，不能还没站稳就走开或起身就跑。

### （三）走姿的礼仪规范

走姿是站姿的延续动作，是在站姿的基础上展示人的动态美。无论是在日常生活中还是在社交场合，正确的走姿都是一种动态的美，往往是最引人注目的身体语言，也最能表现一个人的风度和活力。

1. 走姿规范

常言道“行如风”，是说人行走时，如风行水上，有一种轻快自然的美，正确的走姿，应脚尖向着正前方，脚跟先落地，脚掌紧跟落地。要收腹挺胸，两臂自然摆动，节奏快慢适当，给人一种矫健轻快、从容不迫的动态美。尤其是女性，健康而优美的曲线，迷人的体态和风姿，步态轻盈，袅袅婷婷，更是人们欣赏的焦点。

走姿的具体规范如下。

①上体正直，眼平视，挺胸，收腹，立腰，重心稍向前倾。

②双肩平稳，双臂以肩关节为轴前后自然摆动，摆动幅度以 30～40cm 为宜，前摆约 35°，后摆约 15°，手掌朝向体内。

③脚尖略开，脚跟先接触地面，依靠后腿将身体重心送到前脚脚掌，使身体前移。

④步位，即脚落在地面时的位置。女性行走时，两只脚行走线迹应是正对前方或一条直线，或尽量走成靠近一条直线，即“一字步”，形成腰部与臀部的摆动而显得优美。男性则要两脚跟内侧呈一条直线。

⑤步幅，即跨步时两脚间的距离，一般应为前脚跟与后脚的脚尖相距为一脚或一脚半长，但因性别和身高不同会有一定差异，身材高大的，步幅可略大些；身材较矮的，则步幅偏小。另外，步幅的大小也要考虑不同的服饰等因素。女士穿裙装、旗袍、礼服时，步幅应略小些；穿裤装时，步幅可略大些，显得生动活泼。

2. 走姿位序

走姿规范能给人以风度翩翩、气质文雅的良好印象，同时还得注意不同场合的走姿位序。

（1）两人并行

两人并行时，遵循内侧高于外侧的原则，地位低者应居于外侧。一般讲究右侧行走，故地位低者应位于地位高者的左侧。

（2）引领走位

引领客人时，若客人不熟悉行进方向，引领人员应该走在客人前方两三步的距离，走在外侧，且起步、转弯、顿足的前后时段走侧行步，即让自己的身体正面与客人的身体正面保持约 135°的夹角，方便关注客人及前行方向。

### （四）蹲姿的礼仪规范

蹲时由站立的姿势转变为两腿弯曲和身体高度下降的姿势。蹲姿其实只是人们在比较特殊的情况下所采用的一种暂时性的体态。虽然只是暂时性的体态，但也是有讲究的。

1. 蹲姿规范

蹲姿是人在处于静态时的一种特殊体位。蹲姿的基本要领包括：下蹲时一脚在前，一脚在后，两腿向下蹲，前脚全着地，小腿基本垂直于地面，后脚脚跟提起，脚尖着地。女性应并紧双腿，男性则可适度地将其分开。臀部向下，基本上以后腿支撑身体。蹲姿因男女的体位不同、穿着不同分为不同的类型。

（1）高低式蹲姿

高低式蹲姿下蹲时左脚在前，全脚着地，右脚稍后，脚掌着地，脚后跟提起。右膝低于左膝，臀部向下，身体基本上由右腿支撑。女士下蹲时，两腿要并紧，男士两腿间可有适当距离。注意下蹲时，上体依然保持直立，左右脚可交换。

（2）交叉式蹲姿

交叉式蹲姿通常适用于女士，尤其是穿短裙的女士，它的特点是造型优美典雅。下蹲时右脚置于左脚的左前侧，使右腿在前面与左腿交叉。下蹲时，右小腿垂直于地面，右脚全着地。左膝从右腿后面向右侧伸出，左脚脚跟抬起，脚掌着地，两腿前后靠近，合力支撑身体。臀部向下，上身稍前倾，左右脚可交换。

（3）半蹲式蹲姿

半蹲式蹲姿多用于身体降到相对较低的情况。下蹲时，一腿在前，一腿稍后，身体略降低，但没有全部降下，上身仍保持直立。

（4）半跪式蹲姿

半跪式蹲姿多用于下蹲时间较长的情况，或为了方便。下蹲时一腿单膝点地，脚尖着地，另一条腿则应全脚着地，小腿垂直于地面，双膝应同时向前，双腿尽量靠拢。

2. 下蹲拾物

在公共场合低处取物使用蹲姿时，无论男士、女士都应站到所取物的旁边，随着身体重心的下移，臀部向下，上身平直，前倾取物，不要弓腰驼背使劲儿低头去拿。男士两腿间可留有适当的缝隙，女士则要两腿并紧。女士着裙装下蹲时，多用交叉式蹲姿，注意两腿合力支撑身体，掌握好重心，一只手捡拾物品时，另一只手必要时可以按住领口，保持衣领不走形，或自然放于衣裙之上。

3. 蹲姿禁忌

弯腰捡拾物品时，两腿叉开，臀部向后撅起，是不雅观的姿态。两腿展开，平衡下蹲，其姿态也不优雅。下蹲时，应和身边的人保持一定距离，正面和背面切勿朝向他人，因此在下蹲时要采用侧蹲。同时，下蹲时注意内衣不露，不透。

# 第五节　职业形象语言沟通设计

美国前哈佛大学校长伊立特曾说，在造就一个有修养的人的教育中，有一种训练必不可少，那就是优美、高雅的谈吐。语言是表达思想及情感的重要工具，是人际交往的主要手段，在人际关系中起着重要的作用。在人际交往中，因为不注意语言的礼仪规范，或用错了一个词，或多说了一句话，或不注意词语的色彩，或选错话题等而导致交往失败或影响人际关系的事，时有发生。因此，在人际交往中，与他人的语言沟通必须遵从一定的礼仪规范，才能达到双方交流信息、沟通思想的目的。

语言是双方信息沟通的桥梁，是双方思想感情交流的渠道。语言在人际交往中占据着最基本的位置。谈吐则是通过优化语言来提高表达效果，其目的是通过传递尊重、友善、平等的信息，给人以美的感受。语言谈吐与一般语言的不同在于它不能使用侵犯他人的攻击性语言，而是通过文明、礼貌的语言建立起情感沟通的纽带。在使用轻松、诙谐、明快、幽默、委婉、庄严、赞美的语言所营造的自然、愉快、兴奋、亲切、可敬和舒畅的氛围中培植和增进友谊。

## 一、交谈语言艺术

（1）准确流畅

在交谈时如果词不达意、前言不搭后语，很容易被人误解，达不到交际的目的。因此在表达思想感情时，应做到语音标准、吐字清晰，说出的语句应符合规范，避免使用似是而非的语言。应去掉过多的口头语，以免语句断开；语句停顿要准确，思路要清晰，谈话要缓急有度，从而使交流活动畅通无阻。

语言准确流畅还表现在让人听懂，因此交谈时应尽量不用书面语或专业术语，因为这样的谈吐让人感到太正规、受拘束或理解困难。

（2）委婉表达

交谈是一种复杂的心理交往，人的微妙心理、自尊心往往在其中起重要的控制作用，触及它，就有可能产生不愉快，因此，对一些只可意会不可言传的事情，人们回避忌讳的事情，可能引起对方不愉快的事情，不能直接陈述，只能用委婉、含蓄、动听的话去说。

在沟通的过程中，避免使用主观武断的词语，如“只有”“一定”“唯一”“就要”等不带余地的词语，要尽量采用与人商量的口气，避免直接提醒他人的错误或拒绝他人，要学会使用先肯定后否定的语言方式，如“是的……但是……”这个句式，把批评的话语放在表扬之后，就显得委婉一些。

（3）掌握分寸

谈话时语言要有放、有收、不过头、不嘲弄、把握“度”。谈话时不要唱“独角戏”，夸夸其谈，忘乎所以，不让别人有说话的机会。说话要察言观色，注意对方情绪，对方不爱听的话少讲，一时接受不了的话不急于讲。开玩笑要看对象、性格、心情、场合。一般来讲，不随便开女性、长辈、领导的玩笑，一般不与性格内向、多疑、敏感的人开玩笑，当对方情绪低落、心情不快时不开玩笑，在严肃的场合、用餐时不开玩笑。

（4）幽默风趣

交谈本身就是一个寻求一致的过程，在这个过程中常常会出现不和谐的地方而产生争论或分歧，这就需要交谈者随机应变，凭借机智抛开或消除障碍。幽默可以化解尴尬局面或增强语言的感染力，它建立在说话者高尚的情趣、较深的涵养、丰富的想象、乐观的心境和自信的基础上，它不是耍小聪明或“卖嘴皮子”，它应使语言表达既诙谐，又入情入理，应体现一定的修养和素质。

（5）声音优美

每个人的声音都是有感情的，也是有色彩的。如何让自己的声音富有吸引力，展现出独特的个人魅力，这也是一门艺术。

首先，要注意音调的高低变化。无变化的声音是单调的，如同催眠曲，令人进入精神凝滞的状态，达不到讲话的目的。因此，与人交谈时，应根据谈话内容的变化，适当调整音调的高低，给人抑扬顿挫的感觉。

其次，要采用柔和的语调。在社交场合中，一般以柔言谈吐为宜。尽可能使声音听起来柔和，避免粗、厉、尖、硬的讲话声音。以理服人，而不是以声、以势压人，理直气和更能诚服于人。语言美是心灵美的语言表现，“有善心，才有善言”，因此要掌握柔言谈吐，首先应加强个人的思想修养和性格锤炼。

再次，要控制好音量。谈话时，音量的控制也非常重要，太大的声音会令人反感，以为在那里装腔作势：音量太小会使人听不清楚，以为是怯懦。一般来说，应根据听者距离的远近来调节自己的音量，达到最适合的状态。

最后，要注意说话语速。说话时一直保持同一语速会使人产生听觉上的疲劳，容易昏昏欲睡，打不起精神。因此，在与人交谈时，应该把握说话的语速，不要太快或太慢，应追求一种有快有慢的音乐感，在主要的语句上放慢速度作强调，在一般的内容上稍微加以变化。

### （一）使用礼貌用语

使用礼貌用语，是人类文明的标志，也是全世界的共识。使用礼貌用语不仅会得到人们的尊重，提高自身的美誉和形象，而且还会对自己的事业起到良好的辅助作用。在我国，政府有关部门向市民普及文明礼貌用语，基本内容为“五句十字”礼貌语，即“请”“谢谢”“您好”“对不起”“再见”。实际的社会交往中，日常礼貌用语远不止这十个字，归结起来，主要可划分为如下几个大类：

1. 问候语

人们在交际中，根据交际对象、时间等的不同，常采用不同的问候语。比如，在中国实行计划经济的年代，由于经济发展水平不高，人们面临的首要问题是温饱问题，因而人们见面的问候语是“吃了吗？”今天，在中国的不发达的农村，这句问候语仍然比较普遍，而在经济比较发达的农村和城市，这句问候语已经很少听到了，人们见面时的问候语是“您好”“您早”等。

在英国、美国等说英语的国家，人们见面的问候语根据见面的时间、场合、次数等不同而有所区别。如双方是第一次见面，可以说：“How are you？”（您好！）如在早上见面可以说：“Good morning!”（早上好！）中午可以说：“Good noon!”（中午好、午安！）下午可以说：“Good afternoon!”（下午好！）晚上可以说：“Good evening!”（晚上好！）或“Good night!”（晚安！）在美国非正式场合人们见面时，常用“Hello”“Hi”等表示问候。在信仰伊斯兰教的国家，人们见面时常用的问候语是“真主保佑”。在信奉佛教的国家，人们见面时常用的问候语是“菩萨保佑”或“阿弥陀佛”。

2. 欢迎语

交际双方一般在问候之后常用欢迎语。世界各国的欢迎语大都相同。如“欢迎您！”（Welcome!）“见到您很高兴！”（Nice to meet you!）“再次见到您很愉快！”（It is nice to see you again!）

3. 回敬语

在社会交往中，人们常常在接受对方的问候、欢迎或鼓励、祝贺之后，使用回敬语以表示感谢。由此，回敬语又可称为致谢语。回敬语的使用频率较高，使用范围较广。俗话说：“礼多人不怪”，通常情况下，只要接受了对方的热情帮助、鼓励、尊重、赏识、关心、服务等都可使用回敬语。使用频率最高的回敬语是“谢谢”“多谢”“非常感谢”“麻烦您了”“让你费心了”等。

4. 致歉语

在社会交往过程中，常常会出现由于组织的原因或是个人的失误，给交往对象带来了麻烦、损失，或是未能满足对方的要求和需求，此时应使用致歉语。常用的致歉语有：“抱歉”“对不起”“很抱歉”“请原谅”“真抱歉，让您久等了！”等。

真诚的道歉犹如和平的使者，不仅能使交际双方彼此谅解、信任，而且有时还能化干戈为玉帛。在人际交往中，有些人放不下架子或碍于面子，不愿直接道歉，这也是人之常情。其实，道歉的方式很多，道歉时可采用委婉的方式。如果今天的交往对象是以前曾经冒犯过的人，那么可以说：“真是不打不相识啊，俗话说得好，不是冤家不聚头，来，让我们从头开始！”道歉并非降低人格，及时得体的道歉能充分反映出宽广胸襟、真诚情感和敢于承担责任的勇气。

有些时候，如果由于组织的原因或个人原因给交往对象造成了一定物质上、精神上的损失或增加了心理上的负担，在道歉的同时还可赠送一些纪念品或慰问品以示诚心致歉。

5. 祝贺语

在交际过程中，与交际对象建立并保持友好的关系时，应该时刻关注交往对象，并与他们保持经常性的联系。比如：当交往对象过生日、加薪、晋升或结婚、生子、寿诞，或客户举行开业庆典、周年纪念、有新产品问世或获得大奖时，可以以各种方式表示祝贺，共同分享快乐。

祝贺用语很多，可根据实际需要进行选择。如节日祝贺语：“新年快乐”“祝您圣诞快乐”；生日祝贺语：“祝您生日快乐”；当得知交往对象取得事业成功或晋升、加薪等，可向他表示祝贺：“祝贺你”。常用的祝贺语还有“恭喜恭喜”“祝您成功”“祝您福如东海，寿比南山”“祝您新婚幸福、白头偕老”“祝您好运”“祝您健康”等。

此外还可通过贺信、在新闻媒介刊登广告等形式祝贺。如“庆祝大连国际服装节隆重开幕！”“×× 公司恭贺全国人民新春快乐！”等。总之，在当今社会，适时使用祝贺用语，对交际来说有百益而无一害。

6. 道别语

交际双方交谈过后，在分手时，人们常常使用道别语。最常用的道别语是“再见”，若是根据事先约好的时间可说“回头见”“明天见”，中国人道别时的用语很多，如“走好”“慢走”“再来”“保重”等。英美等国家的道别语有时比较委婉，常常有祝贺的性质，如“祝你做个好梦”“晚安”等。

7. 请托语

在日常用语中，人们出于礼貌，常常用请托语，以示对交往对象的尊重。最常用的是“请”还常常使用“拜托”“劳驾”“借光”等。在英美等国家，人们在使用请托语时，大多带有征询的口气。如英语中最常用的“Can I help you?”（需要帮忙吗？）“What can I do for you?”（能为您做些什么？）以及在打扰对方时常使用的“excuse me”，都有征求意见之意。

### （二）选择交谈话题

亚里士多德曾经说：“交谈由谈话者、听话者、主题等三个要素组成，要达到施加影响的目的，就必须关注此三要素”①。又如一位学者所言：“如果能和任何人连续谈上 10 分钟而又能使对方发生兴趣，那便是最优秀的交际人物。”②

所谓话题，是指人们在交谈中所涉及的题目范围和谈资内容。换言之，话题是一些由相对集中的同类知识、信息构成的谈话资料及其相应的语体方式、表述语汇和语气风格的总和。谈话内容的选择反映着言谈者品位的高低。在人际交往中，学会选择话题，就能使谈话有个良好的开端。

1. 宜选的话题

话题的范围可以很广，上到国家大事、时事政治、节日庆典、体育赛事，下到与日常生活有关的普通话题。例如：孩子大了，进哪家学校比较好；花木被虫子咬了，该买什么药；这周上映的电影，哪一部最值得看；早上吃得好不好；等等。金正昆教授对此有独到的见解，他将话题归纳为以下 4 类。

（1）事先既定的话题

事先既定的话题，即交谈双方业已约定，或者一方先期准备好的话题，如征求意见、传递信息、研究工作等。职场上，有的交谈话题是双方约好的，在见面时寒暄几句后就要直入话题，切忌长篇大论地谈些无关紧要的事情，否则会给对方轻浮、不踏实的感觉。

---

① 韩婷．职业形象与社交礼仪[M]．北京：北京理工大学出版社有限责任公司，2017：97．

② 梁悦，李莹．商务礼仪实务英语[M]．第 2 版．北京：对外经济贸易大学出版社，2020：76．

（2）格调高雅的话题

选择内容文明、格调高雅的话题，如文学、艺术、哲学、历史、地理、建筑等，这些话题可以反映一个人的知识结构，对身边事物的关注情况，对问题的看法。从这些话题的交谈中，可以了解对方，也是推销自己的好办法。这类话题适合各类人群交谈，切忌不懂装懂。

（3）轻松愉快的话题

轻松的话题令人轻松愉快、身心放松，这类话题适用于非正式交谈，允许各抒己见，任意发挥。这类话题主要包括文艺演出、流行时装、美容美发、体育比赛、电影电视、休闲娱乐、旅游观光、名胜古迹、风土人情，名人轶事、烹饪小吃、天气状况等。

（4）对方擅长的话题

选择话题时还要注意选择擅长的话题，尤其是对方有研究、有兴趣的话题。尺有所短，寸有所长，每个人都有自己擅长的领域，与对方交谈时，可以通过一些话语，试探对方的爱好或特长，然后投其所好，选择对方擅长的话题，给对方一个表现机会，也显得自己谦虚，虚心学习。例如：青年人对于足球、通俗歌曲、电影电视的话题关注较多：老年人对于健身运动、饮食文化之类的话题较为熟悉；公职人员关注的多是时事政治、国家大事；普通市民则更关注家庭生活；等等。

2．忌讳的话题

俗话说："酒逢知己千杯少，话不投机半句多。"在与他人交谈时，要想使交谈的气氛融洽和谐，避免话不投机带来的尴尬，就应当有意识地避开某些话题。

（1）不能选择格调错误的内容

不能非议自己的祖国、民族、党、政府、现存的社会规范，因为污蔑自己的国家，也是等于在污蔑自己。谈论这些问题，会让人觉得思想偏激，甚至品德有问题，从而产生不良影响。此外，非议自己的家乡，也是极度不好的话题。对自己的家乡给予负面的评论，也是对自己的不尊重，这样不仅会给人消极、悲观的感觉，也让人难以信任。因此在社交场合，应该避免谈论这些格调错误的话题。

（2）不能涉及别人的隐私

在社会交往中，对交往对象给予关心是理所当然的，但是应注意关心有度，交谈有度，不能问及他人隐私问题。所谓隐私，自然是不可随意示人的事物。当今社会，人们对隐私的保护意识日益增强。若是初交，话题应该尽量避免涉及属于对方隐私范围的话题。最好不要询问对方的年龄、收入、婚姻、信仰、住址、职业和经历。即使是对方主动提及，也应斟酌考量，适可而止，不要没完没了地谈论该话题，刨根问底，非要把对方调查清楚，须知关心过度也是一种伤害。

（3）不能涉及国家机密与商业秘密

国有国法，家有家规。在谈话内容中，切忌打探国家机密及行业秘密，否则会被判定为违法乱纪行为。时常在电视中的答记者问时听到如下的回答："无可奉告"或"这个问题我不能告诉你"，这就是在保守国家和组织的机密。

（4）不能随便非议交往对象

俗话说，"说者无心，听者有意"，传话者图利，随便非议交往对象，会让人尴尬和难堪。不非议对方是有教养的行为。

（5）不能在背后议论领导、同事和同行

在单位内部，可以批评和自我批评，但是内外有别，在他人面前不能随意评说自己单位和部门的坏话，在思想上、行动上维护自己单位、组织的形象这是一种教养。自尊的一个非常重要的标志就是尊重自己的职业，尊重自己的单位。社会分工不同，行行能出状元。一个受人尊重的人是有实力的人，是爱岗敬业的人，是维护自己所在组织团队的人。一个人爱国、爱家、爱岗也是有礼貌有修养的体现。

（6）不能谈论庸俗低级的问题

交谈中涉及一些荒诞离奇、耸人听闻、黄色淫秽的事情是不合时宜的。双方交谈，尽量不要选择低档次、很庸俗的话题，如低级庸俗的笑话，男女之间的隐私，别人的毛病和生理上的缺陷，等等，话题的低级往往表明了思想和人格的低级，显示出谈话人的浅薄和无聊。

### （三）有效沟通技巧

#### 1. 说的技巧

（1）围绕主题

职业场合交往有效沟通的基本要求就是围绕既定主题展开交流。如经营管理规章制度传达实施、日常事务工作信息传递、征询意见、求得业务帮助、讨论问题看法、研究业务合作项目等。

围绕主题就是强调沟通的目标明确性，就某个问题达成共识，即成为有效果的沟通。

围绕主题也强调了沟通的时间观念，应在尽量短的时间内完成沟通的目标，成为有效率的沟通。

（2）真诚赞美

赞美是沟通的润滑剂。赞美是人们的一种心理需要，是对他人敬重的一种表现，是有效沟通中的礼仪技巧，真诚适度的赞美令人愉快，能很快拉近彼此之间的心理距离，为有效沟通提供前提。

真诚赞美是情真意切的、发自内心的赞美，是实事求是、措辞恰当的赞美。相反，若毫无根据、夸大其词地赞美别人，则让人感到虚情假意，甚至会陷入尴尬境地，也就阻碍了沟通的深入开展。

真诚赞美的前提是发现对方的闪光点。法国雕塑家罗丹曾说，对于我们的眼睛而言，这个世界不是缺少美，而是缺少发现。只有发现了美，才能具体翔实、热情洋溢地赞美对方，才能表现出真诚友善。

借用第三者的口吻来赞美对方，是真诚赞美的一种技巧，运用好这一技巧，更有利于及时有效地沟通。如："早听说您的办事能力很强，今天更深刻感受到了！"

此外，赞美并不一定总用一些固定的词语，不是见人便说"好"，而是可以赞美得不留痕迹。

（3）巧妙说服

交流时，可能常常会遇到对方的思想或要求欠妥，不能接受，于是想指出对方的缺点和不足之处，这时的沟通尤其要注意说的礼仪，即运用技巧巧妙地说服对方，才能实现有效沟通。

巧妙说服常用到"同理心原则"。建立同理心是指观察和确认他人的情绪状态，并给予适当的反应，站在对方的角度，委婉含蓄地让对方接受自己的观点或建议。说话时要慎用"我觉得""我认为"，要多使用"您""你们""我们"。如："小刘，我发现你的建议很好，同时把……考虑上就更好了"或"一开始我也这样认为，让我们换一个角度……""我也有过相同的经历……如果我是你的话也……我们一起想想……"

说服对方时，要选择恰当的提议时机，尽量将案例、资讯及数据摆出来，用事实说话，但要注意千万不能伤到对方的自尊。

说服对方时，要推心置腹，动之以情，通过感情这座桥梁到达对方的内心世界，以真心打动对方。说服对方时要求同存异，沟通没有对错，只是立场不同。求同存异，满足对方"被肯定、被接受"的心理需求，缩短彼此的心理距离，就一定能够达到有效沟通的目的。

说服他人的方法很重要，有时避其锋芒，运用高超的语言技巧，就会收到事半功倍的效果。

2. 听的技巧

（1）有表情地听

表情能表达丰富的情感态度。眼睛是心灵的窗口，在听的过程中，一定要礼貌注视对方，保持目光交流，用目光表情传递出积极主动、热情快乐的心情，并且适当点头示意，与对方进行表情互动，表现出有兴趣的状态，给予对方“说”的鼓励。相反，若总是低头不语、东张西望、左顾右盼、频频看表、抓耳挠腮，则表示对对方的话题或观点不耐烦，无形中表示拒绝交流，这就违背了沟通的双向性，背离了沟通的目标。

（2）有回应地听

除了用表情表示聆听外，还要有适时的语言回应，如表示肯定、认同时发出“哦”“嗯”“是的”等应答声。鼓励对方继续表达时说“太好了，那下一步怎么打算呢？”“哦，原来是这样呀，那后来呢？”这样适时地回应，与对方形成心理上的默契，就能够使交流更加深入。也可以通过重复、强调对方谈话中的关键词，把对方的关键词语经过自己的修饰后，回馈给对方。如果没有听清楚、没有理解时，在不打断对方的前提下适时告诉对方，请对方做进一步解释，以便全面理解对方要传递的意思。

（3）有目的地听

有效沟通中的聆听环节是要听出对方的真实需求、思想、委屈、快乐等，还要对对方的话语和肢体语言在交流中传递的小细节进行快速汇总和分析，所以聆听不是简单地听就可以了，需要会心地、有目的地听，要把对方沟通的全部信息、内容，包括情绪、情感，甚至言外之意，都尽可能地把握好，并记在心里，这才能使自己在回馈给对方的内容上，与对方的真实想法一致，这是有效沟通的重要保障。

（4）听的禁忌

①忌听而不闻，不用心思、不做任何努力地听。

②忌随意打断对方，只满足自己的感受。

③忌随意插话补充，轻视他人，抬高自己。

④忌轻易否定对方，自以为是，目中无人。

3. 问的技巧

社交场合沟通的最终目标是达成一个共同的协议。要充分了解并确认对方的需求、目的，经常会通过提问得知。常见的提问方法有两种：开放式问题和封闭式问题。

如果在提问的过程中没有注意到开放式和封闭式问题的区别，往往会造成收集的信息不全面或者浪费了很多的时间，达不到有效沟通的目的。所以，在进行职场沟通时可用开放式问题开头，先营造一种轻松的氛围，一旦谈话跑题，就用封闭性问题引导，如果发现对方有些紧张，再给予开放式问题缓和对方情绪。

（1）封闭式问句

封闭式问句是指特定的领域带出特定的答复的问句。一般用“是”或“否”作为提问的要求。例如，“上星期三，你到哪去了？”“前天在会场没见你，你是否回家了？”“你有没有向我借一本书？”等，这类问句，可以使发问者得到特定的资料或信息，而答复这类问题也不必花多少思考功夫。但这类问句，含有相当程度的威胁性，往往引起人们不舒服的感觉。这类问句还有以下情况：

①选择式问句

给对方提出几种情况让对方从中选择的问句。例如，“您的专业是文科，还是理科？”“毕业后，你是去政府机关，还是到厂矿企业，还是留校工作？”等。这些都是给出两个或两个以上的假设，供对方加以选择，对方只是在这指定的范围内选择，不能在范围以外寻找答案。

②澄清式问句

针对对方答复重新让其证实或补充的一种问句。例如，“你说想考杭州大学，决定了没有？”“你说完成这项任务有困难，现在有没有勇气承担这项任务？”等。这种问句在于让对方对自已说的话进一步明确态度。

③暗示式问句

这种问句本身已强烈地暗示出预期的答案。例如，“学习中国女排的拼搏精神，就能克服困难，你说对不对？”“他一贯表现很好，应不应该受到表扬？”等。这类问句中已经包含了答案，无非是交流中敦促对方表态而已。

④参照式问句

以第三者意见作为参照系提出的问句。例如，“老李认为谈判小组要把中心放在成交日期上，你以为如何？”“经理说，今年把营业额提高10%，大伙认为怎么样？”

（2）开放式问句

开放式问句是指在广泛的领域内带出广泛答复的问句，通常无法采用“是”或“否”等简单的措辞作出答复。例如，“你对自己当前工作表现有什么看法？”“你看我们的工作应当怎样开展更好？”“你对明年的计划有什么考虑？”等。这类问句因为不限定答复的范围，所以能使对方畅所欲言，获得更多的信息。开放式问句还有以下一些句式：

①商量式问句

这是和对方商量问题的句式。例如，“下月与上海某厂有一项业务洽谈，你愿意去吗？”“工厂要搞一项技术革新，你有这方面的基础和经验，你愿意参加吗？”“我校新兴学科缺乏教师，要公开招聘，你愿意报考吗？”等。这类问句，一般和对方切身利益有关，属于征询对方意见的发问形式。

②探索式问句

这是针对对方答复内容，继续进行引申的一种问句。例如，“你谈到找工作上存在困难，你能不能告诉我主要存在哪些困难？”“你刚才讲不适合做这项工作，你能不能作进一步说明？”“你说小张有才华，可以重用，你能不能进一步谈谈理由？”等。探索式问句，不但可以发问比较充分的信息，而且可以显出发问者对对方谈的问题的兴趣和重视。

③启发式问句

它是启发对方谈看法和意见的问句。例如，“现在接近年末了，你能不能谈谈你对今年工作的评价？”“明年的物价还要上涨，你有什么意见？”这类问句主要启发对方谈出自己的看法，以便吸引新的意见和建议。

在沟通过程中，发问者要多听少说，多运用开放式问句，谨慎采用封闭式问句。发问者应事先了解对方情况，打好腹稿，注意发问的时机，取得对方同意后再进一步提问，由广泛的问题逐步缩小到特定的问题，避免含糊不清的措辞，避免使用威胁性、教训性、讽刺性的问句，避免盘问式或审问式的问句。

## 二、接打电话礼貌高效

电话是工作往来不可或缺的通信工具。在日常工作中，直接影响通话效果的是通话者的态度、声音和使用的言辞，这三者一般被称作“电话三要素”，也是电话形象的塑造基础。接打电话有很多礼仪规范，从通话前的准备到铃声的响起，从第一声的问候到礼貌地挂断，从电话形象的塑造到手机的管理使用，每一个环节都能反映出一个人的沟通能力、礼貌素质以及所在组织的形象。

### （一）电话礼仪形象

接打电话时虽然眼睛看不到对方，但彼此的表情姿态、语音声调、语言态度都会通对话给对方留下一个印象，这就是所谓的电话形象。它不仅能反映通话者的个人素质，而且也能体现所在组织的管理水平。

1．姿态端正

面部表情和通话姿势都会影响声音的变化，所以接打电话也要抱着“对方看着我”的心态，表情要体现热情尊重。如微笑着发声，声音是亲和甜美的。不论站姿或坐姿，上身都要保持端正，如果躺卧歪倒着通话，声音也是懒散的。另外，通话中要养成左手拿话筒，右手随时做好记录准备的习惯。

2．声音清晰

接打电话不同于面谈，彼此之间信息的传递全凭声音，所以要尽量讲普通话，吐字清晰，语调柔和，语速适当放慢，音量适中即可。喜悦的心情能传递出欢快的语调，注意控制情绪。

（1）关注“铃响声”

电话礼仪在接通之前就存在了。如果办公电话尤其是服务电话，铃响 4 声以上才接通，会让人产生一种不坚守岗位或工作懒散的负面联想；超过 5 声以上接通，对方积极沟通的情绪就会受到影响。所以工作电话要在铃响 2～3 声时迅速接听。如果由于特殊情况铃声超过 5 声了，接通后要首先道歉。一般的工作岗位电话铃声响过 1 声时先不要仓促接起，除非是专岗服务转接电话。

（2）重视“第一声”

接通电话后的第一声是给对方留下第一印象的关键点，礼貌的第一声一定是先问好再自报家门，如：“您好，这里是 ××× （单位）”或“您好！我姓 ×”。内线电话只报清部门即可。如果对方误拨，要理解宽容，不能大声责怪。

（3）控制“背景声”

电话里双方对话之外的声音都是“背景声”，这是不需要出现的通话噪声。在接听电话前或过程中应注意避免背景声传到对方的耳朵，防止背景声干扰自己的思路。曾经一个客户咨询业务时对着电话说：“我现在很不喜欢闻烟味！”原来接电话的营销员在通话中点火抽烟又玩弄手中的打火机，让客户感觉到了他的不耐烦情绪。所以，接听电话时要尽量远离嘈杂环境，控制周围声音，绝不能对着话筒抽烟、喝茶、吃东西、打哈欠、咳嗽等。

（4）礼貌“挂断声”

电话接听完毕后，一般情况下要等打进电话的一方先挂断电话，自己再挂断，除非自己是客户、领导、长辈身份时可以先挂断，但注意挂断声要轻、稳。

## （二）高效通话礼仪

1. 拨打前做好准备

（1）心境准备

拨打电话前首先要调整好精神状态，避免因过分懒散、紧张或过分兴奋造成误拨和说话缺乏条理，刚过完节假日上班的第一天、刚午睡后到岗、紧急事件的应对或者一些指标任务带来的工作压力等都难免会影响工作心境，在这些时刻拨打电话一定要做自我积极暗示，控制情绪，克服倦怠和烦躁心理后再拿起电话。

另外，有些电话内容可能会引起对方不快，或打电话讨论敏感问题时，都要提前做好思想准备，避免受到对方情绪的影响而造成通话障碍。

（2）内容准备

拨打工作电话往往是有事咨询、有事请教等，为确保简明扼要、表达全面，拨打前应把电话的中心内容打个腹稿，重要的事情还要列出提纲，内容紧急重要、数据复杂、时间约定严格的电话必须先打好草稿，经核实无误后，方可拨号。这样的准备工作有助于提高通话效率，避免因对方的偶然插话打断或转移自己的话题中心。

2. 拨通后灵活应变

①电话拨通后，对于认识的人，简单问候后即可直奔主题；对于不认识的人，要先讲明自己的身份、目的再谈问题。

②需谈论有争议的问题、敏感性问题时，要先向对方询问谈话是否方便。

③如果要找的人不在，必要时可委托对方，简要说明事情要求后要记住委托人的姓名，并表示感谢。

④中途若因不明情况断声，拨打方要主动再次拨通。

3. 接听后认真负责

（1）准确记录

职场的工作电话每一个都很重要，都跟工作密切相关，要认真聆听，不可敷衍。左手拿话筒，右手执笔记录，不留疏漏，这是确保电话沟通效率的基本习惯。

否则，放下电话因事务繁忙或时间关系而把电话内容忘了或记不准了，还得重新通话询问，浪费了时间不说，耽误了工作还会造成失职。

（2）复核应答

接听电话时一定要专心，不要频繁打断对方，要适时回应，如使用“嗯”“知道了”“好的”“明白”“记下了”等短语，让对方感觉你在认真聆听。

遇到对方说及重要信息时要强调、复述、确认，如提及的时间、地点、电话号码、数据等，防止自己误听误记造成差错，同时也给对方留下办事负责认真的好印象。

（3）查询有方

当遇到需要在查询资料或需要请示后才能答复对方的问题，要根据实际情况和工作经验考虑对方等候的时间，如果等候时间估计会超过 2 分钟，就要告诉对方，同时商定待机等候还是挂机回拨。

（4）转接有礼

很多时候在办公场所接通电话时，自己不是对方要找的人，这很正常，热情为他人转接电话是与人为善的表现。这时不要让对方久等，如果呼唤距离较远的人要用手轻捂话筒，如果要找的人不在或不便接听，应说“对不起，他刚离开了办公室，需要的话我可以转告。”当对方需要转告时，一定记下身份、电话等信息，对方致谢后要说“不客气。”特别需要注意的是，不要随便将同事尤其是领导的手机号码告诉对方。

接打电话的言辞用语很重要，一些容易引起误会的、不礼貌的、闲散无用的话一定不要随意出口，否则会适得其反。

### （三）手机使用礼仪

当今职场，手机也常常作为办公往来的通信工具。除遵循上述电话礼仪的规范外，使用手机还要遵循以下两个主要方面的礼仪，以示对人对事的尊重，也是公共道德的体现。

1. 使用手机要看场合

（1）禁用场合

飞机上、加油站、驾驶中、音乐影剧院、庄严肃穆场合、医院手术室或重症室、法庭、活动仪式进行中以及有特殊规定的工作岗位等场合严禁使用手机，且要及时关机。

（2）静音场合

课堂、会议室、图书阅览室、病房、公共休息室、与他人洽谈沟通中以及需要避免声音干扰的场合要及时将手机调成静音。

（3）慎用场合

餐桌旁、公交车上、电梯里、行路中、办公室等公共场合或工作岗位，不可以旁若无人地接打电话，应谨慎使用，尽可能压低声音，长话短说，尽量减少对他人的干扰，将手机调成震动状态。

2. 正确利用短信功能

①不适宜接打电话的场合，或电话不易说清、对方不便记清某些信息的时候，可利用收发短信的方式相互联络。

②不清楚对方是否方便接听电话又怕打扰到对方时，可先短信留言："方便时请回电。"

③收到领导、长辈、客户等位尊者的短信后要及时回复。

④适时发送节日、生日等祝福短信，最好署上自己的姓名。

⑤收到群发通知短信，要及时回复："收到，谢谢！"

⑥不要在与人交谈的同时查看短信或编辑短信。

⑦严禁编辑和转发不健康的或不文明的短信。

## 三、网络沟通诚信有规

网络沟通是指通过基于信息技术的计算机网络来实现信息沟通活动。在互联网高速发展的今天，网络商务不断改变着人们的生活方式与传统的经营模式。网络沟通因没有地域限制、不受自然因素影响、沟通成本低等优点深受商务人士的喜爱。但广泛进行网络商务的同时，网络沟通中出现的问题也日益凸显，因此，遵守网络沟通的规则和礼仪就显得尤为重要了。

### （一）网络沟通基本礼仪

1. 以人为本

网络沟通是一种通过虚拟的方式和单人或多人沟通的方式。网络沟通一般是一种看不到对方，又听不到对方声音的沟通方式，常会使用户在面对电脑屏幕时忘了是在跟其他人打交道，行为语言上往往会产生自我放松的思想，降低了自己的道德标准，有的甚至留言粗鲁无礼，有的过分要求对方，更有甚者进行人身攻击，这都是没有教养的表现。要记住，网络沟通的第一礼仪就是“记住人的存在”。

以人为本，把握分寸正是人性和人心所能接受和需要的，发电子邮件、QQ聊天、微信沟通等应以不侵犯他人的言论权为基础，以在乎自己一样的态度来在乎对方，这样既能树立自己的网络形象，表现自己的修养，也会备受他人的尊重。

2. 尊重他人

尊重他人是获得他人尊重的开端。因为网络的虚拟、匿名性质，双方无法从文字以外的信息来判断对方的形象，因此一字一句就成为双方对彼此印象的唯一判断。所以，要注意用词句法，现实中不该说的话在网络上同样也不要说，文明上网、礼貌沟通是职场人员的基本道德要求。

网络沟通中，尊重他人首先要尊重他人的隐私。对方的真实姓名、性别、聊天记录、电子资料等应该是隐私的一部分。如果对方都是用网名聊天，即使知道对方的真名也不可公开。随意转发或传播他人电脑里的个人电子邮件或工作函件，也是不尊重他人隐私的表现。

尊重他人，还要尊重他人的时间。职场商务往来要公私分明，不能看到对方的工作QQ在线，就随意打扰，尤其是对方QQ签名写着只收发工作信息时，更不能轻易打扰。在公共论坛上，不要以自我为中心，随意提问，在提问之前，先自己上网搜索和研究，很有可能同样的问题以前已经有人问过多次了，答案触手可及。

3. 宽容礼貌

在电脑上打字难免会出现错字、多字、漏字的情况，遇此情况要理解宽容，不要大惊小怪、小题大做，更不要讽刺挖苦、尖酸刻薄。一般从上下文句中能看出意思的就理解默认，不要太在意，有不清楚的地方，要礼貌指出。

沟通时要用平和、平等的语气进行交流、分享。由于网络使用者来自不同的文化背景与生活层次，无法像面对面一样很快了解或知晓背景后交流，这就要求双方更要礼貌客气，不管对方是什么背景，都要“见面”招呼，“退出”告辞，平等宽容，语言礼貌，语气友好。

4. 自我保护

不要随便在网上留下单位电话、个人联系方式、个人消息，以免被骚扰。在使用QQ、微信等社交软件时，不必使用真名，可用表现自身特点的别名，但一旦确定，不宜频频更换。

以便交流，另外要特别注意自己的“签名”“朋友圈”的内容，不要暴露自己在工作上的感受，尤其是负面的情绪。毕竟，客户会通过你的只言片语推测或联想，对个人或单位都可能产生不好的影响。

“黑客”往往凭借其高超的计算机知识和网络操作技能，进入一些重要单位的服务器，或是擅改程序，或是偷窥机密，造成网络混乱，并从中获利。必须正确使用网络技术，不能充当“黑客”，必须防范“黑客”。对于利用网络进行犯罪的事实，知道后应该及时向公安机关举报。

### （二）电子邮件收发礼仪

电子邮件又称电子信函或电子函件，其优点是方便、快捷、省时、容量大、对他人干扰小，而且经济实用。通过收发电子邮件沟通信息，虽然互不谋面、听不到声音、看不到表情，但收发时同样要求遵循一定的礼仪规范。

1. 主题准确突出

标题要提纲挈领，添加邮件主题是电子邮件和信笺的主要不同之处，在主题栏里用短短的几个字概括出整个邮件的内容，便于收件人权衡邮件的轻重缓急，分别处理。关于电子邮件的主题，主要有如下的礼仪要求。

①主题突出，让人一目了然，也可适当使用醒目字眼，以引起注意。

②每封邮件只针对一个主题，对同类的内容最好使用相同的主题命名格式，这样便于日后整理存档邮件。

③回复对方邮件时，一定要注意：如果谈论的内容已经和之前的内容发生了变化，可以根据回复内容的需要更改主题，使收件方更加清楚该邮件的主要内容。

④空白主题或不规范的主题是不职业、不重视对方的表现。

2. 简明扼要行文通顺

（1）开头称呼

邮件的开头要称呼收件人，以示对对方的问候和尊重。这既显得礼貌，也明确提醒收件人此邮件是面向他的，要求其给予必要的回应；在有多个收件人的情况下可以称呼大家，问候语是称呼换行空两格写“你好”“您好”或“你们好”。

（2）自报家门

若对方不认识，发件人首先应当说明自己的身份或姓名。代表的公司名称是必须通报的，以示对对方的尊重。点明身份应当简洁扼要。

（3）内容简洁

电子邮件正文应简明扼要地说清楚事情，多用简单词汇和短句，准确清晰地表达，不要出现让人晦涩难懂的语句。多用列表形式，且一封邮件最好把相关信息全部说清。如果具体内容确实很多，正文应只作摘要介绍，然后单独添加附件。同时要在正文中提示收件人查看附件，如果附件是特殊格式文件，应在正文中说明打开方式，以免影响收件人使用。

（4）文字通顺

文字尽可能避免拼写错误。在邮件发送之前，注意使用拼写检查，仔细阅读，检查行文是否通顺。另外，现在法律规定电子邮件也可以作为法律证据。因此，写电子邮件时须仔细推敲，这既是对别人的尊重，也是对自己的保护。

（5）结尾签名

电子邮件末尾加上签名档是必要的。签名档可包括姓名、职务、公司名称、联系电话、传真、地址等信息。

3. 发送邮件确保成功

有时因为网络问题或计算机本身设定等问题，邮件可能发送不成功或发送后被退回，因此点击发送后要检查电子邮件是否发送成功。重要的电子邮件还要得到对方的回复确认，或者至少让他知道有邮件发送。发送完毕后，还可电话通知并确认对方收到。转发敏感信息或者机密信息要小心谨慎，不要把内部消息转发给外部人员或者未经授权的接收人。不发送垃圾邮件或者附加特殊链接作邮件。

4. 回复邮件及时响应

收到他人的重要电子邮件后，及时回复对方是必不可少的礼仪，这是对他人的尊重。理想的回复时间是 2 小时以内。

# 第六章　高校学生就业指导与职业能力提升

本章为高校学生就业指导与职业能力提升，论述了高校学生求职技巧、高校学生实习成长、高校学生适应职场、提升高校学生职业能力、就业指导的意义与目的五方面的内容。

## 第一节　高校学生求职技巧

### 一、工作求职技巧

#### （一）用智慧来推销自己

求职者在求职的各个环节要多动脑筋，把自己优秀的方面展现出来，恰到好处地张扬自己的外在和内在的特点和优势，得到面试官的特别注意，并留下良好印象。但记住，智慧不等于要小聪明，这个“恰到好处”就意味着既不要“王婆卖瓜”，也不要谦虚过度。

#### （二）有的放矢、适度包装

针对不同用人单位的要求，准备针对性较强的材料，强调自己与所应聘岗位相关的知识能力和专长经验，让用人单位觉得这就是最理想的应聘者。同时，包装已成为当代大学生在求职过程中推销自己的重要手段，适度的包装可以更有效地提升自己的地位和形象，但过度的包装却会使人反感。包装包括两方面：一是自荐材料的包装，应注意按照不同类型的职位准备不同形式的材料，一般可分国家公务员、学校教员、公司职员三类；二是对自身的包装，主要是着装打扮上要求大方、得体、规范。成功的应聘策略是：实力 + 包装 + 推销技巧。

#### （三）诚信为本

诚信是指既要客观展示自己的优势和强项，又能正视自己的缺点和不足。其实用人单位并不会太在意求职者的缺点和不足（致命的缺点除外），主要是看求职者的发展潜力和对待问题的态度。

### （四）积极主动

就业信息都有很强的时效性，在对就业信息进行充分论证后应主动出击，并做好各方面的准备，否则会错失良机，正可谓“机不可失，时不再来”。应这样做：不等对方索要，主动呈交；不等对方提问，主动介绍；不消极等待回音，主动询问。这样给人的感觉是：态度积极，求知心切。

### （五）重点突出

在介绍自己的情况时要重点突出自己的知识能力和与众不同的优点，还应有一定的举例说明，并且应体现在所表达的语言之中。

### （六）出其不意

出其不意是指通过与众不同的方式求职。

## 二、电话求职技巧

随着通信事业的发展，电话求职已成为一种新时尚。电话求职不仅可以起到“先声夺人”的效果，还可以节省时间，避免求职的盲目性，增加面试机会，提高求职效率。在电话求职时应该选择并控制通话时间、准备通话要点、做好通话记录、注重礼貌及通话方式，具体应注意以下六个方面。

### （一）调整好通话心情并做好相应准备

在以电话形式找工作时，要以面试的状态去与面试官交流，并且要提前备好介绍自己的内容，以此来提高应聘成功的概率，在一般的情况下，用人单位会创建一个简历投递的通道，应聘者在此投递自己的简历，之后用人单位会给应聘者打电话联系，这是第一次口试，用人单位根据应聘者在通话中的表现，来抉择是否要进行面对面的谈话。所以应聘者不要把求职过程简单化，如果应聘者的态度太过于放松，在面对面试官的一些问题时，比如工作动机、经验等，可能会因为自己没有充分的准备而导致回答不能令人满意。另外，最好准备好纸和笔，方便记录一些问题。

**（二）选择适当的通话场所**

电话求职尽量选在安静的地方进行，如果一定要在外面打电话，也应选择相对安静的空间。在一些热闹的地方不适合通话，尤其是电话求职这种比较严肃的事情，避免给面试官留下不好的印象。

**（三）选择好通话时机**

在打电话时，要把握好通话时间，不要在休息的时间给对方打电话，也不要在对方工作繁忙的时候打电话，这样做通话结果不会很好，而且会给用人单位留下不成熟、没礼貌的印象。通常情况下，在工作时间或者上班半小时内打电话沟通，这样做可以给对方留下好的记忆，有利于求职的成功，一般不宜在临近下班时打电话，否则可能会影响对方的情绪和通话效果。还有，如果估计通话时间较长，应该事先打电话预约一下。

**（四）准备好通话内容**

作为求职的一种方式，打电话的根本目的就是争取面试机会，因此，电话求职时应一切都要围绕这个中心来准备通话的内容，介绍自己有哪些优势、缺点，自己之前有过什么样的工作经验，保证自己能够担任本职工作，最后恳请面试官可以给自己一次机会，然后再整理一下思路，之后拨通电话。电话接通后，按事先拟好的纲要，逐条讲述，在与面试官问好后，进行自我介绍、讲述工作流程、自己优势的能力等流程，对招聘信息中不太清楚的地方及时与面试官交流。此外，手头上应准备一些必要的求职材料，以便准确回答对方的提问。

**（五）把握好表达方式**

求职者既然选择打求职电话，就说明希望可以得到这次的工作机会，所以在求职电话接通后，要和对方友好交流，礼貌地核实单位名称，询问对方自己想要找的面试官名字，如果正好是对方，要先有礼貌地问好，然后再进行面试交流；如果不是，应请求对方帮忙联系一下面试官，如果面试官现在不在公司，要礼貌恳求对方记下自己的联系方式，并且转达给面试官。通话时，应注意语言、语调和语气，要表现出令人愉悦的气质，要热情、坚定、自信，咬字要清楚；音量要适中，以对方能听清楚为准；不要过分客套，不要含糊其词。最后，要礼貌地与对方说“再见”“拜拜”，是对对方的一种尊敬，表明此次通话快要结束了，对方将电话挂掉后，自己再把电话挂掉。

### （六）运用好加深印象法

在电话求职过程中，为了加深自己给面试官的印象，可以在通话时加点幽默的内容，这样给对方留下一个生动、活泼的良好印象，但是要掌握好尺度，千万不能浮夸。通话时要放轻松，尽量不要使用口头语，内容条理清晰，说话流畅，语速、音量适中，给面试官留下一个成熟稳重的印象。

## 三、面试聆听及应答的技巧

### （一）面试聆听的技巧

听，也是一种学问。据心理学家研究，人的思维速度是说话速度的几倍。一般情况下，说者还没说完，听者也许早就理解了，这时人的思想就容易开小差，表现出心不在焉的动作或神情，而对他人的话听而不见，可见，善于倾听，成为一个优秀的“听众”，是面试成功的一个重要方面。

（1）全神贯注、用心倾听

面试聆听时精力必须高度集中，切莫分心，要做到耐心、专心。“耐心”要求应聘者在听面试官讲话时，应当保持耐心，不能表现出不耐烦的神情，更不能东张西望。“专心”要求应聘者全神贯注，始终保持精神饱满的状态，专心致志地注视面试官，在面试官讲话过程中，应聘者可不时发出表示听懂或赞同的声音。如果一时没有听懂对方的话或有疑问，可以适时地提一些有针对性的问题。

（2）尊重他人、姿势得当

无论是站着还是坐着，都要让面试官感觉到应试者是在“注意倾听”，是最优秀的“听众”，是“知音”。具体表现为：身体要稍微向前弯曲，以缩短与面试官的距离，表示对他的话有兴趣；并用各种肢体语言来回答面试官的问题，表明自己的机敏性；同时，还要注意姿势要自然、放松，不要出现用手捂嘴巴、两手抱着胳膊、双手抱肩、双手在胸前交叉等姿势，这些姿势既不礼貌，也反映出一个人的紧张。

（3）用好眼睛、适时互动

在面试官讲话的过程中，应聚精会神地注视对方，保持与面试官目光的接触，表示对面试官所谈内容有浓厚的兴趣。如果左顾右盼，目光飘移不定，就显得情绪不安。同时，与面试官形成互动，即将自己的关注传达给面试官，让面试官知道应聘者在专心致志地听他讲，使面试官对继续讲话保持兴趣。

（4）察言观色、具备敏感度

在聆听面试官讲话时，应具备足够的敏感性。首先，应高度关注关键的字、词，善于从面试官的话语间找出他没有表达出来的意思，即理解对方的弦外之音；其次，要注意感受面试官对自己的话是否听进去，是否对自己谈的内容感兴趣；最后，还要细心观察面试官在讲话时的表情及姿势的变化，从而全面准确地把握面试官讲话的含义。

**（二）面试应答的技巧**

面试过程中，招聘单位总会提出一系列的问题，正确应对和回答面试中的问题，主要把握以下 6 个方面。

①通常，在解答面试问题时，要先说结论，表明自己的观点，然后再进行论述，论述内容要条理清晰，理由充分，将问题的重点完整、简明地表达出来。否则长篇大论会让人不得要领。而且面试时间有限，多余的话太多反而容易跑题。

②清楚问题的原因、经过、结果，避免假大空。在面试过程中，面试官会尽可能地多了解求职者的基本情况，并以此提出一些问题，对于这些问题，求职者要认真思考之后再回答，并对自己的某些情况进行解释和具体说明，不能以“是”或者“不是”这种态度来解答。过于抽象的回答，往往不会给面试官留下具体的印象。

③仔细倾听问题，切忌文不对题。在面试过程中，如果面试官提出一些难以解答的问题，自己可以先将问题快速地默念一遍，来加深自己对问题的理解，之后再进行解答，所以面对不确定的问题时，一定要理解清楚了再回答，避免回答的内容与面试官提出的问题不符。

④有个人见解，有个人特色。面试官接待应聘者若干名，相同的问题可能要问若干遍，类似的回答也要听若干遍，只有那些有着独特见解答案的求职者，才能给面试官留下深刻的、不同于其他人的印象。

⑤知之为知之，不知为不知。知道就是知道，不知道就是不知道，对于一些不知道怎么回答的问题，要坦诚地面对自己的缺点，这样也会给面试官留下一个好的印象。

（6）“二八原则”。在面试中，应聘者说的话应该占 80 %，面试官说的话占 20 %。在与面试官进行谈话的时候，要适当补充面试官的话。比如面试官说完后，应聘者可以接着说：“我觉得您的想法很好，我基本上同意您的看法，但是有一个小地方，我跟您的观点不一致，那就是……”

## 四、笔试技巧

在充分准备的基础上，还要注意笔试时的技巧，以提高答题效率，笔试技巧主要包括以下三方面。

### （一）增强信心

信心是成就一切事业的重要保证。笔试怯场，大多是由于缺乏自信心。客观冷静地对自己进行正确评估，就能克服自卑心理，增强自信心。笔试与高考不同，高考是一锤定音，而笔试则有多次机会。而且“双向选择”是互相选择，单位在选择你时，你也在选择单位，并不是单位单方面地选择你，因此完全可以轻装上阵。

### （二）做好考前准备

参加考试前，最好先熟悉一下考场环境，这对消除应试时的紧张心理会有帮助。弄清楚考试的要求和注意事项，带好必要的证件和一些考试必备文具等，尽量按要求事先准备好。考试前要保证睡眠，不要打疲劳战，确保考试时精力旺盛。

### （三）科学答卷

具体答卷也是有讲究的，拿到试卷后，先不要忙着做题，首先应通览一遍，了解题目的多少和难易程度，使自己对答题的顺序和重点有一个大概的把握。然后按照先易后难的原则排列出顺序，先做相对简单的题目和分值较高的题目，最后再攻克难题，这样就不会因攻克难题费时太多，白白丢掉本该拿到的分数。最后留出时间对试卷进行复查，注意不要漏题。卷面字迹要整洁、清晰，书写过于潦草、字迹难以辨认也会影响笔试成绩。因为笔试不同于其他专业考试，“醉翁之意不在酒”，有时招聘单位并不特别在意应试者考试分数的高低，但是认真的态度，细致的作风，新颖的观点也会增加应聘者录取的概率。

# 第二节　高校学生实习成长

工作，在人的一生中占据较大的时间比例和重要地位。工作中是否感到幸福、高效的一个关键要素就是，是否热爱工作并且全情投入。所以去选择想做的工作，不要只是为了工作而工作。当真心想做这件工作时，它在心中就不再是一份工作而已，而是一份值得去奉献、去牺牲其他事物而打造的事业。

## 一、像找工作一样选择实习单位

大学生实习作为工作准备的一部分，切忌盲目而为，而应做好规划，甚至作为生涯规划的一部分。因此，大学生应该对实习保持一种认真的态度，要像找工作一样选择实习单位。

### （一）实习的意义

实习是大学生步入社会前必须要经历的一个环节，它可以让学生提前对社会有所了解，学习一些在学校中没有的认知，开阔了学生的视野，为毕业走向社会奠定一个扎实的基础。实习一方面能够让大学生学以致用，把课堂知识运用到实践上，另一方面，能够近距离与心仪的单位接触，加深互相的了解，因此，越来越多的大学生希望寻求好的实习机会，同时企业和单位也越来越重视毕业生在校期间的实践经验。认真了解实习对大学生之后工作生涯的意义、作用，对推进大学生落实工作有着积极的影响。

在学校里，大学生在老师的教导下，再加上自己认真学习的态度，获得了扎实的专业知识，通过实习来稳固提升专业知识，可以充分发挥和展示才华，加深对职业的了解，确认喜欢或擅长的行业，进而更好地调整就业规划，一步一个脚印，为职业生涯目标而前进。实习可以使学生对所做工作有初步的了解，看自己是否喜欢这个工作、是否擅长这个职业，如果既喜欢又擅长，就可以将这个职业加入自己的就业规划里，毕业找工作的时候，可以多关注这方面的招聘信息；反之，就要重新找工作目标，及时调整就业目标和规划，并且实习让大学生对职业与行业之间的联系有了相对完整的认识。

实习可以帮助大学生适应从校园到社会的转换过程。常言道：“大学就是一座象牙塔”正是这样，在学习与工作、校园与职场之间有着很大的不同。在学生步入社会之后，做事风格、行为举止都需要发生巨大的改变。实习提供了一个机会，让学生接触到真实的职场，体验在职场上拼搏的感受。在获得实习经历的基础上，正式工作时就能够快速地适应新环境，实习还可以增加自己找工作的竞争优势。在实习结束后，很多公司都会留下一些优秀的实习生，实习渐渐地成了发现“早期人才”的方法之一。实习也是一种工作的经历和经验，当别人面试提起工作经验时，绝大部分刚毕业的大学生都是没有工作经验的，但是实习会是大学生重要的工作经验和经历参考。除了应聘者本身的教育背景、专业能力等，大部分企业和组织都会把实习经历和经验作为招聘的考量标准之一。因此，大学生在大学期间，参加与目标行业与岗位的相关实习，将有助于增加就业录取率，早日成功获得理想职位。

此外，大学生在实习中掌握的一些经验，可以为之后的工作提供一个良好的基础，增多了进入理想公司的机会。实习不同于学校，实习可以使大学生充分融入职场，切身体验职场生活，将自己的专业知识运用到工作之中，在这个过程中，可以认识到自己所缺失的专业知识和工作技巧，及时改正，并加强学习，来进一步强化自己的综合能力，更好地充实自己，增强职场竞争力，让日后的职业发展少走弯路。

### （二）实习对就业的直接效应

（1）近水楼台——直接被实习单位录用

实习可以将在学校获得的知识用到实践中，并且可以充当验证理论知识是否正确的一个媒介，以及可以提升大学生的创新创作能力。实习还可以使大学生再一次理解学习过的专业知识，再次充实自己的专业知识；对公司、工作有一个新的认知，加强自己处理问题的能力。与此同时，大学生能够进一步了解社会、接近社会，深化对社会的认知，提高自己的适应、实践能力，做一个符合社会需要的人才，积极融入社会当中，加快自己从大学生到职场工作者角色的转变，为之后进入社会做好准备。另外，经过实习，大学生对公司的部门管理、层级构成、工作环节能够有一个完整的了解，明确自己所擅长的工作内容，对之后的职业规划与发展管理有着重要的作用。

对于用人单位来说，招聘是非常重要和谨慎的工作，他们宁愿等几个月去发现一个真正适合团队的人。但对企业来说，由于资源和各种因素的限制，并没有办法给所有人一个试错的空间。因此，招聘实习生是培养梯队的重要部分。实习生能够有足够的时间融入团队中，能够在实习阶段补充企业需要的知识和技能，能够让用人单位有足够的时间来考核。因为有首因效应的影响，这段时间内，公司与实习生之间的相互了解对之后达成合作关系有着积极的作用。企业给实习生同样的机会、同样的空间来成长，同时也是大浪淘沙，是对企业未来发展的一次长线投资。此外，实习生具有非常大的发展潜力。都说应届生是一张白纸，那么实习就是绘满这张白纸的素材。相比在职场上经验老到的“老手”而言，他们更具有可塑性以及发展的潜能。与此同时，公司与实习生第一次相互了解的环节就是实习期，企业制定完整的实习生制度以及规范有效地执行，这能够给实习生留下良好的企业印象，这种类型的企业知名度会快速地提升，进一步强化企业形象，扩大人缘基础，企业在之后招聘人才的工作中会更快地顺利进行。在日本，多数企业就在宣传“要通过实习，让学生了解本公司，进而更加深刻认识某一个行业”的概念。

在当今就业的“双向选择”原则指导下，不少企业和用人单位会在条件允许的情况下，在实习生实习期满时，考察实习生表现，提供合适的工作机会。这对于毕业生和用人单位来说，是双赢的做法。一方面，大学生可以“近水楼台先得月”，提早获得就业机会和工作岗位，并且先前的实习经验也能帮助同学们提前熟悉企业、单位的架构和流程，建立人际关系网，为日后的工作开展做良好铺垫。另一方面，就用人单位来说，直接录用符合资格的实习生，更有助于减少人力资源招聘成本，保证人才质量，助力公司的未来发展。

（2）积累经验到同类机构工作

实习生在经过实习期之后，实习生通过实习，不仅可以嵌入社会，还可以将理论融入实际生产中，进而发现自己不擅长的地方，向有经验的工作者虚心学习，进一步减少自身与企业之间的差距，以达到市场和用人单位所需的人才标准。

目前来说，在面对大致同等条件的求职毕业生，大部分企业会倾向选择具有相关实习经验的同学。第一，因为具有一定实习经验的同学在实践中已经初步明白了学校、企业和组织单位的不同之处，并能够用成年人的方式处理和解决问题。第二，因为他们的实践经历分享能帮助面试官更准确地发现他们的优势和劣势，以识别他们是不是招聘职位的合适人选。第三，实习经历能让同学们更深刻地认识自己，更能勤于思考不足，在实习期间更努力地贡献自己的力量。

现实生活中，并不是每一个实习单位都能够提供合适实习生的空缺岗位，又或者企业早在实习生实习期间招聘到了更适合该岗位的人才。从另一方面说，企业在实习生实习期间，同时也是对实习生进行考核，实习期满的实习生是否符合企业的用人标准也是未知数。因此，大学生应对实习保持辩证客观的态度，重视工作经验的积累，寻找与目标职业和岗位相关的实习机会，在实习结束后，同样可以考虑到同类型机构或企业求职，增加得到工作机会的成功概率。

（3）搭建人脉

人脉即人际关系、人际网络，体现人的人缘、社会关系，通过各种渠道所达到的领域。根据辞典里的一种说法，人脉可以解释为经由人际关系而形成的人际脉络，一般情况下，常在政治或者商业界广泛使用。但是，在实际生活中，不论哪行哪业，人脉都是非常重要的一部分。职场人士可以通过拓展职业人脉圈，从而使其通过人际网络获得商业机会和创业项目，提升个人竞争力，为成功助力。

对于大学生而言，大学是进入社会前的“准备站”。大学校园如同一个社会的缩影，人脉的建立是校园生活中重要的元素之一。例如在寻找实习的过程中，可以通过在学校社团认识的师兄师姐了解到他们所在企业最新的实习职位空缺；或者通过在校外活动结识的朋友，接触到不同行业的新鲜资讯；又或是通过参加各式讲座认识的行业前辈、业界精英，获取最新的职场动态；等等。这些人脉资源都会对大学生日后的职业发展产生影响。

在实习过程中，大学生也要注意开展人脉的拓展和人脉资源的积累。作为职场的“新生牛犊”，大学生要学会用恰当的方式展示个人才能，用努力和实际行动证明自己的价值，爱岗敬业，切实为公司利益着想。此外，还要学会与领导、同事建立良好的关系，积极互相帮助，并积极地融入工作环境和团队氛围，与他们打成一片，凡事不要斤斤计较，尽自己所能为同事提供方便。此外，避免为了短期的利益给同事和朋友造成伤害，以免影响人际关系的长远维护。

通过建立良好的人际关系网络，实习生不仅可以结识同部门的新同事，有机会的话还能接触到跨部门的同事，更深入了解公司的发展状况和管理模式。此外，良好的人脉资源还可以帮助初入社会的大学生找到合适的行业前辈、学习榜样，甚至是人生导师。这些具有丰富经验的专业人士不仅能够为实习生的工作提供业务和技能上的帮助，还可能为优秀的实习生推荐工作机会，搭上顺利就业的快车道。部分同学认为，实习结束之后就“万事大吉”了。其实不然。专家指出，实习结束后，大学生应做好实习总结，同时要继续与实习单位和同事保持联系，维护人脉，随时留意最新动态，为下一步的求职和职场竞争打下基础。

### （三）实习的选择

（1）选择与职业目标相近的实习

实习就是为之后的工作奠定基础，重点是高年级的实业工作，就是为就业准备的，所以，选择什么样的实习工作是非常重要的，在选择职位时，一定要优先选自己感兴趣的或者与专业相关的，这样才能够为之后的工作增加选择的机会，且可以将自己所学的知识完整地运用出来。某些学生将实习当作是一种兼职工作，哪家公司给的薪酬多就去哪儿。殊不知，这样的做法非常不可取，因为这样并没有学到有用的东西和今后所要从事的行业相关的知识。但是那些选择和专业相关的同学在经过实习后，专业知识与业务能力都有了极大的提升。而且对专业领域的学习远远超过了在学校课本上的狭隘理解，再进一步比较，都是一所学校毕业的，专业和所学知识都一样，因为实习单位的不同选择，在今后的发展上可能会有较大的不同。

（2）先选择行业，再选择企业和职位

在正式进入工作单位前，实习是很好的对职业进行了解和选择的时期，学生经过实习期间的磨炼，可以进一步认识职场，了解岗位的具体工作内容、职责等，在这个过程中慢慢摸索自己的工作定位，以及未来的发展动向。在选择实习上，应先确定自己心仪的和适合自己的行业，再进一步寻找合适的企业和岗位。在实习的过程中，要重点思考自己是否适合这个工作，工作内容是否是自己想做的，是否符合自己的职业目标，等等，不能只是一味地干活。这样在毕业后选择企业和职位时会少很多碰壁的情况，在其他同学还在探索期时，自己已经在选择好的职位上向上发展了。

（3）选择什么样的企业

职场可分为三大类，分别是部委公务员、事业单位、企业。企业又有很多的分类，可以分为央企、国企、外企、优秀的股份制企业、民营企业、小型私企等，后三类企业超过企业总数量的 90 %。选择实习单位是一个重要的事情，在这么多的职场中选择一个好的实习单位，不是那么容易的事情。所以在选择实习单位时，可以从这几个方面综合考虑：专业匹配；愿景的行业；单位的类型等。在能够满足自己的日常开销的情况下，同学们不要重点去考虑工资补贴。上大学就是一种变相的投资，回报期不是在实习期间，要用发展的眼光看问题。

同学们可以通过以下几个方面对用人单位进行了解。

①用人单位的类型：可分为企业单位、事业单位、党政机关和社会团体。

②业务类型：从宏观方面来说，需要了解用人单位的主要业务内容，包括工作涉足的主要业务领域、服务群体和对象、服务影响的地区等；从微观方面来说，需要了解用人单位的具体业务情况，包括具体岗位所在的部门或工作小组、具体岗位的相关工种和可能从事的工作任务等。

③公司规模：一般来说，规模较小的单位比较重视人际关系，但行政管理上相对来说比较灵活；规模较大的单位比较重视制度建设，行政管理上相对比较规范和流程化。

④发展前景：关注目标单位的发展前景，包括业务发展状况、管理状况等。可以通过官方发布的企业发展动态、第三方媒体报道、产品消费者或服务受益者的消费体验、企业内部员工分享等渠道了解。

⑤薪酬待遇：了解目标单位的薪资待遇、各种福利和晋升发展通道。虽然说实习生不应该只看重薪酬待遇，但员工薪酬待遇也是求职者考量一个企业是否值得加入、是否重视员工福利、是否尊重员工劳动的重要指标之一，以便于日后的进一步就业规划。

⑥文化氛围：员工一天内大部分时间都在公司或单位中度过，良好的企业文化对于员工的情绪、工作效率和能力的施展具有重要的影响。从一定意义上来说，文化氛围决定了员工的生存状态和主观能动性。同学们在寻求实习的过程中，可以通过之前在同一单位实习的师兄师姐、朋友等了解该企业的文化氛围，看看是否符合自己的性格、爱好、兴趣等。

⑦社会声望：社会声望比较高的企业和单位，能从某种程度上提升就职者的社会声望，无形中增加了其履历的含金量。

⑧岗位设置：有条件的话，最好能够了解到所关注的实习岗位的具体工作信息，包括工作内容、工作性质、工作要求、薪酬福利等。

## 二、蓄势待发：熟悉实习环境

顺利拿到实习机会之后，大学生就要开始为实习做好准备。作为初出茅庐的职场新鲜人，大学生除了进入新环境的激动和兴奋，还要保持一种理性的态度，珍惜宝贵的实习时光，将实习的价值最大化。

不要以为在公司实习就是要接受公司的考核，实际上，实习是大学生和企业之间的相互考察。在实习的过程中，学生能够比较迅速融入企业，与同事友好相处，学习企业文化。这时，大学生不要认为实习生起点最低，经验最浅，与公司的关系不大，反而要像正式员工一样去了解企业和用人单位，尽快熟悉公司环境。

许多实践调查结果显示，一份工作的前 3 个月无论是对于毕业生还是企业（单位）的员工而言，都是至关重要的，甚至会影响一个人的职业生涯和企业的未来发展。面对全新的陌生的工作环境，如何在最短时间内适应新环境、学习新的工作技能、培养专业的职业素养，不仅关系到员工自身的成长发展，还对企业（单位）的培养成本、人力资源、行政管理等方面的运作有着重要的影响。而对于实习生而言，一般的实习时间通常在几个月到1年不等，如何在短时间内快速锻炼自己，令自己成长起来，熟悉实习环境就显得更为重要了。

在实习期间，同学们应该注意了解实习环境的以下几个方面，以达到对实习单位的充分而全面的认识。

### （一）实习工作环境包括什么

一提到实习工作环境，很多人第一时间会认为是公司周围的地理环境或公司内部的装修布局。然而，实习工作环境实际上是一个庞大而复杂的概念，除了从文本意义上解读出来的客观自然环境，实习工作环境还包括工作中的人际关系、工作中的素质能力、工作场所的各种资源，甚至是企业或单位的办公室潜规则等。大学生在开始实习的第一天，就应该抓紧时间行动起来，通过自身的逐步探索，尽快和领导、同事建立良好的关系，积极融入团队氛围，更多地了解企业（单位）的发展情况。熟悉上述这些内容不仅仅有利于正常工作的顺利进行，降低实习生出错的概率，而且这场“情报战”的质量优劣，还将关系到实习生的工作生活安排，以及日后自身的职业生涯发展。

### （二）参加入职培训

入职培训，重点是公司对新入职的员工介绍公司发展史、基本工作流程等活动的总称，就是为了让员工尽快地融入公司，缩短新员工达到工作熟练、精通程度的时间，减少新员工的压力和焦虑感，增强新员工对企业或单位的组织架构和文化观念的认识和了解，以进一步帮助新员工适应全新的工作群体和工作环境，增加员工对企业或单位的忠诚度。入职培训可以分为两大类，一类是比较常规的培训形式，主要形式有在职培训、现场培训等；另一类是比较新颖的培训形式，主要有非正规学习培训、试听化培训等。无论是哪种形式，都各有所长、各有所短。通常情况下，优秀的企业会将培训资源、对象等因素的特点结合起来，使其发挥出最大的效用。

入职培训是传递企业文化的重要环节。企业文化包括公司发展以来出现的工作语言、符号、文字等。企业文化的顺利传递在培养新员工这方面起着非常重要的作用，新入职的员工会慢慢摒弃之前的行为习惯，逐渐适应新公司里的规章制度，规范自己的行为，利于企业的管理和运营。除此之外，入职培训还包括行为培训，主要内容包括熟悉工作流程、讲解企业现状和企业发展目标、学习工作手册等，以帮助新员工尽快适应新的职场角色。

一般来说，入职培训的对象都是新员工，而实习生亦可能有机会参加类似的培训项目。对于初出茅庐的实习生而言，在新到一家企业或单位的时候，都希望多了解自己所工作的地方。能够参加入职培训的好处在于，能让新加入的员工在短时间内快速准确地了解企业或单位的最新情况，使员工能够增强对企业或单位的信心，进一步坚定自己的选择。

### （三）成为公司的“活地图”

1. 了解公司内部办公环境

一个人一天的大部分的时间都是花费在工作上的，拥有一个好心情，是每一个职场人的愿景。有好的心情首先要有个舒适的办公环境。随着社会生活水平的提高，员工对办公环境的要求也是越来越高，对空间、色彩、光线，以及整体风格和室内装饰都有不一样的看法。符合时代特色、且能体现出与众不同的个性特点和独具风采的艺术风格的办公环境，从给人的第一眼印象就已经非常吸引员工。近年来，一些专门设有独特生活配套设施的企业更加吸引人们的眼球，例如某国内知名互联网企业的员工子弟幼儿园，某广东民营企业的食堂专门聘请本地营养午餐和粤式老火靓汤，配备健身房和运动球场的公司，等等。出彩的公司内部办公环境，不仅能提升企业形象，凸显企业的文化和品牌魅力，还能提升员工的工作积极性，增强对公司的归属感和荣誉感，对提高工作效率大有裨益。一个良好的工作环境对于工作者的工作效率、工作热情等都有着重要的影响。

一个现代的企业或单位，除了核心部门，还会设有一定的职能部门，负责公司的支持性后勤工作，例如人力资源管理部、行政部、总务部、IT 技术部、财务部、安全保卫部等。作为公司的新成员，实习生应该在尽量短的时间内，熟悉公司内部的办公环境，了解各部门的分布和进入许可（例如某些公司的财务部办公区的进出需要密码保安验证），知道办公室资源（如电脑设备维护、网络连接、电子信息保存、打印机和复印机等办公设备的位置和使用方法，办公文具及耗材的领取和费用支出等），以方便日后的工作交流和办事效率的提高。

2. 了解公司周围的自然环境

除了公司内部环境，实习生也要了解公司外部的周边环境，例如公司所在的办公楼、公司所在办公楼所属的建筑群、楼层数量、公司所在大楼有哪些知名的公司、大楼的物业服务公司是哪一家、公司所在大楼的紧急疏散路线等。另外，交通通达性（居住地到办公室的所有交通线路、耗时、上下车站点、费用等），办公室附近支持性设施如餐饮、银行、政府机构等与日常生活息息相关的设施分布也要了解清楚，考虑工作与个人生活的衔接。了解公司周围环境不仅有利于大学生有效管理生活，还能根据实际情况，制订出适合自己的时间管理和支出分配管理方案，找出性价比最高的配置方式。

此外，熟悉公司周围环境也对人际关系的建立和维护有帮助。作为职场新人重要的社交"朋友圈"，同事是很重要的人脉关系。如果能够了解公司周边的环境，或许通过一群同事下班后的一次聚餐，或与客户的一次早餐会面，建立起人际关系网，发掘与同事的共同兴趣，对提高实习生的实习质量将有很大的帮助。

在人的一生中，大多数时间都是在工作中度过的，工作单位就像是人们的第二个家，公司或单位周边的环境就是第二个生活起居的环境。很多刚刚步入社会的大学生，从生活了十几年的校园走进陌生的职场，必须学会尽快熟悉公司内部和外部的周边环境，才能尽快融入公司，提早适应工作，减少心理上的不适应，从而有助于降低环境因素对工作效率的不良影响，减小工作压力，助力工作表现。

**（四）成为公司的"百事通"**

1. 了解公司的企业文化

企业文化是管理一家企业最重要的内容，同时也体现出企业的核心竞争力。企业在生存、发展扩大的过程中，只有拥有了属于自己的文化，企业才具有象征性的人格，才具有生命的鲜活力量，才能为社会贡献出自己的一份力。企业文化的重点在于融汇了企业的经营理念、群体意识和道德规范等许多方面，对员工的工作、生活甚至性格都会产生影响。企业文化往往是企业难以对外宣传而对内输出的重要企业特征之一。

想要全面真实地了解公司的企业文化，实习生们可以从以下两个方面入手。

（1）从外部进行了解

在获得实习机会而并没正式开始实习工作的时间里，实习生们可以通过公司的官方网站、官方自媒体（如官方微博、企业公众号等社交媒体账号）、第三方新闻媒体报道、公司年度财经报表、社会新闻评论、相关专栏稿件、网络论坛对于公司的讨论、曾任职人员分享心得体会的博客、与就职人士或曾任职人士的面对面沟通交流等渠道，建立起对公司或单位的大致整体印象，快速预先认识公司的企业文化。

（2）从内部进行了解

实习生要了解清楚一个公司的企业文化，通常情况下，新员工报到当天，大多数公司会安排新员工接受公司的培训或简单了解一下公司的各方面。对于非正式员工的实习生而言，公司一般也会安排老员工作为导师，为实习生提供业务和工作上的指导。这有利于公司对新员工有一个初步的了解，也有利于公司对新员工之后的管理，而且，也帮助新员工熟悉公司的内部情况，利于自我管理和规划。同时，可以检验一下自己之前掌握的一些公司信息是否准确，及时记录新的内容，去除之前了解到的差错。

2．熟悉公司的内部组织架构

每个企业、单位或组织都有自己内部的组织架构和岗位划分。组织即由若干个人或群体所组成的、有共同目标和一定边界的社会实体；它有着独立的法人，它又是以人为中心，把人、财、物合理配合为一体，并保持相对稳定而形成的一个整体。企业的组织是一个动态的过程，是企业在日常的经营活动中形成的一种管理方法；在企业中组织又分为正式组织和非正式组织两种。同学们可以通过实习，深入了解公司的内部组织安排，熟悉公司的工作流程。

3．了解企业的核心竞争力

企业的核心竞争力相当于企业的决策力，它体现在四个方面上，分别为判断力、创新力、文化力、亲和力。核心竞争力是企业所特有的，能够长期获得竞争优势的能力；是企业所特有的、能够经得起时间考验的、具有延展性，并且是竞争对手难以模仿的技术或能力。并且企业核心竞争力是企业在竞争中的主要优势，它是一种能够支撑企业超越其他企业的动力。它使企业在更加激烈的竞争和市场中成为有竞争力的企业，并使企业在一定时期内保持现有或潜在的竞争优势。

4．了解并严格遵守公司的规章制度

俗话说："国有国法，家有家规""无规矩不成方圆"。每个成功的企业内部都有属于自己的规章制度。在实习期间，大学生应该了解并严格遵守公司的规章制度，兢兢业业，做好本职工作。同时，大学生也要留意不同行业、不同部门、不同岗位的不同规章制度，看看是否与个人期望的职位和工作有所出入，该职位是否适合自身发展，以进一步调整就业规划和职业目标。

因此，实习生应该多留意公司对于实习生的管理制度和相关政策，把握要点，以不断调整规范自己，为自己日后的职业发展争取更多的机会和发展空间。

5. 了解公司的人际关系情况

从企业内部来看，诸如员工空间距离的远近、彼此交往的频率、观念态度的相似性、彼此需要的互补性都是具有重要影响力的因素，会影响企业的人际关系网络。而所有这些内部因素，又会影响企业的文化和工作的氛围。同学们在实习期间，可以尝试与同事打成一片，尝试去了解办公室的同事人数、姓名称呼、工作内容、联系方式、做事风格等，以及直属领导的办公位置、姓名、联系方式、领导风格等。了解好公司的人际关系情况，能使自己在需要的时候及时找到能够帮助自己的人，同时有助于避免个性上的冲突和尴尬，为充分认识未来可能一起长期工作的团队做准备。

6. 了解公司的"潜规则"，有助于顺利通过新人期

"潜规则"是相对于"元规则""明规则"而言的。它是指看不见的、没有明文规定的，约定俗成的，无局限性，却又是广泛认同、实际起作用的，人们必须"遵循"的一种规则。作为实习生，大学生要学会善于观察，察言观色，了解行业及公司内部的不成文的规则，看看办公室原有的做事风格和人际氛围如何，是否有大家都很注重的隐私或避讳的话题等，处理好人际关系，为顺利度过新人期做好准备。

## 三、谋而后动：为未来做准备

### （一）人脉的重要性

在求职、升职、加薪、职业发展等节点处，良好的人脉资本能起到重要作用。

人是社会性动物，不能离开群体而单独生存。有一项统计数据表明，每个人在每天除约 8 小时的睡眠外，其余 16 个小时中有 70 % 左右的时间都是用于人际交往的。[①] 人际交往是每个人人生中重要的内容和活动，是一个人从单纯走向成熟、积累社会经验、完成社会化过程的重要步骤。人脉是指经由人际关系而形成的人际脉络。只有建立起人脉网络，才能深刻认识到一般人才与顶尖人才的区别。

卡内基培训大中华区负责人黑幼龙就认为："人脉是一个人通往财富、成功的

① 孙军，钟坤．大学生职业生涯与就业创业指导 [M]. 北京：经济日报出版社，2018：157.

入场券。”[①] 在职场上，对于个人来说，专业是帮助自己斩断荆棘的刀，但是人脉是帮助自己迅速成功的利器，如果只有专业知识，没有人脉，个人竞争力就像萤火虫的光，特别渺小，有时都难以照亮自己前面的路；但是在自己具备专业知识的基础上，又得到贵人的帮助，个人的竞争力就会快速增加，加快成功的步伐。所以，在工作或者日常生活中，注意维持人脉资源，会给自己的成功增加机会或道路。

在认识朋友，与朋友交心的过程中，要抱着不求报答、为他人付出的心态，这样自己想要的都会慢慢得到。在人际交往方面做投资，与身边的朋友建立联系，帮助有困难的朋友脱离困境。那么，在不久的将来，自己有困难时，会得到很多帮助，之前的付出就会得到丰厚的回报。一个好的人际关系脉络网不仅能够促进人与人之间的情感交流，有益于身心健康，还能使一个人在交往过程中通过自己与他人的比较，以及他人对自己的态度和评价，重新了解自己。对自己的缺点，要及时改正，进一步提升和完善自我。因此，作为大学生，要争取在实习过程中建立起第一个人脉关系圈，为日后的职业发展打下基础。

### （二）如何建立人脉圈

1. 个人能力是最核心的

想要锦上添花，首先本身先得是一段“锦”。如果本身是一个有才之士，拥有诚实守信的良好形象，是能够让人脉竞争力产生正向循环的。要不断地补充对他人有用的知识、能力，提升自己“被朋友利用”的价值，这样自己就会不断地拥有人脉资源，吸引新关系的建立。除此之外，要学会逐步建立有魅力的个人品牌，培养个性特质，优化自我形象。每个人都有属于自己的人格魅力的特殊之处，都是一个独一无二的品牌。在实际交往的过程中，要善于发现自己的闪光点，为自己打造良好的个人形象和个性特质，包括形体、言谈举止、服饰造型等方面，给人留下良好且深刻的第一印象。

2. 不求回报地热心帮助他人

乐于与别人分享，无论是领导、同事还是新进公司的成员。或许在不远的将来，自己遇到难关时，他们是能够给予帮助的人。在现实生活中，不论是资源、利益，还是宝贵的机会，乐于与他人分享的人，往往是得到最多的人。要抓住每一次帮助他人走出困境的机会，红顶商人胡雪岩在官商两界能够做到游刃有余，

① 单林波．大学生创新创业思维与方法研究[M]．北京：中国商务出版社，2020：124．

就是因为他乐于助人，在不如意的时候，自己解决问题，尽可能不去麻烦朋友，而如意了，则一定会帮助、关照朋友。帮助别人是人际交往中的互动方式之一，这能够为对方提供机会进一步接触和了解自己，发出友好的信号，便于进一步交往和了解。

3. 从生活和工作中的小事上着手

建立人脉圈，不一定要刻意参加某些规模性的活动，不能只盯着重要和关键的大人物，而在平常生活中，保持好奇心，随时随地留意身边的人和事，都有机会建立起人脉网络。一个只关注自己，对自己之外的事情没有求知欲的人，即使有再好的机遇出现在身边，也会坐失良机。在现实生活和工作中，例如公司楼下小卖部的老板、办公室的保洁阿姨、大厦的保安大哥、前台的客服小姐等，这些看似远离自己工作岗位和部门的人也可以成为很好的人脉资源，在未知的未来带来意想不到的帮助。因此，不要吝啬于自己的善意，用心观察工作和生活，处处都是人脉和资源。

4. 尽量多做事情，在过程中把人脉关系运转起来

想要建立人脉资源，不仅仅只局限于企业和公司内部。大学生还可以通过参加各式各样的行业论坛、精英聚会、企业出游，或自己感兴趣的兴趣爱好社团、进修培训班等，扩展人脉圈。此外，除了线下活动，丰富多彩的互联网也为拓展人脉资源提供了更多的可能性。同学们应在进入职场初期，尽量多做事情，通过实实在在的事件，锻炼自己的人际交往能力，将人脉关系运转起来。

5. 学会说话

在职场上，会说话能使一个人更加有魅力。比如，根据不同的场合选择不同的说话题材；说话时要情真意切、不要过分夸张；要注意使用礼貌用语，表示对他人的尊重；要留意根据不同的说话对象，转换语言的表达，注意灵活变通，可以运用比喻、举例、对比等修辞手法，来让说话的内容更加生动丰富。此外，在说话时，要学会留意对方说话的重点，注意对方的情绪变化，尽量在工作环境中避免谈论私人的敏感话题和具有争议性的社会话题。

6. 学会做一个倾听者

在处理人脉关系上，除了掌握主动的表达，还要学会倾听。会“说话”是不可少的一部分，但是会“听话”更可贵，学会有效倾听才能顺利地沟通。有效的倾听是主动认真地听朋友叙述事情，要记住在倾听的过程中给予理解、赞美等，之后，还要及时与他人沟通。要想人脉资源保持稳固，就要经常与他人联系，互

换一些对彼此有用的信息，双方共赢。尤其在交往中出现一些误会的时候，要及时解决，不能任其发展造成难以预料的后果。

7. 建立和维护关系需要技巧

和所有关系的建立和维护一样，人脉关系的管理同样需要技巧。首先，要肯定别人的价值。每个人都需要得到尊重与肯定，这是人性中渴望被认可的心理需求。肯定、夸奖等，都是一些珍贵的无形资产，且取之不尽，用之不竭，一定要养成经常赞赏和感谢他人的习惯。其次，学会以己度人，从别人的角度出发来考虑事情，这在人际交往过程中，是一种非常重要的技巧。利用这种方式，才可能更明确对方为什么会这样想，在接下来的交流中要如何去解决，怎样更有效地去沟通交流。更多地将心比心、互相理解，才能有一个双赢的局面。

此外，值得一提的是，在面对面沟通的过程中，同学们要学会正确运用非语言因素。非语言沟通是指通过身体动作、体态、语气语调、眼神、空间距离等方式进行交流和沟通的过程。这些元素可以配合语言一起，实现思想的交流、传递彼此的情感、昭示彼此的心理活动，加深沟通的效果。随着全球化的进展，工作环境中会遇到来自世界各地的合作伙伴和客人，此时，在沟通和交流的过程中，要注意彼此民族的习俗、地域文化的差异，最好能够事先了解对方的文化背景和禁忌，避免误会和不愉快的产生。同时，也要注意不同辈分、性别、关系等对彼此亲密程度的影响，注意眼神、姿态和手势的不同处理。这样，才能充分发挥非语言因素的作用，达到更有效的人际沟通效果。

8. 学会尊重与赞美

心理学家马斯洛曾经说过，人类最大的欲求就是想得到他人的认可。赞美的话语正好符合心理预期。所以，要想维持良好的职场人际交往关系，要及时发现同事们的优势，并给予真诚的赞美，而不是敷衍了事。这样职场人际关系的发展也会更融洽。

9. 少说多听

建立良好人际关系的一个重要诀窍就是认真仔细地听别人的话。在相互交流的过程中，是按一定规律来进行的，想说什么和什么时候说，都是有一定的顺序的。在双方交谈时，需要相互配合、理解才能顺利地谈话。

在与同事的交流中，不能只关注自己，这样的交流就会成了“我……我……”的形式。这种交流一直叙述着自己的事情，开始时同事可能会有兴趣去听，之后他们便会失去兴趣，并开始远离你的“我……”了。

10. 将幽默渗透到言谈中

在交往中，诙谐风趣有着非常重要的作用。有的人在职场上一说话就会紧张，如果学会了幽默的讲话，就会很轻松。讲话要想给人留下深刻的印象，就要加入幽默诙谐的成分。因为幽默能缩短人与人之间的距离，可以使讲话更亲密，这样表达出来的观点也会被大家认同。

11. 与不同性格的人搞好关系

要想在工作中有一定的地位，除了认真工作，熟悉工作要领，还要在其余时间维持自己的人际关系，与同事、领导们相处，和不同的人打交道，没有权利只选择和合得来的人来交流。必须要求自己和职场中各种性格的人交往，才能保证工作顺利进行。

对于和自己谈得来也好，谈不来也好；自己喜欢也好，讨厌也罢的同事，都要一起努力工作。如果意识到了这一部分，就应想办法与各种不同性格的同事友好相处、交流。

## 第三节　高校学生适应职场

### 一、不要把自己当学生

离开学校，步入社会，并迎接人生第一份的工作，对缺乏职业发展管理能力的毕业生来说，是一个非常大的挑战，其中最重要的是处理理想与现实的差距。毕业生可能要面对现实中的职位与理想中的职位迥然不同的问题，这样他们可能会面临着巨大的转行压力。对于刚刚入职的新人来说，最不想听别人说“还像个学生”这种话。确实，工作环境与学校生活有着很大的区别，初入职场要求新人提前在身份、心态、角色等方面做好转变的准备。对于做好这些转变有以下建议。

初入职场者不要把自己放在第一位。新、老员工最大的不同点是在二者对工作的理解和处事方式的不同。在心理上，新员工经常以自我为中心，处理工作热衷讲究个性、谈回报等；而老员工意识到自己是公司的一员，处理工作要讲责任、讲业绩等。在行为上，通常新员工对领导交代的工作，一开始热情高，但持续性较差；处理工作喜欢一个人想办法去解决问题，很少与同事交流；对于问题，喜欢提出建议，而不是主动去解决问题，改进问题的能力较弱。而老员工很清楚，要用数据来证实，要有实际行动，不能只是说说；抱怨是不能解决问题的，必须要找到解决办法。

### （一）职场新人通病

1．有困难却不说，又不敢问主管

新人不了解，主管的工作之一就是当新人在工作上有问题时，要主动成为新人的老师，帮助新人解决工作上的困难，正所谓：“师者，所以传道受业解惑也。”（《师说》）新人不敢问主管问题，不是因为主管的工作太繁忙了，而是不敢问，新人要调整心态，遇到不会的问题，及时询问，这样在工作上才能顺利成长。

2．因为怕犯错、怕被骂，就掩饰小错误

在主管问话的时候，有一些新人，紧张得什么都不敢说，怕犯错，这是新人的心态问题。新人犯错是很正常的一件事，是初入职场的“特权”，所以新人正确的心态应该是“被骂，没什么了不起的，下次做得更好。”但有一点不好的是有的新人因为怕被骂就隐瞒错误。职场新人能够在犯小错之后，从中学到经验，下次遇到就会知道怎么做，那么这个小错是非常值得的，如果犯了小错误，新人却没有学到经验，那就枉费了在新人阶段犯错的“特权”了。

3．好像只是小事，所以没报备

因为没及时汇报而导致项目出现危机，是项目管理中常见的“死棋”之一。一般情况下，都是很多小事的慢慢累积造成大事的，最后影响整个团队的进度。如果是小事情一直去找主管，那就太打扰主管的工作了，那么如何推断什么是大事？什么是小事？这通常难以掌握，比如以下情况。

某人交东西晚了一个小时。

另一个人把文书写错了几个字。

另一个人忘记了某件事。

但如果是下面这几件事情，后果会有多严重？

汇款因晚了一个小时，导致当天无法存进银行，最后付款延迟，出现财务的信用问题。

合约上写错了几个字，导致增加了10天的工作量，没有及时跟客户收款。

忘了带某件重要的工作道具，导致整个工作团队当天无法拍摄，影响工作进程。

所以，还是新人时，任何事情，无论是不是小事，都必须询问清楚，不要怕被骂。

4. 一知半解就去做

“一知半解就去做”的人，通常是很有自信的人，他们的理解是主管布置了工作之后就要投入全部去完成它，所以就算一知半解仍要去做，或是抱着侥幸的心态去做，例如：“我只要这样做，主管就会认可了吧”，但常常他们并不清楚主管真正要表达的是什么。

5. 别人有错不敢说

当有的同事在工作上出了差错，大家会认为：那是负责的事情，和我们没关系。为了维持良好的职场同事关系，不会主动指出同事的错误。通常在这种情况下，谁也不愿意第一个站出来，来当“坏人”。别人出了差错，不仅不跟本人去说，还不会跟主管说，避免自己变成爱告状的人。但是如果可以想出一个办法来解决同事的差错，不仅可以帮助他人，还可以提升自己，不把情况说出来，事情就永远解决不了。

6. 被主管“骂”了，就哭了

在职场上，很多主管语气很凶，新人可能会被主管“骂”哭。哭，是一种发泄情绪的方式，发泄当然是允许的，憋在心里是不可取的。但是哭完之后应快速把眼泪擦掉，及时回到工作状态中。如果只是哭，没有从中得到任何经验，或是在情绪之中无法出来，那就无法得到成长。

7. 认为自己被大材小用，应该做更重要的事，执行更大的项目

如果职场新人可以在较短的时间内就作出了很大的成就，那当然可以操作更大的工作。但还是新人的时候，需要一步一个脚印踏实地前进，逐渐累积工作经验、提升自己的工作能力。

8. 只沟通一半

新人常出现遗漏信息的错误，不能清楚地传达客户的需要，然后造成不必要的麻烦。常见的情况就是 A 跟 B 说客户要求将某部分内容再完善一下，然后 B 仔细在这方面做了补充，但是却又被客户退回来了。

多数人不了解为什么明明根据要求去改了，但是客户不满意。其实，A 应该先和主管、客户进行交流讨论，弄清楚客户为什么要这么做？与主管和客户达成共识之后，再请 B 去完善内容。

## （二）从学生到职场人的转换

1. 从宏大的“人生理想”向现实的“职业理想”转换

大学生毕业后的第一份工作是非常有挑战性的，并且对大学生们的冲击是很强的。刚从象牙塔走出来，他们的思考方式还是比较理想的，做事方法也不太成熟。尤其现在可以选择的范围小，就业的压力大，找到与专业对口的工作已经难了，理想与现实之间的差距过大，他们一时难以接受。毕业前带有崇高的理想，在现实面前就要考虑实际，他们觉得实现理想是遥不可及的事情，因此带着消极的情绪。

所以现在最重要的事情就是将个人理想转变为职业目标，并进一步制订一个可靠的计划，去加速实现自己的职业目标，搭建一座桥梁帮助自己从理想走入现实。实现职业目标有许多的路径，要综合自己的个人素质与能力，选一条最适合自己的路径，加快实现职业目标的速度，来最终实现自己的职业理想。从实现职业理想的方向出发，工作一定要与职业目标有着很深的联系，不然，工作无法支撑自己的职业理想，那实现职业理想就会成为妄想。

2. 从青涩的“学校人”到成熟“职业人”的转换

相同的实习经历，结果也可能不同，重点是自己的路应该怎么走，要意识到在实习过程中自己要得到什么，怎么才能使实习为之后的求职增加成功的概率。实习生需要一个良好的心态，在处理事情时要稳住自己的心态，如果实习过程中带着一颗烦躁的心穿梭在各个职位中，觉得这个工作可以胜任，那个工作也能胜任，这就导致最后连最简单的工作都不能胜任。

从学生到职场者的第一个环节应该是了解企业文化、业务流程、公司制度等方面，充分了解企业要的是什么样的人才，什么职位要有什么样的素质，积极寻找可以发挥自己的潜能的方法。敬业精神是一个职场人工作中必不可少的部分，职场新人的工作主要以处理日常工作为主，在经过企业的培训后，主管才布置一些专业性的工作。要维持好稳定的心态，这是做好一份工作的前提条件。良好的开端是成功的一半，首先要学会适应工作环境，不要华而不实、自以为是，这样不利于自己的发展。

在企业中，一些优秀的人都具备八大基本素质，要想像他们一样成为卓越的人，就要学会并具备这八大基本素质，分别是：创新能力、学习能力、自信自立、自律、积极乐观、执着追求、责任感、合作开放。

3. 从单纯的处理问题方式向复杂的人际关系转换

毕业生刚到一个新的企业里，社会环境、人际关系、生活方式都与之前大不相同，这让他们感到很陌生。没有充足的耐力再去想一些细节上的事情，所以，难免会出现水土不服、处处碰壁的情况。

在做人方面，要低调一点，不要以自我为中心。当代大学生的一大特征就是凸显自我的风格特质，探索一些特立独行的东西。但企业不是用来表演个人秀的地方，所以，刚接触工作的大学生一定要保持良好的自我形象，做事一定要谦虚。少说话多观察，快速了解职场的人际关系，融入公司这个团队中。锐气藏于胸，和气浮于脸，才气见于事，义气施于人。处事对领导先尊重后磨合、对朋友善交流勤联系、对同事多理解慎支持。社会的构成离不开烦琐的人际交往关系，如果缺乏亲切感，冲突感太强。一个不注意，天时、地利、人和都会离去。学习基本的礼仪知识是快速融入环境的一种重要的方法。职场有属于职场的规则制度，只是讲礼貌还是不够的。在企业中，行为举止都要符合职场的规定。礼仪是一个宽泛的概念，它不仅仅代表的是形象，还包括了语言、表情、行为等，没有谁会愿意在社交场合上因为失礼给人们留下不好的印象，甚至成为众人关注的对象。

所以对大学生来说，礼仪是一门必不可少的课程。

4. 从系统的理论学习向多方位的实际应用转换

大学生在学校里都是理论学习，都是系统性的一科连接一科，每一科都有规范明确的教科书，有老师讲授、解答，有助教老师的进一步辅导。但是到了工作岗位上，就要求有很强的动手操作能力，这就要靠日常练习来养成，而且，实际应用是全方面、多层次的。不像在学校里那样，有人指导大学生什么时间要学什么，怎么去学；在工作中，全靠自己去摸索来积累经验。所以就造成了做了很多事却没有实现目标，甚至偏离了目标的方向。或者不知从哪里开始，该怎么去进行下一步。

在应届毕业生进入企业时，公司会对新员工进行入职的培训，在这期间，要多学习多观察，这样才能为之后的工作积累经验，打下一个扎实的基础。放下自己的架子，虚心学习，在请教别人问题时态度要谦逊，这样会从别人身上学到很多有用的东西，在工作中会快速地进步，还能建立起良好人际的关系，把自己快速地融入到公司中去，既能学到很多知识，又能给人留下一个好的印象。

5. 从散漫的校园生活向紧张的工作模式转换

悠然的校园生活被快节奏的职场工作所替代，让一些在家里受关注的毕业生受到时间节奏、规章制度的限制，感受到浑身都不放松，经常迟到、早退、请假，总想找个理由请假去外面放松一下。

每当单位有新人入职时，都会注入鲜活的力量，与此同时也会带来新的事情。对于刚走上工作岗位的毕业生来说，除了具备很强的工作能力，还要学会人际交流沟通。每一项工作都要认真完成，不论是自己的本职工作还是不愿意做的工作，检验自己是否成熟就看自己是否能够做好那些不愿意做的工作，这也是一个人能否成功的重要原因。

6. 从浮躁的心态向逐步理性化转换

转型、适应企业、积累经验都需要时间成本，在工作上具备竞争力同样需要时间成本。需要给他们适应职场的时间，需要一个磨合的过程。哪怕这个时间很短，磨合的过程也是必须经历的。大多数的企业都会给实习生熟练工作的时间和机会，但实习生自己不能用这个作为托词，反而要积极努力学习，从浮躁的心态转换成一个稳定的心态，快速让自己进入到符合企业需求的状态，这是非常理性的一种成熟表现。

企业每年重点招聘应届大学生，关键是看中了这些年轻的毕业生身上的“发展基因”。实习是大学生步入社会的重要一环，如果实习工作做好了，机会就会随时来临，或者把实习经验当成跳板，或者因为出色的表现成功被实习单位录用。不论是什么类型的公司，他们都想要一个认真好学、积极向上的员工。

7. 从家长的呵护向自己保护自己转换

通常情况下，新人的职场的第一感觉是非常深刻的，它会使新人对职场形成固定的心理状态，产生一种固定的印象，进而对之后的职业发展管理规划有着巨大的影响。所以，走好在职场上的第一步，能够使大学生更好地为企业及社会作贡献，更大地施展自己的潜能，如果是因为压力而草率签约一份自己并不如意的工作，或者只是在毕业前随便找到了一份工作，这些都是不好的做法。

在毕业以前，还是在校生，所以无法享受劳动法给予的保护，但是一旦离开学校，毕业之后，就要学会拿起法律武器维护自己的权利，避免一些公司欺骗自己，将自己当成公司的廉价劳动力。大学毕业生要懂得如何在社会上独立生活，学会保护自己，不让自己受伤害；面对困境，要学会想办法去解决，同时学会维权。

## 二、别把企业当学校

### （一）学校职场大不同

假设每个人都是 7 岁入学，23 岁大学毕业，那么在一生当中，学习生涯占据 16 年，职业生涯持续 32～37 年。目前中国居民人均寿命为 73 岁，这就是说，一生中约 70％的时间都待在这两个地方：学校，或者公司。在人的一生中，有许多角色转变的时刻，其中从“学生”到“职场人”就是其中之一，它影响着未来几十年的生活、工作经历。如果将要或正在面临这种转变，此时此刻压力是非常大的，除了就业形势的不乐观，更大的压力是对未来的种种不明确的选择。

1．目的不同

职场和学校的目的不同。职场是去使用知识的，公司是为了生存、赚钱，之后才是培育人才，而学校是为了培育人才，让学生学习知识。所以，企业在招聘时，都倾向有工作经验的求职者，都希望新员工可以“召之能来，来之能战”。

所谓“工作经验”，指的就是求职者之前有做过相关的工作。企业里不同部门、不同职位，从技术人员到文秘，从生产管理到公关销售等，可以判定有 90％以上的工作知识，是大学生在学校里不能学到的。

2．企业关注的不是知识，而是经验技能

一般情况下，应聘者在介绍自己时，顺序都是：在什么学校上学，学的什么专业，上过哪些课，去过哪些地方实习，做成过什么。但在现实生活中，企业关注的顺序恰好相反，企业看重的是结果，而不是过程。报道显示，企业都提前招走了北京联合大学机电学院的毕业生，因为平均每个学生每年都到企业“练手”至少一次，学校和很多公司签订了毕业生实习协议，包括到西门子公司的一个实验室参加实习。这看似是一个职高学校才会做的事情，但其实如果大学都能这么做对学生的发展有着非常重要的作用。在大学期间就应该注重社会实践，在实践中逐渐积累社会的经验。

3．环境不同导致想法不同

在学校里，大学生懵懂、天真，有着美好的理想，但是职场是很现实、客观的地方。初入职场，多多少少会受到限制，减少了很多自由。每一天都是墨守成规的，每天要在公司待够 8 小时才能下班，一开始会不太适应。请假很麻烦，需要层层审批，假期都是按照国家法定节假日放的。某些公司周六还要上班却没有加班费，都不能确保一周休息两天，所以选择一家好公司非常重要，对生活影响很大。进入职场之后，逐渐意识到想要实现一些想法、理想都是遥不可及的，想要通过工作来改变经济、改善生活是很难的。

学校和职场在很多方面都有很大的不同，对快要进入职场的新人来说，“做好本职工作，摆正自己的位置，明确自己的职责”，是顺利完成学校到职场过渡的基本准则，要清楚，职场上的任何变化，都是在这个基础上发展的。别要求他人，别放纵自己，做好分内的工作，就会收获好的职场体验。

### （二）给入职新人的建议

1. 认真调整自己的期望值

毕业生一开始不能很好地适应新环境，与没有提前对新环境、新岗位作充分的了解，期望太高有关系。当他们抱着过高的目的与现实中的环境接触时，难免会有一种落差感。走出校门的大学生，他们的想法大多是比较理想的，与实际工作相差太大。所以，毕业生在进入公司后，需要根据实际情况来降低自己的期望，尽量把期望值定得较低一些，这样有助于自己快速适应新环境。

2. 尽快适应新的工作环境

初来乍到，要尽快熟悉公司里的人和事，多听、多看，用谦虚诚恳的态度向同事学习业务知识，主动与感觉友好的同事接触，这样才能更顺利地完成工作。而这些都是在学校和书本上无法学到的。

3. 要脚踏实地，不可好高骛远

涉世之初的学子要抱着多学一点，多做一点的心态，多从小事做起，从琐事做起，容易和大家打成一片。要建立为现实负责任的观念，少谈一些好高骛远的事情，让周围的人觉得孺子可教，他们会耐心释疑。多做小事，少点阔论，“一屋不扫，何以扫天下”的意义正在于此。

4. 乐于扩展自己的工作范围

在企业里，领导欣赏的往往是那些不仅能胜任本职工作，而且还能接受并做好分外工作的部下。这就要求大学生在做好本职工作的基础上，随时准备接受领导交代的新任务，而不要露出勉为其难的神情，更不要以这项工作不在自己的职责范围内而回绝领导。事实上，领导每交给一项新工作，都是一次小考验，必须力争圆满完成这些任务，使自己有被领导赏识的机会。

## 三、别把领导当老师

在现代职场上，领导的确有培养部下的责任，但他们不是全职老师。领导之所以是领导，部下之所以是部下，都是由他们所承担的职责决定的，每一个人都有自己的本职工作。所以，作为一名员工，更应该知道的是自己在部门内处于一种什么位置，领导对自己有什么期待。按照这种期待去工作，做好自己应做好的事，就会得到领导的褒奖，从而感受到自己存在的价值，这样，就能从工作中寻找到快乐。处理与领导的关系可以参考以下几点。

### （一）不要让领导感到突然或惊讶

要养成做好主动报告的习惯，永远都在领导开口问之前给他答案或进度报告，这也是让领导不会来“打扰”工作的最有效的方法。要根据领导的信任度，决定向他报告的方式（书面、口头、正式、非正式）与频率（每天、每周、每月），报告永远不会嫌多，但要力求报告重点、结果而非过程。同时，进行工作汇报时还应讲究以下技巧。

（1）调整心理状态，创造融洽气氛

向领导汇报工作要先缓和以及营造有利于汇报的氛围，汇报之前，可先就一些轻松的话题作简单的交谈。汇报者可借此机会稳定情绪，理清汇报的大致脉络，打好腹稿。这些看似寻常，却很有用处。

（2）以线带面，从抽象到具体

汇报工作要讲究一定的逻辑层次，不可“眉毛胡子一把抓”，讲到哪儿算哪儿。一般来说，汇报要抓住一条线，即本单位工作的整体思路和中心工作；展开一个面，即分头叙述相关工作的做法措施、关键环节、遇到的问题、处置结果、收到的成效等内容，做到有条不紊。

（3）突出中心，抛出王牌

泛泛而谈，毫无重点的汇报显得很肤浅。通常，汇报者可把自己主管的或较为熟悉的、情况掌握全面的某项工作作为突破口，抓住工作过程和典型事例加以分析、总结和提高。汇报中的这张“王牌”最能反映本单位工作特色。

（4）弥补缺憾，力求完备

下属向领导汇报工作时，往往会出现一些失误，比如对一些情况把握不准，或漏掉部分内容，归纳总结不够贴切，等等。对于失误，可采取给领导提供一些背景资料、组织参观活动、利用其他接触机会与领导交流等方法对汇报进行补充和修正，使其更加周密和圆满。

最不好的情况是让领导感到突然或惊讶，这代表未能与领导做良好的沟通，未能适时地提供正确的信息。有时候职员会主观地认为最坏的情形不会发生，或即便发生也不会怎么样，因此未事先知会领导，但是当事情往不好的方向发展时，领导可能会责怪为何没有事先报告。有时候职员会自认为可以扛下一切责任，所以未事先请示意见或报告，可是领导可能不是这么想。根据事情的重要性或急迫性，决定是否应该事先知会主管或请示意见，才不会让领导措手不及，甚至产生负面的评价。

### （二）要学会与领导进行沟通

老板也是职场的工作者，也有他的工作压力，因为他也有领导，了解领导的工作压力与困难，了解他的期望与规划，把工作做好就是帮助领导。即使是一名主管，他也希望了解员工对他的评价，他也希望能够得到员工真心的敬重，因此与领导除了工作的互动，也可以在适当的时间谈一谈彼此的心里话，彼此的工作困难与对自己前途规划的期望。

一般人大都不愿意主动与领导沟通，越是逃避沟通，与领导之间的认知一致性或默契就会越差，甚至产生不必要的误解。

一般而言，老板对一位新人或表现不佳的老人或不信任的员工大都采取相对严格控制的管理模式，这是因为老板还不了解员工的能力或不信任的原因，必须通过有效的沟通，让老板了解员工的能力与做事的逻辑、解决问题的模式，一旦老板认同了员工的能力与做事方法之后，他会逐渐放手，让员工去做。工作自由空间是由领导决定的，他给不同的员工不一样的自由空间，通过完美地完成一件又一件领导交办的任务，自由空间就会逐渐加大。如果领导突然缩小了自由空间，这代表他可能对员工的工作表现不满意，或逾越了他的授权默许。所以即便得到领导的绝对信任，定期的，适度的沟通也还是必要的。

想和领导的关系融洽，那么就要出色的完成工作，因为领导需要用工作完成量来面对他的领导。最根本的途径在于把领导的目标作为自己的奋斗目标，想领导之所想，帮领导解决难题，这才是获取重视的关键所在。

### （三）要顺着领导的方向前进

下属要想争取领导的重视，首先，不要一味地埋头苦干，在适当的时候应该回过头来想一想，自己的工作有没有偏离领导的方向。不要“想当然”地下结论，也不要一厢情愿地做出决定，而应该和领导保持良好的沟通，让自己的工作方向与领导的思路融合在一起。其次，在帮助领导达到目标的过程中，要发挥自己最大的才干，并且适当地提出一些想法与建议，跟领导商量，而不要做个唯唯诺诺、毫无主见的“应声虫”。另外，当领导碰到某些自己不愿出面或不好出面解决的难题时，作为下属若能积极地予以担当，帮助领导消除某些“心头大患”，无疑就会获得领导的感激与好感，同时也证明了自己的办事能力，这便是立竿见影的、让领导刮目相看的方法。

当然，当领导存在某些细节上的忽略或障碍时，作为下属若能适时指出，并帮忙改正或消除影响，让领导明白自己的能力与忠诚，这也是获得领导重视的重要途径。

### （四）要正确对待领导的呵斥与批评

下属因为犯错而遭到领导的呵斥或批评时，不要觉得丢脸，甚至因此怀恨在心。而应端正心态，把领导的训斥视为对自己的培养与教育。事实也是如此，领导只有重视某一下属的工作，才会找出其中的失误，也只有当领导对某一下属寄予厚望的时候，才会更多地去观察其缺点和不足之处，因此，对其训斥在很大程度上就是一种关心与栽培。训斥是为了不再犯错，是为了下次能做好，能不断进步。因此，作为下属如果能真正明白其中的道理，就会在被训斥时不存敌意与反感。相反，还能静静地接受指责、聆听教训。而这种“受教”的态度也会给领导留下良好的印象。

当然，更为重要的是，要把领导的斥责当作一种鞭策自己的力量，并在今后的工作中改正缺点、获得进步。下属只有真正认识到这一点，才可能在领导的责骂声中产生前进的信念和动力，努力上进，做出更大的成绩，从而也才能真正获得领导的重视和信任。和领导融洽相处，不仅有利于工作的顺利进行，有利于个人的发展，更体现了个人的修养学识和人格魅力。

### （五）要努力工作，不卑不亢

不管领导是怎样性格的一个人，作为下属，首先要端正好工作态度，将敬业、认真放在第一位，在此基础上还应保持相对的热情。企业是一个讲效率的地方，如果做事总是慢半拍，即使再认真，也不会让领导满意，相反，还会认为是其能力不够所致。同时，工作中要积极主动，如果能在完成工作任务的前提下，再主动承担一些工作，这不仅能让领导看到下属的努力上进，更为重要的是，它锻炼了自己的能力，这是一生都受益无穷的。而当一个人把更多的时间都用在工作中时，自然就少了抱怨和不满。

如果把工作做到了更好，就能获得领导的承认，同时也需要对领导保持一种不卑不亢的态度。要知道，领导的严厉很大原因是为了把工作做到最好，而从其内心而言，他也并不希望下属害怕他。因此，既不必把他看作极端可怖的“鬼”，也不用将他奉为慈悲为怀的“佛”，而是要保持一颗平常心。

### （六）要摆正位置，公私分明

下属要严格遵守上下级关系，一方面是为了“上令下行”的贯彻实施，同时也是为了企业上下能够团结一心地完成任务。如果下属不能恪守工作规则，对领导的指示充耳不闻，或者擅自做主、更改领导的意愿等，这样势必造成企业内部管理的混乱。另一方面，下属应明白自己的定位，不管和领导交情有多深，对领导有多么熟悉，在工作中切不可越位，言谈举止也要适当规范。这是起码的尊重。

①尝试接受与领导事实上不平等的现实。对人生的不完美应采取顺其自然的态度，把更多精力投入自己能做好的事情上，高质量履行自己的职责，完成工作任务是与领导建立良好关系的前提，千万不要忽略了这一点。有的人通过消极怠工的方式来反抗领导，并不是明智的做法，反而容易和领导的关系进一步恶化。

②凡事多沟通，加强与领导之间的互相理解，减少可能的误解，在工作中要善于把自己的强项表现出来，让领导知道自己有这个能力去很好地完成任务，让自己的能力得到肯定。

## 四、别把同事当同学

职场人际关系随着社会的进步与发展显得尤为重要，它不仅是工作和事业上的纽带和桥梁，也是促进自身向职场进化及深化的过程，良好的人际关系是职场新人个性发展的条件，也是保持身心健康的重要条件。

有报告显示，人际关系已成为继工作压力之后的困扰人们的第二大心理疾患，已经超过了工作压力对职场中人士的心理压迫。

### （一）职场人际关系的定义

职场是由人与人组成的特定的社会组织环境，生活在职场中就必须善于与他人交往。这种在人们交往过程中发生、发展和建立起来的人与人之间的关系，称为人际关系。

人际关系及其处理方式是多种多样的，其中影响较为直接的、作用较为强烈的，常常表现为工作中的同事关系、上下级关系、个人与集体关系等。

心理学家指出，人际关系是一种重要的社会心理现象，通常称之为事关人生成败的“心理氛围”。一个人如果在职场中善于与周围人保持良好的关系，经常与别人进行情感交流，就会感到心情舒畅，感到“安全”。不仅如此，这种人的感情有条件得以宣泄，郁闷从而得到排遣，精神可以升华，这又有助于人的心理健康。

### （二）影响职场人际关系的因素

心理学家认为，人际关系受到认知、情感、人格、能力 4 种心理因素和行为举止因素的影响。职场人际关系作为社会人际关系的一个重要方面，同样也受这 4 种心理因素的影响。

1. 认知因素

认知因素是人际知觉的结果，包括 3 个方面，即自我认知、对他人的认知和对交往本身的认知。对自我的认知会影响人际交往中的自我表现，对他人的认知会左右对他人的态度和行为，对交往本身的认知影响交往的目的、广度和深度。

2. 情感因素

人际交往中的情感因素，是指交往双方相互之间在情绪上的好恶程度、情绪的敏感性、对交往现状的满意度以及对他人、对自我成功感的评价态度等。人际交往中的情感表现应该适时适度，随客观情况的变化而变化。

3. 人格因素

人格因素对人际交往有至关重要的影响。一些不良的人格特征，如虚伪、自私自利、不尊重人等，容易给人留下不愉快的感受乃至一种危险感，会影响人际交往。因此，好的人际交往离不开双方良好的人格品质。

4. 能力因素

交往能力欠缺是影响人际交往的原因之一。比如有些人，交友愿望强烈，然而总感到没有机会；想表现自己，却出了洋相等。人际交往的能力不是固定不变的，可以通过有意识的锻炼来提高，关键要多进行交往实践、多动脑筋。

### （三）处理职场人际关系的法则

1．换位思考

人们观察问题时都习惯性地从自己的角度出发，只顾及自己的利益、愿望、情绪，一厢情愿地想当然，因此，常常很难了解他人，很难和别人沟通。现实生活中，各讲各的、各忙各的，这样的现象随处可见。大到两个集团、两个民族之间也是如此。事实上，只要站在客观的立场就会发现，冲突的双方几乎完全不理解对方，完全不互相体谅对方。想处理好自己和他人的人际关系，最需要做的就是改变从自我出发的单向观察与思维，而要从对方的角度观察对方，替对方着想，也即由彼观彼，在此基础上，善解他人之意。如此处理人际关系，就有了更多的合理方法。

2．平等待人

不强求别人这个原则是处理人际关系必须遵循的金科玉律。这是真正的平等待人，是古往今来都适用的平等精神。人是生而平等的，每个人的人格和尊严都应该受到尊重。己所不欲，勿施于人，无论是对同事、部下、朋友、合作伙伴、恋人，都应该遵循。这是古人在长期的社会生活中总结出来的经验，是为人处世必须遵循的规则。

3．学会分享

当把快乐和别人分享时，快乐就变成了两份快乐；当把点子和别人分享时，就会有更多思想的火花。同样，对于渴望也可以“分享”。自己渴望的事情，要想到他人也可能渴望。当渴望安全感时，就要理解他人对安全感的需要，甚至帮助他人实现安全感。渴望被理解、被关切和爱，就要知道如何力所能及地给予他人理解、关切和爱。给予他人理解与关切，会在高水平上调整、融洽彼此的关系，也能很好地调整自己的状态——这个好状态既来自对方的回报，也是自己“给予”的结果。善待别人，同时就善待了自己。不妨将最希望从他人那里得到的态度一条条写下来，扪心自问，而后便会想到别人同样有这些希望。在这些条款上对他人慷慨大方，是处理人际关系的最正确的态度。

### （四）处理好职场人际关系的几点建议

1．不要设计陷害别人

任何人都会对别人的设计陷害非常痛恨，设计陷害别人也是职场中最危险的行为之一，这种行为所带来的后果，轻则被同事唾弃，重则失去工作，甚至身败名裂。

把事业上的竞争对手当成“仇人”“冤家”的想法，想尽一切办法去搞垮对方的想法是不可取的。作为老板，他绝对不希望自己的员工互相倾轧，老板希望每一个员工都能发挥自己的长处，为自己带来更多的效益，而互相排斥只会增加内耗，使自己的企业受损，周围的同事也同样讨厌那些喜欢搬弄是非、发“暗箭”的人，因为每个人都希望有一个和谐宽松的工作环境，并与自己志趣相投的人共事。

2. 做事有原则，不轻易妥协

当然，在与同事的相处中还会有互相竞争的成分，因此，恰当使用接受与拒绝的态度相当重要。一个只会拒绝别人的人会招致大家的排斥，而一个只会向别人妥协的人不但自己受了委屈，而且还会被认为是老好人、能力低、不堪大任，且容易被人利用。因此在工作中要注意坚持一定的原则，若被卷入诸如危害公司利益、拉帮结伙、损害他人等事件中去，要注意保持警惕，避免被人利用。

3. 做文明人，不随便打探隐私

在一个文明的环境里，每个人都应该尊重别人的隐私。窥探别人的隐私向来被人认为是个人素质低下、没有修养的行为。也许有许多情况是在无意间发生的，比如，偶尔发现了一个好朋友的怪僻行为，并无意间告诉了他人，这样不仅会对朋友造成伤害，还会失去友谊。

偶尔的过失也许可以通过解释来弥补，但是，如果这样的事件发生过几次，那么就要从心理上检讨自己的问题了。此外，除了学会尊重他人，在与同事的交往中还要保持恰当的距离，注意不要随便侵入他人“领地”，以免被人视为无聊之辈。

## 第四节　提升高校学生职业能力

### 一、高校学生职业能力概述

职业能力是相对于某一种职业或某一类职业而言，可以胜任工作的能力。首先包括一个人会做的事，这些事可以从学习、生活与工作中的方方面面中反映出来。这些是个人最能持续运用和最能依靠的技能[①]。比如，表达沟通、人际交往、

① 李金亮，杨芳，周欣．大学生职业生涯规划[M]．长沙：湖南教育出版社，2019．

分析判断、问题解决、创新能力、团队合作、组织管理、客户服务等。

除了可以做的事，职业能力还经常被用来描述或说明具有的个人品性。它涉及个体在不同的环境下如何管理自己，是勇于创新还是循规蹈矩，是认真还是敷衍，能否在压力下保持镇定，是否对工作有热情，是否自信，等等。

我国教育部办公厅2007年印发了《大学生职业发展与就业指导课程教学要求》的通知，在课程中有提升职业能力的教学内容要求，包括带领学生了解目标职业对通用技能（表达沟通、人际交往、分析判断、问题解决、创新能力、团队合作、组织管理、客户服务等）的要求：要带领学生了解目标职业对个人素质（自信、自立、责任心、诚信、时间管理、主动、勤奋等）的要求。

对于大学生来说，普遍觉得职业能力是一个很抽象的概念。在这方面，阿里巴巴在2000年就推出了名为“独孤九剑”的价值观体系。现在，公司又将这九条价值观体系精练成为“六脉神剑”，即客户第一、团队合作、拥抱变化、诚信、激情、敬业。阿里巴巴每年有10％的淘汰率，在考核员工方面，业绩考核和“六脉神剑”的考核分别占了50％。这个举动将企业对职业素养的重视直接与员工的利益挂钩，将职业能力充分量化，落到实处。

教育部经过统计高校毕业生的就业质量。发现了一些有趣的结论：毕业生认为在求职的准备过程中，最重要的四项是提高语言表达能力、深入多方了解招聘计划、培养面试技巧、提早确定就业期望，其中近一半的同学表达了自己对提高语言表达能力的强烈需求。可见在求职过程中，像语言表达能力这些不会在第一课堂专门开设课程培养的能力，成为大学生越来越关注又比较欠缺的职业能力。

要了解自己的能力结构，首先，可以通过能力倾向测验对自身能力进行评估。比如，我国公务员录取考试中常常用到的行政职业能力倾向测验，它用来测试应试者与拟任职位所相关的知识、技能和能力，是应试者从事公务员工作所必须具备的一般潜能的一种职业能力测试。

其次，还可以通过经验分析与总结，为自己的工作能力排序和澄清，证明自己所具备的职业能力。每个人进入大学之前的经历都包括一些能力，比如在日常人际交流方面学会了倾听和理解他人观点、语言交流、关心他人、帮助他人决策与团队合作等，有时候碰到很难相处的人时，甚至学会了言简意赅。再比如在学习和工作方面，为自己的学习计划制定日程表，学会了安排事件的优先顺序、决策和按时完成计划；有时候遇到一些危急时刻独自冷静面对，有时候为了维护自己的观点与人说理辩论，学会了决策和管理变动；经常根据作业的要求阅读文档和操作电脑，学会了文字处理、解决问题和分类组织信息；等等。

在个人素质方面，当在生活和学习上遇到困难时，愿意选择承担风险，勇于尝试，学会了认识到自己的需求，主动寻求帮助；在不断的前进步伐中，通过压力管理和建立自信来提升自己的能力，体现出不断保持进步的动力，展现了决心和毅力，从一次又一次的教训中，给自己设定目标，学会了对自己的行为负责。

除此之外，还可以通过更多的方式来发现自己的技能，比如，那些可以量化的成就或业绩。回顾自己过往的经历，除了一些常见的如“期末考试全年级总评第三”或“连续三年获得一等奖学金”还有没有一些其他的事情是可以用数字来说明成果的。比如，“作为校学生会文艺部长，成功组织了为数 300 人的大型表演活动”“在兼职某化妆品牌销售期间，提高了当月部门的销售额达 10％”等。这样的一些数据可以非常具体翔实地说明取得的成绩，能给人以更深刻的印象。

在得到好成绩、奖励或升职（如被同学们选举为班长）时，会获得他人的认可，虽然有时也许只是一个点头或者微笑，仍然值得细心思考和回顾。是否曾经从数人中被选出来担当更多或更大的责任，比如，被老师选出来专门负责某一事务，而这是否意味着自己某个方面的能力比其他同学更加出色，或是更认真负责。

同学、朋友或上司是否会依赖自己来完成某件事情？周围人认为自己尤其擅长的事情是？如果了解自己的人（如老师、领导、雇主、同学、服务对象、同事等）想要向用人单位推荐自己，他们会谈论哪些内容？如果离开现在的位置（无论是宿舍还是学生社团或兼职实习的位置），同学或同事会因为自己的离去而感到有什么样的不适或困难吗？

对所有这些问题的回答，反映出个人所擅长的、为人称道的能力和品质。现在，是否对自己的技能有了更多的了解，知道自己这块地里的“金子”是什么？

将精力集中在擅长并且喜欢的技能上，对每个人来说，都是至关重要的。考虑一下，在未来的职业中，哪些技能最可能被用到？上述哪些技能需要进一步拓展？怎样去拓展这些技能？

## 二、工作对职业能力的要求

仅仅对自身具备的技能有很好的了解仍是不够的，还需要了解这些技能可以在什么样的职业中得到应用，以及自己心仪的职业在技能方面有什么样的要求。不同的职业对于从业者的要求是不相同的，比如会计工作需要较强的数字计算能力，建筑师需要较强的空间想象和构建能力等。因此，需要掌握探索职业技能要求的途径和方法。

可以通过小组讨论分享，来了解某个职业所需的职业能力。比如，教师这一职业是每个人都熟悉的，因为在十几年的学生生涯中，已经见过了无数的老师。但是否真的了解教师这一职业需要哪些技能呢？教师所具备的这些技能是否可以在其他工作中得到应用呢？通过讨论分享，可以知道要当好一名教师，应该需要以下职业能力：关怀他人，耐心，细致，较强的责任感，教学，培训，沟通，指导，评估，激励，解决问题，与学生、家长和学校行政管理人员的互动，提供支持，说服，调解，调查，研究，分析问题，写作，提交报告，行政管理，组织，协调，等等。

还可以进行“生涯人物访谈”。所谓“生涯人物访谈”就是向实际从事某一职业的人了解该职业的技能要求，通常，用这种方法可以比较详细、具体地了解特定职业不为常人所知的要求，可以有效地帮助个人在进入某一行业前做好职业方面的技能准备。

比如，一个文秘专业的大学生在请教了一个当文秘的亲戚后写道：“文秘根据市场需求被划分为文员和秘书两个层面，文员的要求较低，往往只要求一定的学历和电脑运用能力，以及办公软件的基本操作能力，岗位的流动性较大；而秘书除了具备文员的基本条件外，还需具备较高的学历和外语水平、较强的综合接待及处理事务的能力，同时还要协助领导完成一定的管理工作。除此之外，是否持有秘书岗位资格证书，也是企业选择员工时重点考虑的因素。高级秘书或涉外文秘对综合能力和专业能力的要求就更高了。不同性质的秘书要求的必需技能不相同，但语言、交际、礼仪、写作及调查研究等基本技能、具体分析和解决实际问题的能力，以及自学能力是最根本的。对于商务秘书而言，除了上述几点还应具备一定的英语读写能力和对话能力，能进行商贸英语对话，并能用英语撰写书信、单据等常用应用文体。”

从上面的文字可以看出，这位同学在经过生涯人物访谈后对于自己大学期间需要重点培养和发展哪些技能有了更清晰的认识。

在之前的探索职业兴趣方面，学习了霍兰德的理论。根据该理论，职业可以分为研究型、企业型、常规型、现实型、艺术型和社会型六大类职业。下文总结了这六类不同职业有哪些相应的职业能力要求。

如表 6-4-1 所示，可以发现在不同职业能力要求中有哪些共同性。

**表 6-4-1　不同类型职业对职业素质的要求**[①]

| 类型 | 职业能力要求 |
|---|---|
| 研究型职业 | 1. 知识结构方面，专业与博学结合。<br>2. 创造力、基本技能和理论理解三者相结合。<br>3. 独立思考、勤于实践、不怕辛苦。 |
| 企业型职业 | 1. 公众意识。<br>2. 领导、组织协调和社会才能。<br>3. 中外语言文字表达能力。 |
| 常规型职业 | 1. 懂得统计，档案管理知识，熟悉专门的法规条例。<br>2. 符合各岗位的特殊要求，如礼仪、安全准则等。<br>3. 社交能力、语言能力、干练的办事能力。 |
| 现实型职业 | 1. 不辞辛劳、艰苦奋斗的创业精神。<br>2. 严肃认真、一丝不苟的求实工作态度。<br>3. 谦虚谨慎，深入工作第一线，能和同事密切合作。<br>4. 外语水平、计算机应用能力、语言表达能力和理论应用实际的能力。 |
| 艺术型职业 | 1. 观察力、想象力、潜力。<br>2. 得天独厚的艺术天赋。<br>3. 不断创新的精神。 |
| 社会型职业 | 1. 有一定事实上的理解能力。<br>2. 社会活动能力、组织协调能力、自身形象设计能力和文字表达能力。<br>3. 中外语言的表达能力和计算机操作使用技能。 |

了解职业能力要求具有重要的意义，因为技能是多种多样的，技能的发展和培养又需要相当的时间，大学生要将有限的时间花费在一些什么样的活动上，在很大程度上取决于希望达到的职业生涯目标和它所要求的技能。

不同的人拥有不同的能力优势，也有自己的弱势能力。对于弱势能力，职业需要的，要尽量补足；更为重要的是，学会发掘自身的优势能力，并将优势能力加以深入培养、尽情发挥，充分利用，这样才能对自身做到人尽其才，才能将优势得到最大化利用，也必然会得到最优化的产出。

① 李金亮，杨芳，周欣．大学生职业生涯规划 [M]. 长沙：湖南教育出版社，2019：100.

## 三、大学生向职业人的转变

大学生在明确了发展方向，掌握了如何了解自身能力特征的途径后，建立扬长避短的应用能力的意识就显得特别重要。将优势最大化利用，必然会得到最优化的产出。总体来说，对于考研和出国深造的大学生，学术创新能力、对资料的收集和整理能力、理论学习和运用能力、大胆假设的能力、提出理论思考观点的能力是主要的专业性要求；对于毕业后要选择应用性工作的本科生，则需要更强的与人沟通能力、团队协作能力、知识转化能力、解决问题的能力和自我激励能力等。

### （一）发展重要的职业技能

明确自己需要重点发展哪些技能，如何有计划、有针对性地过好大学生活，成功实现由大学生向职业人的转变，具体做法有以下 3 个方面。

（1）参加毕业实习，锻炼操作技能

要想具备更强的分析和处理问题的能力，毕业实习可以使大学生得到更好的锻炼和提高。如果有幸被实习单位看中，则可能被直接录用，就可以轻松地解决就业问题。

（2）参加社会实践，提升工作能力

现在用人单位一般都比较看重动手和实际操作能力，加强实践锻炼是提高大学生实际能力的重要途径。一方面，它可以加深对理论知识的理解；另一方面，它能锻炼实际操作能力，并激发创新思维。很多高校在大一至大三期间，专门安排了假期社会实践活动，这是大学生了解社会的好机会。大学生要抓住这个机会，利用所学的理论知识，观察与思考一些相关的现实问题，提升工作技能。另外，上学期间，大学生可以在力所能及的情况下做一些相关的兼职工作，这有助于了解社会、锻炼动手能力、培养创新思维。

（3）改进学习方法，重视知识应用

在大学学习中，学习知识只是一个基础，更重要的是对知识的理解和运用。一些中学时被证明有效的学习方法到了大学可能不再适用。要改进学习方法来提高学习效率，尤其要培养自学能力。既要重视对知识本身的深化和理解，也要注重科研意识和科研方法的培养。科研型学习是一种强调科研创新的学习模式。积极参与学校及教师团队的课题，在辅助导师做课题的过程中，掌握实地调研、数据分析、论文撰写等科研能力，从而进一步提升学习效果。

### （二）努力积累实践经验

大学生应该学会利用大学实践与学习平台，重视第二课堂的成长。社会实践活动贯穿大学四年，是同学们理论联系实际、学以致用的重要手段，是大学生获取经验和建立社会支持系统的重要途径，经验可以改善个体的性格和发展技能。

大学生社会实践活动形式多样，包括志愿服务类社会实践、创新创业类社会实践等，志愿服务类社会实践可以培养学生的社会责任感和奉献精神，很多同学在这个过程中确立了自己的人生规划，积极参加团中央推出的大学生志愿服务西部计划。创新创业类社会实践在参观、考察、调研、访谈等简单的认知实践活动中脱颖而出，成为大学生创业能力和创造能力等重要就业技能培养的主要手段。

多项研究表明，大学生的职业适应和角色转化期大概需要三年的时间，这是一个与知识技术同样重要的需要学习的技能。这就意味着，从进入大学的那一刻开始就要为将来的就业着手准备，积累属于自己的职业能力。

在大学各个阶段，同学们都可以结合自己的学业规划，安排适合自己的社会实践活动。

积极参加大学生社团是不错的选择，高校学生社团是由志向或爱好兴趣相同的学生自愿组织并经高校有关部门批准的群众性业余团体，是大学生素质拓展的重要载体和主要阵地。社团类型包括思想政治理论学习和研究型社团组织、学术和专业学习实践型社团组织、社会服务型社团组织、兴趣爱好型社团等多种组织形式，同学们可以根据自己的规划需要自主选择。

在参与社团活动、社团管理的过程中，大学生有效提升了自我认知的能力，培养了自己创新的习惯，增强了大学生团队合作精神、人际沟通能力和组织管理能力等综合素质。

学生社团还在推动大学生创业方面具有积极的推动作用。目前大学生创业教育教学实践活动已形成三种模式：普及创业知识，将创业教育融入素质教育当中；加强社团商业化运作，为学生创业提供发展平台；培养学生的创业意识，将创业理念作为创业教育的基础。学生社团有学校良好的信誉度为依托，有专业导师的指导，与企业建立双向联系，在校内建立俱乐部或实习基地，可以有效地促进大学生更早接触社会，且不影响正常的教学秩序，全面提升大学生的就业竞争力和创业能力。通过社团提升学生创业能力是大学生解决理论知识脱离社会实际问题、提升社会适应能力、增强动手能力和解决实际问题能力等的有效途径。

最后，大学生在参与社会实践时要避免出现以下的问题。

（1）重视知识，轻视能力

很多学生注重知识和分数，而忽略个人潜力的发掘和多种能力的提高。对于参加校内外各种形式的实践活动，个别学生都以完成任务应付了事。虽然很多同学对自己的人际交往能力、演讲能力、表达能力、沟通能力等不满意，很多企业抱怨大量的毕业生在知识和技能上都不能应对职场需要，但大学生似乎并没有引起充分重视。

（2）重视证书，轻视应用

大学生投入了大量的时间、精力和财力参加英语等级考试、计算机等级考试、各种专业和岗位的资格证书考试，所持证书与对应的具体操作能力却不相配。

（3）重视形式，轻视内涵

对于学校的实习，社会实践考核要求，有些同学足不出户编写调查报告，连实习证明都是伪造的，还有些同学在选择实践工作上眼高手低，缺少个人适应力和服务精神。

## 第五节　就业指导的意义与目的

### 一、就业指导的意义

大学毕业生是我国人力资源的重要组成部分，是社会主义现代化建设的重要力量。开展就业指导，帮助毕业生择业，有着多方面的意义。[①]

#### （一）有利于大学生顺利就业

大学生是祖国现代化建设的后备力量。大学毕业生能否顺利就业，从个人方面来讲，关系到自身将来的发展成才和人才价值的实现；从社会方面来讲，关系到国民经济的发展和社会的稳定；从教育本身来看，关系到教育目标的最终实现。

当然，大学毕业生能否顺利就业主要取决于社会的需求以及自身的素质。拥有大学四年的学习生活经历，大多数同学对就业都很有信心。但同时许多大学生也清醒地意识到，要找到更满意的工作单位、岗位，还是必须主动出击，充分准

① 周兴中，刘兴勤．职业发展与就业指导[M]．上海：复旦大学出版社，2012．

备，接受被挑选，甚至被淘汰的打击。不管之前有多憧憬，求职时都必须实际地考虑问题。具体到工作类型、地域、单位，每一个决定都对毕业生就业后有着深远的意义。尤其是近几年的择业环境不容乐观。据官方统计，我国目前失业率达3.1%，而研究机构的分析认为已达7%。这主要是因为：政府精简机构、国有企业改革、减员增效、产液结构调整、企业停产破产、下岗分流，社会环境不很理想，企业效益的低下又必然会降低其吸收人才的热情和能力。① 因此，对大学毕业生的需求量相应减少。但随着经济全球化和我国经济的不断发展，社会会增加就业机会，对所需要的毕业生往往有较高的要求，如既懂WTO规则，又熟练掌握英语、经ACCA（英国特许公认会计师公会）认可的会计师，还有熟悉国际法规的律师、经济师、保险行业的精算师等。总之，在我国承诺市场准入的若干领域，需要大量能与国际惯例接轨的优秀人才，这就为大学生在知识、能力方面的准备提出了新的挑战。为此在新的就业制度与形势下，就业指导无疑会帮助大学生用正确的价值观念、道德标准和行为规范参与求职择业活动，增强适应新的就业形势的能力，提供准确的社会需求信息和求职择业的基本技巧，从而为大学毕业生顺利就业搭起桥梁，铺平道路。

### （二）有利于大学生的发展

一个人为社会贡献的大小、生活方式的选择以及发展与成才，在相当大的程度上取决于他的职业。择业是人生关键性的问题之一，它直接影响到个人的前途和发展，如果处理不好，将在人生的道路上出现波折。因此，职业的选择，是对未来发展成才道路的选择，是对人生幸福的选择。著名作家柳青曾经说过，人生的道路虽然漫长，但紧要处常常只有几步，特别是当人年轻的时候。人的一生绝大部分精力用在工作上，如果所从事的职业与自己的兴趣相投，与能力相符，就会乐此不疲，不断努力，奋发成才，在职业实践中实现自己的价值。一般来说，大学毕业生涉世不深，经验不足，职业目标不明确，犹豫考研还是择业，就业还是留城，回家还是去沿海城市……以致在千千万万的职业面前眼花缭乱，左顾右盼，无所适从。面临就业的选择，究竟应该怎样分析自己的主客观条件，怎样看待不同岗位的利弊得失，在商品经济不断发展，市场竞争日益加剧的环境下，如何把握机会，找到一个比较满意的工作，以便能心情愉快地走向社会生活，已成为大多数毕业生思虑的焦点。而就业指导正是帮助同学们去认识这些问题，并提

① 周兴中，刘兴勤．职业发展与就业指导[M]．上海：复旦大学出版社，2012：28.

供一些解决这些问题的途径和办法，从而为大学毕业生将来的发展与成才打下良好的基础。

**（三）有利于人才资源的合理配置**

祖国的现代化建设离不开具有专业知识的青年知识分子，然而，现实是：一方面“用武之地”找不到英雄，另一方面“英雄无用武之地”；一方面社会急需大量的知识分子，另一方面知识分子大量积压浪费。在市场经济条件下如何合理地配置人才资源，已成为突出问题。显然，走回头路，采用过去统包统分的计划手段，已不能适应新的形势。而就业指导就是要改变这种现象，使用人单位了解各类专业情况和使用方向，了解劳动者的心理和生理特点，以便安排合理、科学，使用恰当、有效，使个人的才能、知识、兴趣与所从事的工作相吻合，人事相配，职能相称，人尽其才，才尽其用；使毕业生充分地了解社会发展对人才的需求，从而找到最能发挥自己才能的位置，达到人才资源合理配置的目的。

**（四）有利于教育体制改革的进一步深化**

从一定意义上说，大学毕业生就是学校的“产品”。高校培养的人才是否符合社会的需要，产品是否适销对路，质量是否合格，需要接受社会的检验。就业指导工作就是学校和社会联系的桥梁，通过它，学校可以及时地掌握社会上需要什么层次、什么专业的人才，了解社会的需求量和对学生基本素质的要求。促使学校根据社会需求主动调整专业结构，科学地设计课程体系，切实地改善办学条件，有效提高教育质量，逐步实现按需招生，按需培养，优胜劣汰，增加教育投入的同时，提高办学效益，从而达到教育体制改革的最终目的——多快好省地为社会主义建设输送大量合格的建设者。

## 二、就业指导的目的

相当一部分人对就业指导的内涵还缺乏了解，不少人认为就业指导可有可无，搞不搞无关紧要。甚至把大学生就业指导课狭隘地理解为找工作、落实具体单位的观点是片面的、肤浅的。它忽视了大学生就业指导课的教育功能，对高教体制改革、育人模式的改变将产生负面影响，使人更看不到它在培养现代化建设所需的人才方面起着的作用。笔者通过近五年来的观察发现，大学生就业指导能够达到以下目的。

**（一）促进大学生成才**

择业是人生的关键问题之一，它直接影响到个人的前途和发展。如果处理不好择业问题，将会使人生道路崎岖不平。因此，职业的选择既是对未来人生发展道路的选择，更是对人生幸福的选择。职业选择如此重要，但对初入社会的大学生来说总是困惑重重。因为一般说来，大学毕业生涉世不深、经验不足、职业目标不确定，容易在选择职业的过程中犹豫不定、走弯路，甚至找不准自己的发展方向。而大学生就业指导恰好可以为大学生提供这样的帮助，能够帮助大学生正确了解自我、规划职业。

**（二）推动大学生职业发展**

对大学生进行就业指导有利于大学生今后的发展及成才。大学生在就业过程中所得到的不仅是用人单位录用和不录用的结果，还可以体会用人单位对职业素质的要求，因此大学生就业的过程也是受教育的过程。大学生就业指导中的一些要求，如展示真实形象、锻炼表达能力、增强团队意识、遵守市场规范等，不仅是对就业的具体指导，而且是对今后事业发展的长远指导。就业是迈开事业的第一步，不能仅仅为了就业而就业，而是通过就业来成就事业，展示人生价值。因此，大学生就业指导可以在一定程度上助力大学生的职业发展。

**（三）促进社会经济更快、更好地发展**

人力资源是第一资源，现代世界的竞争核心是人才的竞争。大学生是国家培养的高级专门人才，是未来高素质人才群体的核心，是实施科教兴国战略、实现21世纪宏伟目标的重要力量。我国要培养同现代化要求相适应的高素质劳动者和数以千万计的专门人才，发挥我国巨大的人才资源优势，关系到21世纪我国社会主义事业的全局。因此，加强大学生就业指导，帮助大学生顺利就业，对于落实科教兴国的战略方针，推进社会主义现代化建设具有非常重要的意义。尤其是在全国上下都在为实现中华民族的伟大复兴和实现中国梦的目标而奋斗的形势下，开设大学生就业指导课就显得特别迫切和十分必要。否则，人才的闲置和不合理使用会造成很大浪费，也会给社会稳定带来不利的影响，也将会大大阻碍中国梦的实现。

近几年高校不断扩招，高校毕业生的数量成倍增长，大学生就业竞争将更加激烈。作为高校的就业指导部门有责任、有义务帮助大学生树立正确的就业观念，并为其选择职业、准备就业，以及为其在职业中求发展、求进步等提供知识、技能指导，组织与就业有关的综合性社会咨询服务活动，使大学生会就业、就好业，以期达到使无业者有业，有业者敬业，敬业者乐业，乐业者创业的就业指导的最高境界。

# 第七章　高校学生就业权益保障研究

本章为高校学生就业权益保障研究，主要讲述了就业的相关政策、毕业生就业权益的内容、就业权益的保护、大学生就业的法律保障。让读者对就业政策、权益有初步的认识。

## 第一节　就业的相关政策

就业政策是搞好就业工作的指南和依据。大学毕业生如果认真了解国家和各级政府对当前就业工作的要求和相关的政策，就会在就业过程中更好地找准自己的位置，有效利用相关的条件，使自己顺利就业。

就业政策是指国家和各级地方政府及高等院校为促进大学毕业生就业工作而制定的一系列政策、方针、规定的总和。就业政策具有导向作用，它可以引导大学生走上正确的择业道路，少走弯路，提高就业成功率。下文是大学生就业的基本政策。

第一，鼓励高校毕业生到城乡基层就业的政策。

①各地区城乡基层要想吸引高校毕业生、留住高校毕业生，需要充分开发基层服务领域和公共管理的就业岗位，包括劳动市场、教育行业、社会保障系统、住房保障、社会工作、医疗保险、文化体育及残疾人服务、农技推广等方面，充分考虑公共服务均等化标准和城镇化进程的要求，推动高校毕业生留在城乡基层工作。

②各地区要积极推动现代农业的发展，包括完善农业社会化服务体系、创新农业科技，以此吸引更多高校毕业生投身于现代农业建设工作当中。

③对于国家支持的基层服务项目，如“三支一扶”、大学生村干部等要继续统筹实施好，建设好基层服务保障机制，吸引高校毕业生到基层就业。

④在一些特殊的基层单位，如艰苦的边远地区或者中西部地区从事专业技术工作的高校毕业生，在进行职称申报时，不要求参加职称外语考试或放宽外语成

绩要求。

⑤充分利用社会组织为高校毕业生提供就业机会，对那些在省会城市及其他地级市找到基金会、社会团体、民营非企业单位工作的毕业生，当地的公共就业服务机构要提供帮助，协助他们办理落户手续，并且在评定专业技术职称方面享有与事业单位和国有企业同等的待遇。

第二，认真落实基层就业学费补偿代偿等政策，继续组织实施“教师特岗计划”等中央基层项目，推动毕业生服务乡村振兴战略。

第三，服务国家需求“大舞台”，引导大学生投身军营报效祖国，主动向重点地区、重大工程、重大项目、重要领域输送毕业生，引导毕业生到高技术产业、战略性新兴产业、先进制造业和现代服务业等新兴领域就业创业，鼓励毕业生到国际组织实习任职。

第四，必须认真贯彻执行就业协议中的“四不准”原则，毫不容忍任何形式的就业歧视，积极防范“求职陷阱”“培训贷”和“传销”等非法活动，对高校毕业生的合法权益要保护到位。

第五，激励高校毕业生自主创业的政策。

①放宽市场准入条件。进一步放宽自主创业高校毕业生准入门槛，降低创业公司的注册门槛，同时，对于初创企业来说，可以根据不同行业的特点允许分期支付注册资金，降低人员和资金的进入标准。根据相关规定，注册地点和创业经营场所可以是家庭住所、租赁房屋或临时商业用房等，受益于资金补助政策。

②享受资金扶持政策。如果符合相关规定的高校毕业生想自己创业，可以在创业所在地申请小额担保贷款。对于集体创业和联合经营的，可以根据具体情况适度增加贷款金额。根据当地情况，可以申请大学生创业资金。

③提供培训指导服务。对高校毕业生在整个毕业学年（即从毕业前一年 7 月 1 日起的 12 个月）内参加创业培训的，如果符合创业培训的资格，或者能够就业或创业，那么将根据规定获得培训补贴。在高校学生科技创业实习基地开展创业项目，可获得 12 个月的房租减免、专业技术咨询服务、运用公共设施的机会以及公共信息平台的支持服务。当大学生申请自主创业行政审批事项时，可以利用“绿色通道”获得一站式服务、联合审批、限时办结和服务承诺等额外便利。建议各城市取消对高校毕业生的户籍限制，将专科生在内的毕业生也纳入创业城市落户范围（直辖市按照相关规定执行）。高校毕业生可以通过自主创业或申报灵活就业，享受各级公共就业和人才服务机构提供的人事和劳动保障代理服务，并

且还可以接续社会保险关系。

第六，促进离校未就业高校毕业生就业的政策。

①各地区要将离校未就业高校毕业生全部纳入公共就业人才服务范围。采取有效措施，力争使每名有就业意愿的未就业高校毕业生在毕业半年内都能实现就业或参加就业准备活动。

②有关部门、各高校要密切协作，做好未就业高校毕业生离校前后信息衔接和服务手续，切实保证服务不断线。教育部门要将有就业意愿的离校未就业高校毕业生的实名信息及时提供给人力资源和社会保障部门。人力资源和社会保障部门要建立离校未就业高校毕业生实名信息数据库，全面实行实名制就业服务。

③各级公共就业人才服务机构和基层就业服务平台要及时主动与实名登记的未就业高校毕业生联系，摸清就业需求，提供有针对性的就业服务。教育部门和高校要加强对离校未就业高校毕业生的跟踪服务，为有就业意愿的高校毕业生持续提供岗位信息和求职指导。

④各地区要结合本地产业发展需要和高校毕业生就业见习意愿及需求，扩大就业见习规模，提升就业见习质量，确保凡有见习需求的高校毕业生都能得到见习机会。要根据当地物价水平，适当提高见习人员见习期间的基本生活补助标准。高校毕业生见习期间参加职业培训的，按现行政策享受职业培训补贴。

⑤各地区要持续推动离校未就业高校毕业生技能就业专项行动，结合当地产业发展和高校毕业生需求，创新职业培训课程，提高职业培训的针对性和实效性，在高校毕业生集中的城市，要提升改造一批适应高校毕业生特点的职业技能公共实训基地。国家级重点技工院校和培训实力雄厚的职业培训机构，要选择适合高校毕业生的培训项目，及时向社会公布。

第七，创造公平就业环境的政策。

①各地区、各有关部门要积极采取措施，促进就业公平。用人单位招聘不得设置民族、种族、性别、宗教信仰等歧视性条件，不得将院校作为限制性条件。省会及以下城市用人单位招聘应届毕业生不得将户籍作为限制性条件。

②国有企业招聘应届高校毕业生，除涉密等特殊岗位外，都要实行公开招聘，招聘应届高校毕业生的信息要在政府网站公开发布，报名时间不少于 7 天；对拟聘人员应进行公示，明确监督渠道，公示期不少于 7 天。

③各地区、各有关部门要严厉打击非法中介和虚假招聘，依法纠正性别、民族等就业歧视现象。加大对企业用工行为的监督检查力度，对企业招用高校毕业

生不签订劳动合同、不按时足额缴纳社会保险费、不按时支付工资等违法行为，及时予以查处，切实维护高校毕业生的合法权益。

④各地区、各有关部门要消除高校毕业生在不同地区、不同类型单位之间流动就业的制度性障碍。省会及以下城市要放开对吸收高校毕业生落户的限制，简化有关手续，应届毕业生凭普通高等学校毕业证、全国普通高等学校毕业生就业报到证与用人单位签订的就业协议书或劳动（聘用）合同办理落户手续；非应届毕业生凭与用人单位签订的劳动（聘用）合同和普通高等学校毕业证书办理落户手续。

⑤高校毕业生到小型微型企业就业、自主创业的，其档案可由当地市、县一级的公共就业人才服务机构免费保管。办理高校毕业生档案转递手续，转正定级表、调整改派手续不再作为接收审核档案的必备材料。

## 第二节　毕业生就业权益的内容

毕业生在就业过程中享有多方面的权益，根据目前就业规范的有关规定，毕业生主要享有以下几方面的权益。

### 一、获取信息权

就业信息是毕业生择业成功的前提和关键，只有在充分占有信息的基础上，才能结合自身情况选择适合自身发展的用人单位。毕业生获取信息权，含义有三方面。

一是信息公开，即所有用人单位的招聘信息向全体毕业生公开。

二是信息及时，毕业生获取的信息必须及时、有效，不能将过时的无利用价值的信息传递给毕业生。

三是信息全面，毕业生有权获得准确、全面的就业信息，以便对用人单位有全面的了解，从而做出符合自身要求的选择，而不是盲目的。

### 二、接受就业指导权

学生享有获取学校提供的就业指导的权利，因此，学校应设立相关机构并招聘专业人员，为毕业生提供就业指导服务。该服务包括详细介绍国家为毕业生就业出台的一系列政策和方针；为毕业生提供就业指导和职业规划建议；指导毕业生考虑国家和社会的需求，并结合自身条件进行职业选择；协助毕业生通过就业指导和职业定位，有目的地进行职业规划和选择最合适的职业。

## 三、被推荐权

推荐毕业生给用人单位是高校在就业工作中最重要的任务之一。毕业生被推荐的权利包括以下几个方面。

（1）如实推荐

当高校向用人单位推荐毕业生时，应当诚实、准确地介绍毕业生的实际情况并进行推荐。对毕业生在校表现的评价应该客观公正，不得有意诋毁或夸大其表现。

（2）公正推荐

学校在推荐毕业生就业时，应该秉持公正原则，为每一位毕业生提供同样的就业推荐机会，不应偏袒任何人。学校必须承担公正推荐的责任，这也是每个毕业生应享有的基本权利。

（3）择优推荐

学校应该依据毕业生在校期间的表现，在公正公开的前提下，优先推荐表现优秀的学生；企业在招聘毕业生时也应该优先考虑毕业生的能力。

## 四、选择权

那些在高校实行招生并轨改革政策下的毕业生要遵守国家相关规定，自主选择职业，遵循国家的就业政策和指引。只要毕业生遵守国家的就业方针和政策，就有权自主选择自己想要的就业单位，学校、其他单位和个人都没有干涉的权利。毕业生的选择权应受到尊重，任何试图强行将个人意愿灌输给毕业生，迫使他们在某单位工作的行为都是在剥夺毕业生的选择权利。

## 五、公平待遇权

用人单位在录用毕业生时，应当遵守公平公正的原则，对所有求职者一视同仁。当前情况下，毕业生的公平待遇权遭受了严重挑战，这也成为毕业生最为担忧的问题。因为相关的政策和措施没能与时俱进，现今的就业市场并未彻底实现完全开放和公平，所以用人单位对毕业生的录用仍然存在着不公平和不公正的情况，例如，女性在就业方面仍然面临着较大的困难。维护毕业生的公平待遇权是最紧迫的一项任务。

### 六、违约及求偿权

三方协议书是毕业生与学校和用人单位共同签订的一种就业协议书，一旦签订，三方中的任意一方不得私自违反合约。如果用人单位没有合理理由要求解除合约，要求对方严格执行就业协议是毕业生的合法权益。如果非要解除合约，毕业生可以要求用人单位承担违约责任，支付违约金，并且可以提出违约赔偿。

## 第三节　就业权益的保护

在实际求职过程中，毕业生所享有的各种合法权益可能会被不同程度地侵犯。为了维护毕业生的合法权益，毕业生可以采取以下措施。

### 一、寻求毕业生就业主管部门的保护

毕业生就业主管部门可以制定相关规定来保障毕业生的权益，对于侵犯毕业生权益的行为进行制止或处理。

毕业生相关的合法权益的保护需要毕业生就业主管部门制定一定的相关措施，坚决抵制侵犯毕业生获取权益的行为，对相关不良行为采取措施，做出处理。

### 二、寻求高校的保护

学校对毕业生权益的保护最为直接。学校可通过制定各项措施来规范毕业生就业指导和就业推荐，对于用人单位在录用毕业生过程中的不公平、不公正行为，学校有权予以抵制以维护毕业生公平受录用权。对于用人单位与毕业生签订不符合有关规定的就业协议，学校有权不予同意，未经学校同意的就业协议不发生法律效力，不能作为编制就业计划的依据。

### 三、毕业生自我保护

毕业生权益保护的一个重要方面就是毕业生自我保护，毕业生自我保护体现在4个方面：

①毕业生应了解目前国家关于毕业生就业的有关方针、政策和规范以及它们之间的关系，熟悉毕业生在就业过程中的权利和义务，这是毕业生权益自我保护的前提。如果在就业过程中因为所谓的公司规定或部门规定与国家政策法规有抵触，侵犯了自己的权益，则可以依据法规办事，维护自己的合法权益。

②毕业生应自觉遵循有关就业规范，接受其制约，保证自己的就业行为不违反就业规范，不侵犯其他毕业生的合法权益。

③在用人单位接收毕业生的过程当中，毕业生也应对自身权益进行自我保护。按照国家规定毕业生在报到后应享受正常的福利待遇如养老金、住房公积金等；对某些工作岗位的特殊体质要求，用人单位应在与毕业生双向选择时就明确，否则不得以单位体检不合格为由将学生退回学校；另外正常的人才流动也应根据国家和当地的有关人才流动规定，不应受到限制；报到后毕业生发生疾病不能坚持正常工作的，则按单位在职人员有关规定处理，不能退回学校，毕业生应对自己的权利有正确认识。

④毕业生应学会运用法律手段维护自身的合法权益。针对侵犯自身就业权益的行为，毕业生有权向用人单位上级主管部门和学校进行申诉并听取他们的意见，同时也可提交给当地的劳动争议仲裁机构进行调解和仲裁，也可以直接向人民法院提起诉讼。

## 第四节　大学生就业的法律保障

《全国普通高等学校毕业生就业协议书》（以下简称《就业协议书》）是明确大学毕业生、用人单位和学校在毕业生就业工作中权利和义务的书面表现形式，是由教育部高校学生司统一制订的。根据国家规定，在达成就业意向后，毕业生、用人单位、学校三方必须签订《就业协议书》。所以《就业协议书》俗称三方协议，经毕业生、用人单位、学校三方签署后生效。《就业协议书》具有一定的广泛性和权威性，是学校制订就业方案派遣毕业生、用人单位申请用人指标的主要依据，对签约的三方都有约束力。所以毕业生就业时一定要签署《就业协议书》。协议书一经签署，协议各方须严格履行协议内容。毕业生要保证自己能正常毕业，按时到单位报到；用人单位要按照合法的用人程序接收毕业生，妥善安置毕业生的户口、档案；学校要按照规定程序派遣毕业生。

## 一、《就业协议书》

### （一）认识《就业协议书》

《就业协议书》是指毕业生（甲方）、用人单位（乙方）和学校（丙方）三者之间权利和义务的书面表现形式。协议条款应该是协议主体之间权利与义务的明确无误的表示，对双方当事人都具有约束力。协议书一般有以下条款。

①甲方应如实向乙方介绍情况，同意到乙方工作，服从乙方的工作安排。

②乙方应如实向甲方介绍情况，经了解，同意接受甲方，并负责有关接受手续。

③丙方经审议，同意甲方到乙方工作，负责列入就业建议计划和派遣。

④甲、乙、丙三方如有其他约定，应在备注栏明确，并视为本协议书的一部分。

⑤三方中有一方要变动协议，须提前一个月征得另外两方的同意，否则按违约处理。

⑥就业协议书一式四份，人事部门或教育部门、甲、乙、丙四方各执一份，复印件无效。

⑦就业协议书一般由国家或省、市高校毕业生就业主管部门统一制表。

### （二）《就业协议书》的订立

签订《就业协议书》的程序一般为：用人单位和毕业生在协议书上签字盖章；报用人单位上级主管部门批准盖章；用人单位必须在与毕业生签署协议书之日起15日内，将协议书送到学校毕业生就业部门；学校同意盖章，并及时将意见反馈用人单位。

每位高校毕业生、毕业研究生只签订一份协议书。毕业生和用人单位签约后，协议书一律由用人单位交培养单位签字，经三方签字并加盖公章后方能生效。各高校可以以此为依据编制就业建议计划。

高校毕业生和用人单位双方签订意向协议的，一般应在两星期内签订就业协议书，逾期的则意向书无效。

### （三）就业协议的解除

就业协议的解除分为单方解除和双方解除。单方解除，包括单方擅自解除和单方依法或以协议解除。单方擅自解除属违约行为。单方依法或以协议解除，是指一方解除就业协议有法律上或协议上的依据，此类单方解除，解除方无须对另一方承担法律责任。双方解除是指毕业生和用人单位经协商一致，同意取消原订立的协议，使协议不发生法律效力。双方均不承担法律责任，但须征求学校同意。《就业协议书》一经签署，毕业生、用人单位和学校任何一方皆不得擅自解除。

我国已经基本实现全员劳动合同制。通过订立劳动合同的形式建立劳动关系，从根本上改变了以往计划经济条件下企业劳动用工依靠行政手段分配的管理体制，使企业和劳动者可以在真正平等的基础上实现双向选择。

## 二、劳动合同和人事代理

### （一）劳动合同

劳动合同，也称劳动契约、劳动协议，它是指劳动者同企业、事业、机关单位等用人单位为确立劳动关系，明确双方责任、权利和义务而签订的协议。根据协议，劳动者加入某一用人单位，承担某一工作和任务，遵守单位内部的劳动纪律和其他规章制度，企业、事业、机关、团体等用人单位有义务按照劳动者的劳动数量和质量支付劳动报酬，并根据劳动法律、法规和双方的协议，提供各种劳动条件，保证劳动者享受本单位成员的各种权利和福利待遇。《中华人民共和国劳动合同法》对明确劳动合同双方当事人的权利和义务，保护劳动者的合法权益，构建和发展和谐稳定的劳动关系，提供了法律基础。

大学生落实了工作或与用人单位确定了工作岗位，并不意味着就此完成就业。对于初涉职场的大学生来说，与用人单位签订劳动合同是一个关键环节，它是劳动者合法权益得到有力保障的重要举措之一。

1. 劳动合同的一般特征

劳动合同作为合同的一种，具有合同的一般特征。

①合同是法律行为，是设立、变更或消灭某种具体的法律关系的行为，其目的在于表达设定、取消或变更法律关系的愿望和意图，这种愿望和意图是当事人

的意思表示，通过这种意思表示，当事人双方或多方产生一定的权利义务关系，但这种意思表示必须是合法的，否则，合同没有约束力，也不受国家法律的保护。

②合同以在当事人之间产生权利和义务为目的。合同当事人的协商，总是为了建立某种具体的权利义务关系，而一旦合同依法成立，这种对当事人有约束力的权利义务关系就建立起来了。任何一方当事人都必须履行自己所应履行的义务，如果不履行合同规定的义务，就是违反合同，就要承担相应的法律责任。

③合同是当事人双方或多方相互的意思表示一致，是当事人之间的协议。主要表现为：合同的成立，必须有两方以上的当事人；当事人双方或多方必须互相意思表示；当事人的意思表示必须一致。

2. 劳动合同的法律特征

劳动合同除具有合同的一般特征外，还具有本身的法律特征。

①劳动合同是建立劳动关系的一种法律形式，以合同形式确立了劳动者与用人单位的权利和义务。

②劳动合同双方当事人中，一方必须是具有劳动权利能力和劳动行为能力的公民本人，另一方必须是企业等用人单位的行政部门，不能是企业的党团组织或工会组织。

③劳动合同的当事人之间存在着职业上的从属关系，即作为劳动合同一方当事人的劳动者，在签订劳动合同后，成为另一方当事人企业等用人单位的一员，用人单位有权指派劳动者完成劳动合同规定的劳动者劳动职能范围内的任何任务。这种职业上的从属关系，是劳动合同区别于其他合同的重要特点之一。

④劳动合同双方当事人的权利和义务是统一的，即双方当事人既是劳动权利主体，又是劳动义务主体。根据签订的劳动合同，劳动者有义务完成工作任务，遵守本单位内部的劳动规则，用人单位有义务按照劳动者的劳动数量和质量支付劳动报酬。劳动者有权享受法律、法规及劳动合同规定的劳动保险和生活福利待遇，用人单位有义务提供劳动法律、法规及劳动合同规定的劳动保护条件。

⑤劳动合同的签订、变更、终止和解除，必须遵循国家劳动法律、法规的规定。

3. 劳动合同的必备条款

劳动合同的必备条款如下。

①劳动合同期限。

②工作内容。

③劳动保护和劳动条件。

④劳动报酬。

⑤劳动纪律。

⑥劳动合同终止的条件。

⑦违反劳动合同的责任。

⑧双方还可以协商约定劳动合同的补充条款。

**（二）人事代理**

人事代理是指各级行政部门所属的人事人才交流服务机构或者人事代理机构，受代理对象的委托，根据国家、省、市的人事政策法规，运用社会化服务方式和现代化科学手段，为那些无主管单位、不需要具备人事管理权限的单位、要求委托人事代理的其他企事业单位及自费出国、以辞职等方式流动后尚未落实单位的专业技术人员和管理人员，提供档案保管或有关人事方面的服务工作。

人事代理制度是一种人事管理和人员使用相分离的新型的人事管理制度。如果毕业生前往需要办理人事代理制度的单位工作，则可以与当地的人事人才服务中心签订委托代理合同，获得以下代理服务内容。

①人事档案保管。

②鉴证聘用合同及负责代理单位接收的应届毕业生见习期转正手续。

③按有关规定代办养老保险并计算工龄。

④接受人事关系、党团组织关系及户口关系的挂靠。

⑤代办专业技术职务任职资格初定、申报手续。

⑥按国家政策规定代办档案工资定级、调资手续。

⑦办理人才流动手续。

⑧办理挂靠人员考研、出国、出境的政审（签署意见）。

⑨协助推荐尚未落实就业单位的代理人员就业。

⑩商定其他人事代理事项。

人事代理制度的实行，改变了以往毕业生单一的就业模式，为毕业生提供了更为宽松的就业环境，解除了毕业生的后顾之忧，便利了人才流动。毕业生在人才服务中心办理人事代理手续后，便可办理户口关系落户手续。

## 三、就业协议与劳动合同的区别

### （一）主体不同

就业协议适用于应届毕业生与用人单位、学校三方之间，学校是就业协议的鉴证方或签约方，就业协议对用人单位的性质没有规定，适用任何单位；而劳动合同制适用于劳动者（含应届毕业生）与用人单位（不含公务员和比照实行公务员制度的组织和社会团体以及军队系统）之间，与学校无关。

### （二）内容不同

毕业生就业协议的内容主要是毕业生如实介绍自身情况，并表示愿意到用人单位就业，用人单位表示愿意接收毕业生，学校同意推荐毕业生并列入就业方案，而不涉及毕业生到用人单位报到后应享有的权利义务。劳动合同的内容涉及劳动报酬、劳动保护、工作内容、劳动纪律等方方面面，更为具体，劳动权利义务更为明确。

### （三）时间不同

一般来说就业协议签订在前，就业协议应在毕业生就业之前签订，而劳动合同往往在毕业生到用人单位报到后才签订。

### （四）目的不同

就业协议是毕业生和用人单位关于将来就业意向的初步约定，是对双方的基本条件以及即将签订的劳动合同的部分基本内容的大体认可，并经用人单位的上级主管部门和高校就业部门同意，一经毕业生、用人单位、高校、用人单位主管部门签字盖章，即具有一定的法律效力，是编制毕业生就业方案和将来劳动者与用人单位双方订立劳动合同的依据。

### （五）适用法律不同

就业协议发生争议，除根据协议本身内容外，主要依据现有的毕业生就业政策和法律对合同的一般规定来加以解决，尚没有专门的一部法律对毕业生就业协议加以调整。而劳动合同发生争议，应依据《中华人民共和国劳动法》《中华人民共和国劳动合同法》来处理。

# 第八章　高校学生积极适应社会

本章为高校学生积极适应社会，主要介绍了积极的工作态度及行为、树立良好的第一印象、处理好人际关系、如何走向成功四个方面的内容。帮助读者适应社会、顺利完成工作。

## 第一节　积极的工作态度及行为

### 一、尽快获得职业认同

职业认同是一个心理学概念，是指个体对于所从事职业的肯定性评价。作为在职业范畴中的同一性，职业认同是职业对个人身份的重要程度。有专家认为职业认同是“个体在多大程度上认为自己的职业角色是重要的、有吸引力的，与其他角色是融洽的”[①]。对于初次就业的大学毕业生而言，要完成从学校环境到组织与工作环境、从学生角色到组织员工角色的转变，只有通过积极的探索并获得职业认同，才能在渐进的适应过程中顺利完成发展任务，同时实现与组织在充满变革的环境中的共同发展。这是初入职场的大学毕业生拥有积极工作态度的一个重要前提。[②]

### 二、热爱工作

热爱工作不是一句话，而是要在工作中，脚踏实地、实实在在地做好每一件事情。工作单位的领导、同事、上上下下所有人员构成了一个集体。这个集体的团结一致和向同一目标努力工作的热情，可以创造出财富。而成为这个集体新的

① 滕飞．组织社会化策略对组织认同的影响机制研究[M]．北京：首都经济贸易大学出版社，2018：56．

② 高洪，衣颖，刘昭薇．大学生职业发展与就业指导[M]．北京：航空工业出版社，2020：213．

一员，就应该带着饱满的工作热情全身心地投入到这个集体中去，努力做好领导交代的工作任务。对工作的热爱可以从许多方面表现出来，主要是工作的主动性、积极性和奉献精神。

### 三、树立有效的工作态度

任何公司对于刚刚参加工作的年轻人都不会在业绩上有过高的要求，但是对于职场新人来说，第一重要的就是端正自己的工作态度。不管自己对业界了解如何，也无论自己的能力是强是弱，态度是第一位的。担任什么职务就得做什么样的事情，要真正把自己看成职业人而不是学生。刚入职场的新人应该树立对待工作精益求精的工作态度。工作压力、工作环境、人际关系、自身因素等，都可能会造成职场人群偶尔的怠工情绪。但是无论如何，对自己的工作都应该精益求精。没有对高品质工作的追求就不可能做出高品质的工作。这一点于对于毕业生来说尤为重要，他们需要的不仅仅是一份工作，更应该是一个实现自我的平台，并在这个平台上发现并创造价值。

## 第二节　树立良好的第一印象

第一印象即某种客观事物首次作用于人的感官，在人的头脑中产生的对事物整体的反应，包括事物的外观形状、行为特点、价值评判等。人对客观事物包括对他人的认识，是一个以知觉为主体的认识过程。某种客观事物最初作用于人的感官，就会刺激人的大脑产生反应，在人的大脑中留下关于这个刺激物的痕迹。这些痕迹或信息只是有限的、表面的，但人的思维会把这些不完全的信息贯穿起来，从而把对象认识为一个统一的整体，形成一个关于此人的知识水平、文化素养、性格爱好、心理素质等的总体印象。这个印象就是第一印象。

第一印象在人与人相互认识和交往的过程中的作用是十分重要的，主要表现为以下几个方面。

### 一、前摄作用

前摄作用也就是先入为主。

## 二、举止得体，虚心求教

初到工作单位，一定要注意举止文明、彬彬有礼，不要认为这是小事而满不在乎。落落大方地进行简要的自我介绍，态度真诚地请教有关工作的情况，必将会有助于在同事中树立良好的第一印象。冒失莽撞和木讷呆板这两种倾向都是应当避免的。

## 三、守时守信，遵章守纪

遵守时间，讲求信用，这既是工作关系中的纪律要求，又是人际交往中的一种美德。在工作单位，应严格遵守单位的规章制度，积极主动地做好自己力所能及的工作，与人交往不失约、不失信，如此，无疑会有助于树立良好的第一印象。相反，没有时间观念，不遵守劳动纪律，消极被动地等待工作，不守约，不守信，则显然不可能赢得别人的信赖和尊敬。

**四、严守秘密，待人真诚**

有些保密性较强的单位，对工作人员的纪律要求较严。到这些单位工作的大学生，应当严守机密，不要随便向外透露内部情况。在与同事的相处中，要以诚相待，待人要不卑不亢，既不自惭形秽、自己看不起自己，也不傲慢无礼、自以为是。

总之，尽管第一印象是暂时的、表面的，但是良好的第一印象还是非常重要的，它有助于大学生初到工作单位站稳脚跟，有助于与单位职员融为一体，有助于工作的起步与发展。建立良好的第一印象，也不能就此为止，这只是第一步，还需要长期坚持和不懈努力，以自己良好的本质、正直的人品、出色的工作去建立更深层次的长期印象。

# 第三节　处理好人际关系

## 一、处理好人际关系的意义

人际关系是人与人之间心理上的关系和心理上的距离，是以一定的群体为背景，在互相交往的基础上，经过认识的调节、感情的体验、行为的交往等手段而形成的，是人们长期交往的结果。人际关系既可表现为个体与个体之间、个体与团体之间的交往，也可表现为团体与团体之间的交往。人际关系是社会关系的一部分，也有人称之为社会关系的一个“截面”。社会关系分为两部分，一部分是人与人之间彼此为得到物质需要与精神需要的满足而产生的心理关系。在交往过程中，需要得到满足时，则产生愉快、友好、亲近的关系；得不到满足时，便产生不悦、疏远、厌恶的关系，这便是人际关系。另一部分是人与人之间的生产关系，它制约着其他的一切社会关系，自然也制约着人的心理需求关系。既不能脱离生产关系、阶级关系，抽象地去研究人际关系，把人际关系看成是决定人的行为的本质东西，但也不能忽视人际关系的地位和作用。

### （一）人际关系的影响因素

人与人关系的密切程度，主要受以下因素影响。

1．时空接近程度

常言道“远亲不如近邻”。这说明时空距离是决定人际关系亲疏的一个重要条件。同学、同事、同志、同舍、同班、邻居，相距较近，接触机会较多，容易交流感情并建立相互间的依赖和友好关系。

2．交往频繁程度

通常情况下，交往多，彼此之间的感情沟通就多，容易互相理解。交往少，情感交流自然也少。但是交往频率高不一定质量就高，只有以诚相待、肝胆相照，才能建立真正良好的人际关系。

3．个性相容程度

个性相容主要指人们在气质、性格、兴趣、爱好等个性上的相互容纳。个性相近时，更容易互相吸引、互相理解乃至相互补充、相得益彰。性情宽厚、豁达、谦和、热情且情感丰富的人易受欢迎，易建立良好的人际关系。相反，性情孤僻、多疑、冷漠的人，人际关系必然紧张。

4．态度相似程度

俗话说：“物以类聚，人以群分。”态度是个体对事物的评价和行为的倾向。人与人之间的态度相似，具有共同的理想、信念和价值观，观点一致，易在感情上产生共鸣，则更易建立亲密的人际关系。

5. 需求互补程度

人际交往本身是人的一种需要，人们在交往中能够获得归属感、满足感。志同道合的人，需求一致，可以互相帮助，互相促进，得到情感上的满足。但有时需求不一致，也易互相配合，取长补短，促进人际交往。

### （二）建立和谐人际关系的意义

对于刚刚走上工作岗位的大学生来说，建立和谐的人际关系的意义有以下几点。

1. 可以尽快消除陌生感，适应人际环境

大学生到工作单位后，父母、亲人远在他乡，同学、朋友各奔异地，生活和工作环境发生了变化，人际关系比较陌生。如果大学生一开始就注意建立良好的人际关系，主动交往，热情待人，豁达处世，尽快与大家融为一体，便可顺利打开局面，消除陌生感，摆脱孤独感的笼罩，顺利度过各种适应期。

2. 可以使工作顺心，生活愉快

良好的人际关系，可以使人感到工作顺心、生活惬意。当工作还不熟悉时，人们会热情地给其以帮助；工作遇到困难时，人们会给其以信心和勇气；工作不慎失误时，人们会给其以理解、安慰和希望；生活遇到挫折时，人们会给其以温暖和友谊；工作取得成绩时，人们会告诫其戒骄戒躁、继续努力。良好的人际关系，还会提高工作效率，使人觉得生活在文明的群体里，感受到集体的温暖和他人的爱心，使人不断地从集体中汲取营养、充实自己、健康成长。

3. 可以保持心情舒畅和心理健康

人际关系的适应是人类心理适应的重要内容。一些大学生工作后感到工作不顺心，其中一个原因就是人际关系紧张，互相猜疑、矛盾重重，生活压抑，思想包袱沉重。良好的人际关系，可消除隔阂，打破封闭，使大家处于一种互相理解的状态，宣泄一下情绪而不必顾虑，愁苦的时候，诉说一下衷肠而不必提防，从而保持心情舒畅，身心健康。

4. 可以增进团结，有利集体

良好的人际关系是团结的基础。人际关系状况反映一个单位的精神文明状况。人际关系好，单位就团结，同事及上、下级之间会齐心协力，工作高效而愉快。反之，人际关系紧张，必然内耗丛生、涣散无力、缺乏生气。良好的人际关系，离不开每个人的奉献和努力，只有每个成员都为集体添砖加瓦，才会形成良好的人际关系氛围，利于团结、利于集体、利于工作。

## 二、如何建立和谐的人际关系

社会主义的精神文明建设，为建立良好的人际关系奠定了基础，改革开放和社会主义市场经济体制的建立、工作效率的提高、信息传递的加快、观念的更新，这些因素促使人们的交往进一步扩大，为大学生建立良好的人际关系提供了有利条件。但是，更重要的还是要靠每个人的努力。大学生到新的工作岗位后，横向的人际关系主要是与同事之间的关系，纵向的主要是与领导的关系。对于处理与同事及上级之间的人际，以下几个方面可供参考。

### （一）尊重他人，不自恃清高

共同的理想、共同的目标、共同的事业，使彼此不同的人团结为一个共同的群体。大学生到了新单位，尽管每个人秉性不同、爱好各异，但每个人都是自己的老师，因为他们都可能掌握了娴熟的业务技能、积累了丰富的工作经验。要像尊重老师那样尊重他们，尊重他们的劳动和劳动成果、尊重他们的人格和感情，虚心向他们求教，不自恃清高，不要妄自尊大。对人的尊重，不要以财富的多少、年龄的大小、分工的不同来衡量，而要以劳动和对社会的贡献为标准。尽管人们分工不同，贡献有大小，但在人格上都是平等的。因此，不要嘲笑歧视他人，不能以己之长比人之短，应该谦虚待人。如果自满而轻人，就会损伤他人的自尊心，造成人际关系的疏远。在互相交往中尊重他人，也要尊重自己。自尊自重，才能在尊重他人的同时，也得到他人的尊重。总之，不自恃清高，乐于和同事打成一片的大学生容易建立和谐的人际关系。

### （二）平等待人，不厚此薄彼

在自己的工作单位，同事之间应平等相待。不要以职务的高低、工资的多少来决定对他的态度；不要亲近一部分人，疏远另一部分；不要认为某人对自己有用就打得火热，某人暂时用不着就疏远不理；不要见了领导就低头哈腰、满脸堆笑，见到普通员工就视而不见，甚至冷若冷霜；不要卷入是非矛盾，拉帮结派、搞小团体，而应该尽力与所有同事发展平等互助的友好关系。

### （三）热心助人，不见利忘义

患难见真情，同事间的相互帮助，既可以锦上添花，更应当雪中送炭。当别人有困难时，应伸出热情的双手给予帮助，切不能袖手旁观、坐视不管，更不能落井下石、见利忘义。要淡泊名利，不要为了蝇头小利而做有损人格的事。只有热心帮助他人的人才会得到别人的帮助，也只有热心助人的人才会得到人们的认可和赞扬，才会于无形中给别人留下良好的印象。

**（四）诚实守信，不贪图虚名**

诚实，就是真心实意、实事求是，不三心二意、口是心非，不当面一套、背后一套。诚实是做人的基本要求，也是建立良好的人际关系的重要条件。守信，就是恪守信用、言行一致、说到做到，不言过其实，不做说话的巨人、行动的矮子。诚实守信，才能在交往时互相了解、肝胆相照、互相信任。在交往中，难免会发生一些磕磕碰碰，只要诚实守信，误解就会冰消雪融，和好如初。有了矛盾，彼此真诚，才能互相谅解、互相容忍。

**（五）主动随和，不孤陋寡闻**

谦虚随和、平易近人的人，给人一种较亲近的感觉，大家会愿意同其交往，觉得彼此相处愉快舒畅。切忌孤陋寡闻而又自命不凡。古语道“独学而无友，则孤陋而寡闻。”（《礼记·学记》）说明交往少，就会见识浅陋、见闻少。大学生到了新的工作单位后，应主动交往，乐于同大家打成一片，不要故步自封。只有主动交往，才能获取各种知识，找出自己的不足，体验到应该向别人学习的东西，才能扩大自己的知识视野，增长见识，不断提高自身素质。

**（六）律己宽人，不心胸狭窄**

律己，就是要严格要求自己，用各种道德规范和行为准则来约束自己。不利于团结的话不说，不利于团结的事不做，不挑拨是非，不猜疑嫉妒，堂堂正正做人，踏踏实实干事。当自己受到委屈或误解时，要胸怀大度，克制自己的感情，冷静处理，勇于剖析自己，主动担负责任。宽人，就是要与人为善，宽容大度，不斤斤计较，不苛求他人，多一些谅解和理解。理解是建立感情的桥梁，是培植友谊的土壤。同事做错了事或有些小毛病，要善意地指出或给出一些安慰，要多一些关心、少一些指责。不可否认，尽管在社会主义社会中，人与人之间的平等、友好关系得到了认可和发扬，但交往中的各种矛盾仍然存在，仍有很多不和谐的地方。金无足赤，人无完人。只要始终以平等、诚实、宽厚的态度待人，就一定能建立和谐的人际关系。

**（七）服从领导，不无理抗上**

一个单位、一个组织的工作运行都是通过下级对上级的服从来完成的。下级对上级的无理拒绝，将使运行机制遭到破坏，工作无法进行。因此，这种现象是不允许出现的。当然，上级是人不是神，也有很多不足。有出色的上级，也有无能的上级；有宽容大度的上级，也有心胸狭窄的上级；有埋头苦干的上级，也有得过且过的上级。无论是哪种上级，只要在这个单位工作，就必须听从其的正确指挥。上级的正确指挥，不是代表个人，而是受组织之托，代表组织行使权力。因此，要尊重上级，自觉服从上级的指挥，听从上级的工作安排。对分配给自己的工作，能完成的要勇挑重担；难以完成的，最好单独找上级陈述理由，不要当众拒绝，要维护上级的权威。要善于向上级学习，在工作上和他们保持密切联系，尽快熟悉自己的工作，并力求得到他们的支持和帮助。

应当指出，以上几个方面对于建立良好的人际关系固然是必不可少的，但最根本的还是要树立正确的世界观、道德观和价值观，培养良好的道德品质。

# 第四节　如何走向成功

大学生毕业就业，即开始了人生旅途中一段新的征程，人生事业成功的前景已经展现在面前。然而，通向成功的道路并不平坦，只有经过顽强拼搏，脚踏实地，不断完善知识结构，提高综合能力，才能在现代化经济建设的宏伟事业中实现自己的人生目标。

## 一、脚踏实地，实现职业生涯目标

**（一）制定切实可行的职业生涯目标和策略**

很多刚参加工作的大学毕业生经常会有这样的问题：“我到底适合做什么？”或“为什么我总是不能满意现在的工作？”这些问题表现在行动上便是不断地从一家公司换到另一家公司。在很多时候，没有职业目标的人为了适应新的工作岗位，总是迫不得已地做各种各样的调整，弄得自己筋疲力尽。因此，为自己确立一个可行的职业发展目标是十分重要的。虽然成功之路并非平坦无阻，但是想要获得成功的职业生涯，必须先设定成功目标。在设定成功目标时，从业者需了解自身条件，并进行行业和职位的分析和选择。

设定明确的职业规划后，需要制定可行的职业生涯策略，即具体的行动措施。主要包括工作、训练、教育、轮岗等方面的措施。个人在选择职业时，就要考虑诸如企业能否为员工提供适当的学习与培训机会，让员工能够取得工作所需要的技能与经验等因素。

### （二）在勤奋的实践中实现职业生涯目标

实践是推动知识创新与发展的重要动力，对于毕业生的成长和培养也是一种行之有效的方法。毕业生想要成功地步入社会，就必须付出更多的努力来实践所学的知识。通过将理论知识与实践相结合，能够不断提高自己的技能和智慧，继续在实践中持续地学习和总结，逐步完善自己的技能和能力，并在实践中创新，不断提高自己的综合素质和能力，为自己未来的职业发展打下坚实的基础。

首先，需要表现出勤奋的职业态度。韩愈曾说："业精于勤，荒于嬉；行成于思，毁于随。"（《进学解》）在工作中，需要在勤勉努力的同时，灵活运用头脑，积极吸收周围不同的信息，并加以思考和应用，使自身的工作能力达到一个新的高度。要经常行动起来，积极地去尝试，不怕苦不怕累。

其次，要具备总结经验和教训的能力。新入职的大学毕业生，往往缺少工作经验和人生阅历，工作方法欠缺效率，会在工作中常常犯错，因此给人的感觉是不够成熟。但不要气馁，对待工作要保持不断总结、反思的态度，积极主动地向同事请教，在不断纠正错误的过程中提升能力，就一定会逐步取得进步最终胜任工作。

最后，要具有始终如一的毅力和决心。建筑高楼大厦，从垒好基础开始。在进行任何事情时，都不能急躁和冒进。在职场上，需要既能够积极主动，又要避免显得过于激进。不要过于心急而有邀功思想。暂时没有成功或没能得到肯定，也不要泄气。要一如既往认真对待工作，最终会成功的。

## 二、善于沟通，让领导和同事看到成绩

平时总强调多劳多得，现实却有时相反。有人做了很多，但升迁的不是他，涨薪的也不是他；有人虽然做得不是很多，但是每做一件事都搞得有声有色，引来领导的赞赏、同事的羡慕，加薪等待遇也尾随而至。造成如此迥然境遇的关键是前一类人的成绩没有被领导和同事看在眼里，记在心里，没有得到领导和同事

的认可。要想让领导注意自己取得的成绩，须从以下几个方面入手。

### （一）要明白领导提出的工作要求

要把领导布置的工作做好，必须认真地主动地了解领导的意图，如果没弄清领导的意图就随便去做工作，很可能把事情搞砸，费力做事却不讨好，反而给领导留下不好的印象，误以为员工不认真工作，敷衍塞责或者欠缺工作能力。一旦留下这样的印象就很难改变过来，所以做工作以前要明白领导布置这份工作的用意及要达到的目的。

### （二）要加强与领导的沟通与交流

当一时没弄清楚领导的工作要求，或领导迟迟看不到工作业绩时，就应寻找机会与领导进行沟通。想在工作中有所成就，消极等待与只顾默默工作都是不可取的，努力找机会让领导明白自己的想法，才是积极的做法。

在与领导沟通前，先要自我评价一番，不要事无巨细，事事向领导汇报，领导的时间很宝贵，不要让他觉得是在浪费时间。想清楚自己最近做得最成功的是什么，领导最看重的是什么，对今后的工作有什么好的建议，等等。沟通时讲述得有条有理，有独到的见解，会让领导眼睛一亮，对员工刮目相看。

### （三）勤恳苦干，在工作中创造业绩

重视沟通并不意味着投机取巧，在职场中，只有勤恳苦干才是积攒沟通资本的唯一途径。在工作中，展示自己的工作能力与人格魅力，取得不凡的工作业绩，才会赢得同事的尊重，才会博得领导的青睐和认可。

## 三、要不断进取，在适应变化中成长

要学会适应环境，在任何环境下都能做好职业发展规划。人生无时不在面对顺境与逆境的问题，刚毕业的大学生也是一样。当处在顺境时千万不要得意忘形，因为终极目标是追求事业成功和人生幸福。并不是人人都能实现这一目标，现在的顺境只是万里长征的第一步，要更加谦虚谨慎地做人，更加踏踏实实地做事，以坚定的步伐向自己的目标前进。

面对逆境，面对工作中的困难要有足够的心理准备，尤其是刚步入社会的高校毕业生。如果对新环境、新工作的困难有足够的心理准备，当遇到逆境时就不会惊慌失措，而是泰然处之。在遇到困难时，要冷静分析造成困难的主客观原因，

尤其是主观原因，以便对症下药。如果领导、同事一时不理解、误会。要学会沟通和忍耐，等待机遇，不能简单地与领导、同事对抗。高校毕业生在步入社会之前，最需要的是建立起坚定的信念、不屈不挠的毅力和坚忍的意志品质等健康的心理素质。

要有所作为，就要学会在变化中找到自己的位置。工作和生活中会随时发生各种变化，处在其中，会使人感到紧张不安，但可以预先做好准备，坦然以对。《谁动了我的奶酪》这本书讲述了一则关于“变化”的故事。这个故事的背景是在一个迷宫里，四个生物在搜寻它们的奶酪。故事中所提到的“奶酪”是比喻现实生活中追求的目标，它可以是一项工作、一栋住房、身体健康、赢得社会认可以及得到老板的嘉奖等。一旦达成了心中渴望的目标，很容易就会形成对这种“奶酪”的依赖心理，甚至成为“奶酪”的俘虏，停止前进，结果“奶酪”被吃完或被人抢走。如今竞争无时不在，找工作时有竞争，找好工作后，在工作中还是有竞争。假如不努力，不利用空余时间继续“充电”，继续提高业务能力和其他方面的能力，自己的位置很有可能被人取代。所以要想成功，就必须不断制定目标，做好职业生涯规划，不断提升自我。只有这样，才能得到长足的发展。

# 参考文献

[1] 高洪，衣颖，刘昭薇．大学生职业发展与就业指导 [M]．北京：航空工业出版社，2020．
[2] 吴昌政．大学生职业发展与就业创业指导 [M]．北京：现代教育出版社，2012．
[3] 谢红梅，古典，李春雨．大学生职业发展与就业指导：浙江大学 [M]．成都：电子科技大学出版社，2016．
[4] 林佩静，刘荣．大学生职业生涯规划与就业创业指导 [M]．西安：西安电子科技大学出版社，2017．
[5] 刘永莉．基于自主学习的大学英语教学理论与改革研究 [M]// 高校学术研究论著丛刊．北京：中国书籍出版社，2021．
[6] 贾杏．大学生就业指导 [M]．北京：北京交通大学出版社，2017．
[7] 赵亚琼，秦艳梅．职业形象与礼仪 [M]．北京：北京理工大学出版社，2018．
[8] 李金亮，杨芳，周欣．大学生职业生涯规划 [M]．长沙：湖南教育出版社，2019．
[9] 周兴中，刘兴勤．职业发展与就业指导 [M]．上海：复旦大学出版社，2012．
[10] 腾飞．组织社会化策略对组织认同的影响机制研究 [M]．北京：首都经济贸易大学出版社，2018．
[11] 张侃．构建“全程化”的高校学生职业发展与就业指导体系 [J]．生物技术世界，2015（10）：169-170．
[12] 杨少梨．英国高校学生事务管理对我国高校就业指导的启发：以广州城建职业学院造价专业为例 [J]．中小企业管理与科技（下旬刊），2014（6）：242-243．
[13] 莫华．高校学生职业发展与就业指导存在的问题及对策 [J]．出国与就业（就业版），2010（12）：60-61．

[14] 徐瑞．高校就业指导与服务视域下大学生就业培训体系的构建 [J]. 中国成人教育，2023（10）：37-39.
[15] 商琦．高校就业指导中的职业道德与工匠精神培养 [J]. 中学政治教学参考，2023（13）：95.
[16] 吴泳成，庄燕娜．课程思政在高校就业指导课中的实施路径探析 [J]. 湖北开放职业学院学报，2023，36（5）：85-87.
[17] 刘志勇，元佳茜．基于高校学生综合素质测评数据预测职业发展方向的案例研究 [J]. 计算机与现代化，2017（11）：116-121.
[18] 廖世雄．高校学生就业指导工作创新探索 [J]. 产业与科技论坛，2017，16（18）：253-254.
[19] 苟爱萍，木勇．高校学生就业指导教学平台设计 [J]. 电子测试，2014（21）：57-58.
[20] 刘晓筝．浅谈高校学生的发展素质 [J]. 河南财政税务高等专科学校学报，2016，30（5）：56-58.
[21] 孙吴娇．音乐专业学生职业规划及就业指导研究 [D]. 石家庄：河北师范大学，2015.
[22] 李会芹．基于学生满意度的高校就业指导服务研究 [D]. 南京：东南大学，2015.
[23] 黄金玉．大学生就业能力模型的建构与验证 [D]. 苏州：苏州大学，2014.
[24] 李强．普通高校师范类学生全程化就业指导模式研究 [D]. 赣州：江西理工大学，2013.
[25] 施展．高校美术专业毕业生就业规划与美术教育课程反思 [D]. 成都：四川师范大学，2013.
[26] 申静．高校学生就业指导中思想政治教育问题及对策研究 [D]. 石家庄：河北师范大学，2011.
[27] 刘丹．提高我国高校学生就业管理机构服务能力研究 [D]. 开封：河南大学，2011.
[28] 刘坚．探索高校学生就业思想教育的新途径 [D]. 太原：中北大学，2011.
[29] 王欣．基于数据挖掘的高校学生培养及就业指导研究 [D]. 成都：西南交通大

学，2006．
[30] 王佳佳．高校就业服务信息交流平台构建研究 [D]. 天津：天津大学，2013．